资 本 市 场 学 院
CHINA CAPITAL MARKET INSTITUTE

上市公司治理

规则·实务·案例

资本市场学院◎编著

CORPORATE GOVERNANCE OF LISTED COMPANIES:
RULES, PRACTICE, AND CASES

中国财经出版传媒集团
中国财政经济出版社
·北 京·

图书在版编目（CIP）数据

上市公司治理：规则·实务·案例 / 资本市场学院编著. --北京：中国财政经济出版社，2024. 2

ISBN 978-7-5223-2103-5

Ⅰ. ①上… Ⅱ. ①资… Ⅲ. ①上市公司-企业管理-研究-中国 Ⅳ. ①F279. 246

中国国家版本馆 CIP 数据核字（2023）第 047151 号

责任编辑：贾延平　　　　责任校对：徐艳丽
封面设计：中通世奥　　　　责任印制：党　辉

上市公司治理：规则·实务·案例
SHANGSHI GONGSI ZHILI：GUIZE·SHIWU·ANLI

中国财政经济出版社 出版

URL：http：//www. cfeph. cn
E-mail：cfeph@ cfeph. cn

社址：北京市海淀区阜成路甲 28 号　邮政编码：100142
营销中心电话：010-88191522　编辑部电话：010-88190957
天猫网店：中国财政经济出版社旗舰店
网址：https：//zgczjjcbs. tmall. com
北京联兴盛业印刷股份有限公司印刷　各地新华书店经销
成品尺寸：170mm×240mm　16 开　21. 5 印张　296 000 字
2024 年 2 月第 1 版　2024 年 2 月北京第 1 次印刷
定价：66. 00 元
ISBN 978-7-5223-2103-5
（图书出现印装问题，本社负责调换，电话：010-88190548）
本社质量投诉电话：010-88190744
打击盗版举报热线：010-88191661　QQ：2242791300

本书编写组

（按姓氏笔画排序）

方荣杰　尹　兵　孔维维　邓　磊　任家辉　刘本红
刘会军　刘佳婧　刘　铭　李　军　李连果　李　擎
杨敬东　吴昱洁　何沛滨　迟　骋　陈欣宇　陈思瑞
陈　野　欧阳振远　金祥慧　周雨翔　郑俊生
赵禹豪　施　蕾　祝　玺　徐雅婷　高新宇　高鑫斌
黄江东　黄　捷　黄　智　康秋宁　梁华权　梁恒瑜
蒋　越　曾　斌　潘经锐

序　言

上市公司是支撑资本市场发展的支柱和基石，推动提高上市公司质量，是资本市场全面深化改革的重中之重。党中央、国务院围绕资本市场改革出台了系列政策，并专门针对提高上市公司质量印发文件，对相关工作提出了明确要求。中国证监会深入贯彻习近平新时代中国特色社会主义思想，坚决落实中央工作部署，通过制定《推动提高上市公司质量三年行动方案》，开展上市公司治理专项行动等政策"组合拳"，多措并举、形成合力，推动我国上市公司质量稳步提升。

2023 年，全面实行股票发行注册制，开启了中国特色现代资本市场建设的新征程，对上市公司治理水平提出了更高要求。在这一时期，我国上市公司高质量发展进入精细推进、精准发力的新阶段。中国证监会先后发布实施全面注册制的一系列制度规则，全面整合修订上市公司监管法规体系、改革上市公司独立董事制度，在针对性完善制度规则、加强上市公司治理意识等多方面协同发力，以制度改革牵引上市公司整体治理水平持续提升。

为传递最新监管政策，帮助相关市场主体准确、全面理解监管要求，资本市场学院自成立以来，长期面向董事长、总经理、财务总监、董事会秘书等上市公司"关键少数"学员，开展上市公司方向专题培训。根据教学反馈，学院认为编写一本兼具权威性与全面性的上市公司治理教材，以帮助学员深入理解、掌握规则内涵与操作实务是十分必要的。为此，学院于 2022 年启动本教材的编写计划。依据全面注册制后颁布实施的制度规范、独立董事制度改革最新规则，以及2023年12月新《公司法》修订内容在九家参编单位大力支持下完成了教材的编写工作。

为使读者对上市公司治理的规则内容和规范运作形成全面、系统的认识，本书介绍了上市公司治理中，股东与股东会、董事与董事会、独立董事、监事与监事会、高级管理人员等主要治理机制的最新规则内容、规范运作要点以及监管重点。为便于读者把握上市公司治理法律法规体系，本书整体按照上市公司治理规则的内在逻辑进行结构安排。在章节内容上，首先对上市公司治理的相关规则进行解读，最后结合近期典型案例对实务问题进行阐释。

本书是上市公司治理方面的工具书，由资本市场学院与平安证券有限公司、国浩律师（上海）事务所、北京市中伦（深圳）律师事务所、上海信公科技集团股份有限公司、环球律师事务所、正领管理咨询（深圳）有限公司、安信证券股份有限公司、浙江天册（深圳）律师事务所、北京市金杜法律研究院的合作研究完成。全书分为九章，各章的主要内容及执笔单位如下：

第一章“公司治理概述”，分别探讨了公司治理模式和上市公司治理法规体系，由资本市场学院与平安证券有限公司共同完成。

第二章“上市公司股东与股东会”，详细分析了上市公司股东的具体权利义务，以及上市公司股东会的运作规范，由国浩律师（上海）事务所执笔。

第三章“上市公司董事与董事会”，在对上市公司董事会机制进行总体概述的基础上，分别对董事的任免与义务、董事会的结构及职能、董事会的运作规范及专门委员会进行了介绍，由北京市中伦（深圳）律师事务所执笔。

第四章“上市公司独立董事”，从独立董事的独立性、独立董事的任免与独立董事的履职规范三个方面对上市公司独立董事制度进行了论述，由上海信公科技集团股份有限公司执笔。

第五章“上市公司监事与监事会”，围绕上市公司监事会结构、职能与运作规范进行了阐述，由环球律师事务所执笔。

第六章“上市公司高级管理人员”，对上市公司高级管理人员的任免与义务、财务总监履职规范与董事会秘书履职规范三个方面进行了介绍，由正领管理咨询（深圳）有限公司执笔。

第七章“上市公司子公司”，结合案例对上市公司子公司规范管理要求进行了分析，由安信证券股份有限公司执笔。

第八章“上市公司关联方”，从控股股东与实际控制人的定义以及权利义务出发，对关联方、关联交易及其监管要点进行了论述，由浙江天册（深圳）律师事务所执笔。

第九章“上市公司治理其他问题”，主要论述了上市公司投资者关系与上市公司 ESG 治理问题，由北京市金杜法律研究院执笔。

资本市场学院教学研究部工作人员承担了全书的统筹和校阅工作。

在本书编写过程中，参与编写的工作人员多次研讨，几易其稿，力求书稿内容契合最新制度规则。但全面注册制实施以来，市场实践不断发生变化，新《公司法》完成修订，配套规则也有待优化更新。囿于参编人员能力有限，书中内容难免存在滞后、舛错之处，请广大读者阅读、使用本书时，注意比照最新法律法规。后续，资本市场学院将根据政策变化与实践情况及时修订。

如有任何完善意见或建议，欢迎发送邮件至 jxyj@ccmi. edu. cn。

资本市场学院

2024 年 1 月

目　录

第一章　公司治理概述

第一节　公司治理理论简述

一、公司治理的发展历程

（一）公司治理问题的出现和发展

公司治理问题的出现最初可以追溯到16世纪伊始东印度公司设立之时，距今已有400多年的历史。随着公司制企业的逐步普及和成长，公司治理领域不断涌现出新的问题。17世纪初，英国、荷兰等欧洲国家相继成立了负责“海外贸易”的殖民地公司，开创了以“企业”为独立主体进行商业活动和殖民活动的形式，现代公司治理实践问题也相伴而生。

现代公司的一个重要特征是股东把公司交给经理人管理，股东负责为公司提供经营的资金，而经理人负责公司的经营管理，不同分工下各司所长，从而极大地提高了公司的经营效率。但由于部分股东不直接参与公司的经营，由此产生了大股东与小股东之间、股东与经理人之间的信息不对称问题，各方的立场和利益诉求可能并不一致，因此需要一套既能保护股东利益又能激励经理人有足够的动力为股东创造更多价值的机制，公司治理便是这套机制。

1776年，亚当·斯密（Adam Smith）在《国富论》下卷第五篇“论君主或国家的收入”中分析了两权分离下股份公司及其董事行为，开始了以实践为基础的公司治理理论探讨。1933 年，阿道夫 · A. 伯利和加德纳 · C. 米恩斯（Berle & Means）在著作《现代公司与私有财产》中第一次系统地对大型公司的制度进行了统计分析，指出了经济大萧条背景下公司制度一个非常重要的变化——大型公司股东所有权和经营权的实质性分离，他们认为现代大公司是“准公有制”，管理人员的行政权远比股东的私人财产所有权重要。

在两权分离的情况下，分散的股权结构会导致管理层滥用自由裁量权。1976 年，詹森和麦肯（Jensen & Meckling）在两权分离理论基础上进一步提出“代理成本”的概念，法马和詹森（Fama & Jensen，1983）、施莱弗和维什尼（Shleifer & Vishny，1997）等文献也对股东和经理人之间的利益冲突问题进行了探讨。这一时期，公司治理领域基于委托代理理论，围绕如何降低经理人的代理成本展开了一系列研究（如管理层激励与约束、公司兼并与收购等），形成了丰富的理论分析和实践应用。以两权分离为前提、委托代理理论为核心的股东与经理人之间的利益冲突问题，被称为“第一类代理问题”或“代理型”公司治理问题，这一问题目前仍是西方资本市场最受关注的公司治理问题。

委托代理理论的核心假设之一，是股权分散的企业会产生信息不对称问题，从而导致投机行为。然而，自 20 世纪 80 年代以来，人们逐渐发现欧美等西方资本市场上市公司的股权并不总是分散的，也存在一定程度的股权集中；而在新兴资本市场国家，公司股权结构更是表现出高度集中甚至“一股独大”的特点。控制型股东的存在引发了人们对公司治理问题的进一步思考，如控股股东可以通过控制董事会的方式掌握公司资源的分配权，从而借助关联交易、资金占用、违规担保等手段，侵害中小股东利益。

20 世纪 90 年代末以来，公司治理研究领域开始探寻如何应对股权相对集中情况下，控股股东与中小股东之间的利益冲突问题，也被称为第二类代理问题或剥夺型公司治理问题。研究关注重点也转向了终极控制权（公司内部人控制问题）、“隧道挖掘”转移等，保护中小股东利益成为新兴资本市场更为关注的公司治理问题。随着美国安然、世界通信等产业巨头公司丑闻的爆出和美国《萨班斯－奥克斯利法案》的实施，公司治理环境在董事与管理者之间建立了更广泛的独立性，此后的公司治理研究也更加强调其他利益相关者以及董事会在公司治理实践中权利和责任的规制。

21 世纪初的公司治理研究部分扬弃了以经济学分析为基础的研究视角，转而以利益相关者理论、委托代理理论等为基础，对公司治理内在机制、动态过程与情景要件等展开更为透彻的剖析。目前，公司治理领域的学者已从经济学、政治学、社会学以及心理学等多角度进行了跨学科的理论探索，围绕企业性质、企业运行、企业与环境的关系、企业发展过程等进行了广泛而深刻的讨论。

（二）公司治理的主要内容

结合目前的公司治理理论和实践的研究，公司治理是指通过一套制度或者机制缓解信息不对称和利益不一致问题，以此协调公司与所有利益相关者之间的利益关系，以保证公司决策的科学化，从而最终维护各方利益。公司治理是现代企业制度中最重要的组织架构。

狭义的公司治理，是指公司所有者（主要是股东）对经营者的一种监督与制衡机制，即通过制度安排合理地配置所有者和经营者之间的权力和责任关系，是借助股东会①、董事会、监事会、管理层所构成的公司治理结构来实现的内部治理，主要讨论公司的股东、董事及经理层之间的关系。

广义的公司治理，是指通过一系列包括正式或非正式的、内部或外部的制度（机制）来协调公司与所有利益相关者之间的利益关系，以保证公司决策的科学性与公正性，从而最终维护各方面的利益。利益相关者通过

① 《公司法》于 2023 年 12 月 29 日修订通过，将于 2024 年 7 月 1 日起施行。最新修订的《公司法》将“股东大会”的表述统一改为“股东会”。截至本书出版时，《公司法》以下层级的相关行政法规、部门规章、自律监管规则尚未将“股东大会”改为“股东会”，且本书涉及的案例均系《公司法》2023 年修订前作出，因此本书中出现的“股东会”与“股东大会”含义相同。本书中案例适用规则均为案例发生时具有法律效力的规则。

一系列的内部和外部机制来实施共同治理，治理目标不仅是实现股东权益的最大化，更是保证所有利益相关者的利益最大化，主要讨论公司与员工、客户、供应商、债权人等其他利益相关方之间的关系。

上市公司的公司治理，主要指规范股东、董事、监事和高级管理人员的权利和义务，以及与此有关的决策、执行、监督和选聘、激励等问题的制度体系。其目标是股东既能参与公司的重大决策，又不干预公司的日常经营，同时又保证经营管理层能够以股东的利益和公司的利益最大化为目标。基于此，上市公司应当依法建立健全股东会、董事会、监事会等制度，形成权力机构、决策机构、监督机构与经理层之间权责分明、各司其职、有效制衡、科学决策、协调运作的法人治理结构。

（三）公司治理的重要性

公司治理是现代企业制度的核心内容，其合理与否是影响企业绩效的重要因素之一。良好的公司治理可以促进企业的股权结构合理化，加强企业的内部控制，降低企业的代理成本，增强企业的核心竞争力，提高企业的经营业绩，实现企业的可持续发展。从公司治理实践的角度出发，正是由于在公司发展中出现了各式各样的问题，引起了股东、经理人或员工的不满，公司治理才得以被高度重视。根据高闯（2009）[①] 的研究总结，公司治理的重要性日益提升的主要因素包括五个方面：一是公司高管的高薪酬引起股东及其他利益相关者的不满；二是机构投资者的监管意识在不断提高；三是更多的利益相关者介入公司治理中；四是随着公司的市场化，“内部人控制”现象[②]更加明显；五是大股东和中小股东的冲突加剧。面对这些问题，公司治理的直接作用是在现代公司制度安排的基础上，建立一种保障机制，以减小公司权力结构安排所引发的负面影响。

随着企业制度的不断演进，公司治理并非一劳永逸，而是在不同阶段

---

① 高闯：《比较管理》，北京：经济管理出版社 2009 年版。

② 内部人控制（Insider Control）问题由美国学者青木昌彦（Aoki，1995）提出，是指独立于所有者的管理者掌握着企业的实际控制权，在公司经营中充分体现自身利益，甚至与职工“合谋”谋取各自的利益，从而架空所有者的控制与监督的情形。

有不同的适用结构，即公司治理本身是一个动态调整的机制安排。不同发展阶段、不同类型的公司具有不同特点。从内部治理的角度来看，股东权责分配不相同；从外部治理的要求来看，公司治理模式又受到不同制度环境的影响，从而表现出不同。

例如，对初创型公司而言，公司治理的意义主要体现在三个方面：一是权力制衡，当创始团队引入外部投资人之后，外部投资人一方面能够在公司决定重大事项时提供更多外部视角，另一方面能促使公司经营更加规范，管理制度更加完善；二是资源协调，良好的股东间的沟通和互动能够使公司更好地运用股东背后的资源，董事会成员也可以帮助创始人补齐能力短板，辅助创始人进行决策判断，分担创始人的经营压力；三是示范效应，良好的股东关系、高效良性的公司治理模式，可以在很大程度上增强后续拟进入公司的投资者的信心。

又如，对于国有企业而言，建立合理的公司治理结构同样意义重大：一是较好地理顺所有者、董事会和经理人员三者之间的功能以及责权利关系，使企业的各项决策都遵循科学思想，符合相应的法律法规所规定的程序，符合企业的发展目标；二是减少委托代理层次，简化委托代理程序，有助于降低代理成本，提高国有企业的经济利益；三是通过引入更多非国有法人资本、民营资本等，降低国有股权在企业中的占比，促进企业股权多元化，有助于股权结构的合理化；四是通过保护其他利益相关者的合理诉求，实现企业价值和企业财务目标的最大化。

对于上市公司而言，良好的公司治理是上市公司高质量发展的重要前提。一方面，建立合理的公司治理结构可以有效约束控股股东、董事、监事以及高管的行为，助力上市公司提升资产质量、盈利能力，优化股权及控制结构，从而改善公司经营的整体业绩和回报；另一方面，提高公司治理水平有助于上市公司在资本市场树立良好的企业形象，从而提高投资者购买及持有公司股份的意愿。已有研究表明，随着我国资本市场的不断成熟和完善，投资者对公司治理的关注度也不断提升，并愿意为更好的公司治理付出溢价。

二、公司治理的理论基础

（一）委托代理理论

1933年，阿道夫·A. 伯利和加德纳·C. 米恩斯（Berle & Means）在《现代公司与私有财产》一书中提出两权分离理论，具体是指公司所有权和经营权的分离。书中指出，企业所有者兼任经营者的治理模式存在种种弊端，最为突出的表现是所有者常常不具备管理公司的专业素养和能力，导致经营失败。但是，他们的研究仅限于两权分离，并没有建立委托代理理论框架。随着股份公司的不断发展壮大，公司两权分离的情况逐渐显现，这在一定程度上直接导致公司所有者和管理者因追求差异化利益而出现经营目标不一致的委托代理问题。

1976年，詹森和麦肯（Jensen & Meckling）在《企业理论：管理行为、代理成本与所有权结构》一书中对委托代理理论做了具体阐述。委托代理是指委托人（主动发出邀请的一方/公司所有者）授予代理人（被动接受邀请的一方/公司管理者）管理权，要求代理人以委托人的利益为出发点对公司进行管理。然而，代理人在管理过程中通常以自身利益最大化为目标，因代理人与委托人利益不一致导致的委托人利益受损即为代理成本，申言之，代理人与委托人追求的利益目标差异越大，代理成本则越高。随着公司的不断发展，规模和业务领域逐渐扩张，公司的盈利模式也逐步多样化，公司所有者自身的精力通常不足以支撑整个公司的日常运营，从而聘请具备专业知识和能力的职业经理人负责公司的日常运营，委托代理问题应运而生。为避免委托代理下公司发展战略与公司所有者意愿形成较大偏差，所有者必然需要对管理者采取一定的监管，这又会产生一定的监管成本。公司治理结构完善与否对于降低监管成本和提升监管效果具有重要作用。

2015年，我国学者李维安、郝臣提出，委托代理指一个或多个行为主体根据一种明示或隐含的契约，指定、雇佣另一些行为主体为其服务，同时授予后者一定的决策权力，并根据后者提供的服务数量和质量支付相应报酬过程的汇总所形成的关系。授权者为委托人，被授权者为代理人。现代公司尤其是股份制公司中，公司所有权与经营权分离，公司所有者（即股东、董事会）通过与高层管理者签订契约，授权管理者代表所有者从事具体的经营活动，如此一来，便形成了委托代理关系。但由于所有者与管理者追求目标不一致，且委托代理过程中存在信息不对称的问题，公司所有者重点关注扣除其他生产要素报酬之外的公司盈余，寻求资本增值与资本收益最大化，而高层管理者则追求自身利益的最大化，因此所有者与管理者之间将不可避免地产生利益冲突。

委托代理理论是制度经济学契约理论的主要内容之一，极大地丰富了现代经济理论，对企业管理机制的转变和发展做出巨大贡献。现代公司中的委托代理理论重点是解决所有者与经营者、控股股东与中小股东、股东与债权人之间的三类代理问题。就上市公司而言，由于其对资本市场的依赖程度更高，上市公司股权结构通常较非上市公司更为复杂，两权分离带来的委托代理问题也相对更加突出，上市公司股东和公司高管之间便存在上述委托代理关系。

（二）信息不对称理论

委托代理理论是现代企业论述的重要部分，其现实基础是两权分离下生产经营过程中必然会产生的一些问题，而这些问题的出现主要是因为信息不对称、难以实现有效沟通等，从而造成各方利益不一致。基于信息不对称，如果一方拥有其他方所没有的信息，则各方之间会产生严重的问题，主要表现为逆向选择和道德风险这两种问题。

逆向选择问题主要体现在代理人与所有者的雇佣关系上，指的是在签约之前代理人主动呈现自身信息给所有者，然而相关信息只有代理人自己才真正了解，代理人的能力以及决策意图通常被认为是私人信息，所有者无法准确预测代理人的行为，因此所有者处在信息不对称的相对弱势地位。逆向选择问题会导致市场失灵。1970 年，乔治·阿克洛夫（George A. Akerlof）提出以二手车市场为例的“柠檬市场”，对逆向选择问题做了详细论述。他指出，在信息不对称的情况下，买家只会购买低于其期望价格的劣质二手车，导致真正的优质车无人购买而被挤出市场，最终造成市场上高质量产品的供给低于需求的现象。

道德风险问题则是指签约之后，由于委托人不参与企业的日常管理，代理人基于信息优势可以蒙蔽委托人，且由于代理人在经营过程中相较于委托人承担更小的风险，其行为及决策更具有投机倾向，从而因追求自身利益而做出损害委托人利益的行为。在选定代理人后，委托代理关系下更容易出现道德风险问题。现代企业经营过程中，公司的股权更为分散，公司所有者通常聘用职业经理人履行经营管理职责，股东通常追求所有者权益最大化，而经营管理层则更关注自身薪酬水平、工作环境和相关福利等，二者目标不一致。与此同时，信息不对称造成的道德风险易导致管理层过度侵占股东合法权益的情况，因此，必然需要制定一个具有“激励相容”的激励约束机制去解决道德风险问题。

（三）利益相关者理论

以委托代理理论和信息不对称理论为基础讨论的公司治理问题重在保护股东的利益，其本质是股东至上主义。而现代公司治理实践已经在挑战传统的股东至上主义，利益相关者理论便是其中较为突出的代表性观点。

1984 年，弗里曼（Freeman）在《战略管理：利益相关者管理的分析方法》一书中对利益相关者的概念做了明确定义，指出利益相关者是与企业存在利益关系，可以影响企业目标的实现或者被企业所影响的机构或个人，一般包括股东、债权人、员工、供应商、消费者、相关政府部门等。他认为，所持有资源不同，给企业带来的影响也不同，可将利益相关者划分为三种类型：公司的持股人被称为所有权利益相关者，如董事会成员和经营人员等；社会利益相关者，如媒体、政府机关和其他特殊群体等；其他有经济关联的群体被称为经济依赖性的利益相关者，如公司内部员工、消费者等。

利益相关者理论认为，公司是由不同要素提供者组成的一个组织体系。股东仅仅是资本的提供者，而企业员工、顾客、贷款人、供应商等利益相关者则向公司提供了“专用性资产”，如人力资源、供应链网络、大数据等特殊投资，这些投资和股东的资本投资一样面临风险。因此，利益相关者应当享有一定的公司所有权并参与到公司治理中。在实践中，利益相关者理论也推动了公司治理理念和公司治理结构的变化。1990 年美国通过的《宾夕法尼亚州 1310 法案》指出利益相关者享有公司治理的权利，1998 年英国的《汉普尔报告》（Hampel Report）、1999 年推出的《OECD 公司治理原则》和《美国商业圆桌会议公司治理声明》等重要法律和规则，在公司治理原则层面都强调了利益相关者参与公司治理的重要性。

利益相关者对企业的生存和发展有着重要的影响，公司经营管理主体所进行的管理活动就是为了满足不同利益相关者的需求，同时又必须使各方利益处于一个相对平衡的状态。随着公司治理在现代社会经济发展中的重要性日益凸显，以利益相关者理论为基础的公司治理所衍生出来的企业社会责任、企业伦理等问题也成为公司治理重点关注的问题。因此，企业在发展过程中还应承担必要的社会责任，协调并满足利益相关者的不同诉求。

三、公司治理的三大重点关系

公司治理本质上是管理企业内各种关系的综合，其中最主要的关系是经理人与股东之间、股东之间、实际控制人与利益相关者之间的这三大关系。前两个关系的问题的解决通常被认为是狭义上的公司治理，第三个关系的问题则是广义公司治理要讨论的范畴。

（一）经理人与股东——内部人控制问题

根据委托代理理论，所有权和经营权的分离导致经理人与股东之间存在纵向的委托代理问题。在股权分散的情况下，持股比例相对较低的中小股东没有精力、动力或能力参与公司治理，此时，企业在经营管理过程中所做的决策实则受到经理层的掌控，经理层可能更多关注其自身利益而忽略中小股东的利益，从而出现内部人控制问题。一方面，外部人（中小股东）和内部人（经理人）追求的利益不一致，外部人关注企业利润最大化，具备足够的现金流以偿还公司债务等，内部人更关注个人利益或个人发挥的效用；另一方面，经理人与股东之间还存在信息不对称问题，内部人参与企业经营管理，对企业相对更为了解，而外部人未亲自参与公司运营，只能通过有限途径了解公司状况，如通过公司披露的年报、公告等。此时，外部股东难以真正掌握内部人的决策程序，更难以得知内部人在作决策的时候是否更倾向于自身利益诉求而损害外部人利益。

委托代理理论认为，经理人对股东负有忠实、勤勉的义务，忠实义务要求经理人应当以公司或整体股东的利益最大化为目标，勤勉义务则要求经理人执行职务时勤勉尽责。然而，由于存在委托关系问题，又缺乏足够的监督手段，经理人在经营过程中难免会违背忠实和勤勉义务。其中，违背忠实义务导致的内部人控制问题主要表现为：

（1）过高的在职消费，盲目或过度的投资，经营行为的短期化；

（2）侵占资产，转移资产；

（3）工资、奖金等收入增长过快，侵占公司利润；

（4）会计信息做假、财务造假；

（5）将公司建设为“个人帝国”。

违背勤勉义务导致的内部人控制问题主要表现为：

（1）信息披露不完整、不及时；

（2）经理人在履职过程中敷衍、偷懒、不作为；

（3）财务杠杆过度保守；

（4）经营过于稳健、缺乏创新。

实践中，为了减少内部人控制问题对股东利益造成的损害，公司会通过一系列的治理结构或机制安排对各方进行约束和制衡，其中，内部公司治理结构包括董事会、经理人薪酬制度、股权激励机制等，外部公司治理制度则包括限制经理人道德风险的法律法规等。

（二）大股东与中小股东——“隧道挖掘”问题

自20世纪80年代以来，人们逐渐发现公司的股权结构并不总是分散的，也存在不同程度的股权集中，而股权集中度不同所暴露出的公司治理问题也不同。随着资本市场的发展，上市公司股权高度集中的现象屡见不鲜，不同国家或地区普遍存在控制型股东。在此背景下，大股东/控股股东和中小股东之间的利益冲突问题逐渐凸显。

不同于中小股东，大股东因其持股比例较高，其与公司之间的利益联系更为密切，因此大股东通常更有意愿参与公司经营决策。同时，大股东在经营决策中拥有更多的投票权，也更有能力参与公司的经营决策。对中小股东而言，监督成本远远大于其因实施监督行为而获得的收益，这就导致中小股东既没有能力参与公司决策，也没有动力监督公司决策。因此，在股权集中度高的上市公司，大股东在经营决策中拥有绝对的话语权，中小股东则没有实质性的决策权，只有监督权而已。此时，倘若中小股东再将决策权委托给大股东，便会出现委托代理关系和第二类代理问题。

在第二类委托代理关系下，同样由于代理人（大股东）和委托人（中小股东）目标利益不一致以及信息不对称，大股东有动机为了获取私人利益而通过一些隐秘的手段剥夺中小股东利益，这种行为被称为“隧道挖掘”问题，具体包括滥用公司资源和占用公司资源两大类问题。

滥用公司资源，是指并非以占有公司资源为目的，但也未将公司整体目标作为行动导向的行为，比如家族企业为了家族荣誉等目标采取过度保守的经营策略，国有企业为保障社会就业导致国有企业严重冗员等问题。

占用公司资源主要包括直接占用资源、关联性交易和掠夺性财务活动三种形式：一是直接占用资源，是指大股东直接从公司将利益输送给自己，具体表现为：直接借款；利用控制的企业借款；代垫费用；代偿债务；代发工资；利用公司为大股东违规担保；虚假出资。二是关联性交易，可通过商品服务交易活动、资产租用和交易活动、费用分摊等形式实现，如大股东把自己经营的某种产品或服务高价出售给上市公司，上市公司的利益随之流向了大股东，或者大股东低价购买上市公司的产品或服务。上市公司和大股东之间还可能存在资产的租用和买卖价格的协商，资产包括房屋、土地使用权、机器设备及商标专利等无形资产。上市公司和大股东共同分担某些费用，但分摊比例不合理也可能导致上市公司将利益输送到大股东手中。三是掠夺性财务活动，是指大股东通过资本市场或相关工具侵占公司利益，包括公司通过财务造假骗取融资资格、虚假包装以及过度融资的掠夺性融资行为，上市公司大股东利用信息优势进行股票买卖从而获利的内幕交易行为，上市公司高价收购大股东持有的其他公司股权行为，以大股东需求为导向的股利政策操纵行为等。

（三）企业与其他利益相关者——外部利益问题

20 世纪 70 年代以来，人们逐渐意识到企业不仅要承担经济责任，还要承担法律、环境保护、道德和慈善等方面的社会责任，即企业在经营获利的同时，还需要关注社会公众、社区、自然环境等其他利益相关者的利益。因此，企业经营过程中必须将利益相关者融入企业的治理模式中，依据利益相关者对公司稀缺资源的贡献程度、利益相关者因公司破产或关系终结而承担的风险损失的大小、优先利益相关者的利益诉求、利益相关者在组织里的权力大小等因素，让外部与企业利益相关的主体共同参与公司治理。

目前，我国《上市公司治理准则》第八章对利益相关者、环境保护与社会责任进行了相关规定。其中，第八十三条指出，上市公司利益相关者包括银行及其他债权人、员工、客户、供应商、社区等。上市公司可支持职工代表大会、工会组织依法行使职权，以加强员工权益保护；积极践行绿色发展理念，将生态环保要求融入发展战略和公司治理过程；在社区福利、救灾助困、公益事业等方面积极履行社会责任。同时，鼓励上市公司结对帮扶贫困县或者贫困村，主动对接、积极支持贫困地区发展产业、培养人才、促进就业。以公益性捐赠为例，公益性捐赠作为上市公司社会行为的典型指标，有效地反映了上市公司对社会及其所处社区具体的贡献程度。它不仅能够帮助企业提升品牌形象，同时也有助于企业获得声誉资本、政策倾斜等战略性资源。除此以外，有学者指出，上市公司的企业外部治理机制还包括媒体和舆论管理、投资者关系维护、社会责任报告信息披露等。

第二节　公司治理模式概览

根据各国对公司治理理论的研究，二十国集团/经合组织（G20/OECD Principles of Corporate Governance）发布了《公司治理原则》，以帮助政策制定者评估和完善公司治理的法律、监管以及制度框架，从而有助于实现经济效益的可持续增长和金融稳定。《公司治理原则》自1999年首次被发布以来，已成为全球范围内政策制定者、投资者、公司以及其他利益相关者普遍认可的公司治理理论领域影响较为广泛的参考性原则。

2015年发布的《公司治理原则》的最新版本主要包括以下六个方面内容：一是确保有效公司治理框架的基础；二是股东权利和平等待遇及关键所有权功能；三是机构投资者、证券交易所和其他中介机构的功能；四是利益相关者的作用；五是信息披露和透明度；六是董事会责任。

1. 确保有效公司治理框架的基础

公司治理框架应提高市场的透明度和公平性，促进资源的高效配置，符合法治原则，并为有效的监督和执行提供支持。

2. 股东权利和公平待遇及关键所有权功能

公司治理框架应保护和促进股东行使权力，确保全体股东的平等待遇，包括少数股东及外资股东。在权利受到侵犯时，应保障全体股东均有机会获得有效救济。

3. 机构投资者、证券交易所和其他中介机构的功能

公司治理框架应当在投资链条的每一个环节中都提供健全的激励因素，并规定证券交易所的运行应当有利于促进良好的公司治理实践。

4. 利益相关者的作用

公司治理框架应承认利益相关者的各项经法律或共同协议而确立的权利，并鼓励公司与利益相关者在创造财富和就业以及促进企业财务的持续稳健性等方面展开积极合作。

5. 信息披露与透明度

公司治理框架应确保及时准确地披露公司所有重要事务，包括财务状况、绩效、所有权和公司治理。

6. 董事会责任

公司治理框架应确保董事会对公司的战略指导和对管理层的有效监督，确保董事会对公司和股东的问责制。

公司治理机制是一种经济和法律制度，受到一国政治、经济和历史环境的影响，因此在不同国家和地区有不同的侧重和特征。目前，公认的公司治理模式主要包括三种：一是在股权较分散情况下形成的以外部监控机制为主的公司治理模式，也称为一元模式，以英国、美国等国家为代表；二是在以法人、银行为核心的融资体系下形成的以内部监控机制为主的公司治理模式，也称为二元模式和选择模式，以日本、德国等国家为代表；三是以家族控制主导的公司治理模式，以东南亚国家和中国香港地区为代表。由于我国上市公司治理结构主要结合了内部和外部监控机制的理念，本书仅对前两种模式进行简单介绍。

一、英美外部控制主导的一元模式

以英国、美国为代表的西方发达国家得益于成熟的资本市场，公司主要通过股权市场融资，股权结构中的所有权通常较为分散。同时，美国《格拉斯－斯蒂格尔法案》将商业银行和投资银行的经营业务范围进行隔离，使美国银行体系较为分散，不太可能在实质上拥有公司股权。英美模式下，由于所有权和经营权的分离，出现了第一类代理问题。又由于众多的中小股东不能有效监控管理层的行为，无法从根本上彻底解决代理问题和内部人控制问题。因此，英美等国家的公司治理主要是靠外部监督机制，通过流动性很强的公开市场、机制健全的经理人市场以及相关法律政策等约束机制对管理层进行监管，并通过高收入、股权激励等激励机制对管理层进行激励。

外部控制主导的英美模式主要有以下几方面特征：

一是在内部治理结构方面建立成熟的独立董事制度。长期以来，由于英美公司的董事会身兼业务执行和监督机构两大职能，其内部治理结构体现为单层的一元模式，“董事会中心主义”下的滥权和失职频繁出现。20世纪70年代初，独立董事制度被提出，并不断完善。董事会下设以独立董事为多数并领导的审计委员会、薪酬委员会和提名委员会，其中审计委员会的成员要求全部为独立董事。因独立于管理层，独立董事可以做出更科学、客观的决策，以此提高监督效率。

二是在外部治理环境方面依托发达的职业经理人市场。英美成熟的资本市场下孕育了发达的经理人市场，经理人以往的经营绩效、道德信誉等因素可以充分体现在经理人市场的定价机制中，对经理人形成了较有力的职业约束。同时，依托于股票期权等薪酬机制，将经理人的个人利益与企业的长期利益绑定，对经理人形成了较有力的激励机制。

三是通过其他外部控制方式完善公司治理。比如，引入机构投资者以分散股东的股权，提高外部审计机构、投资银行等中介机构的监督和约束能力，建立股东诉讼、集团诉讼等法律制度以保护中小股东权益等。

在“董事会中心主义”理论日渐没落、内部人控制问题日益凸显和外界压力逐步加大的共同作用下，既有独立性又有专业能力的独立董事被寄予厚望，独立董事制度也因此建立并不断发展。然而，以独立董事制度为主的外部控制主导公司治理模式并未很好地解决英美公司内部人控制问题。进入21世纪之后，随着美国安然、世界通信等产业巨头公司丑闻的爆出，独立董事制度的监管有效性同样受到较大质疑。

二、德国内部控制主导的二元模式

尽管欧洲大陆的金融市场也较为发达，然而相较于英美的成熟资本市场，德国等国家许多重要的大型公司并不选择在资本市场公开发行股份，而是以法人及银行的债务融资为主，制造业等实体经济对金融资本的依赖程度较低。这一现象与德国实施全能银行制度密切相关。第二次世界大战后，德国为恢复国内经济，各大银行不仅向企业提供贷款支持，还承担了发行股票、认购债券等投资银行职能，成为德国直接融资和间接融资的双重中介机构。与英美等国将商业银行和投资银行业务完全分割不同，德国的全能银行在许多企业中持股比例较高，甚至成为企业的大股东，直接干预企业的经营决策。此外，德国公司中员工持股比例通常较高。因此，德国模式下，银行及员工都积极参与公司治理，形成以内部控制为主导的公司治理模式。

内部控制主导的德国治理模式下，最主要的特征是在内部控制结构上设置二元董事制度——执行董事会（董事会）和监督董事会（监事会）。与我国公司的平行式监督不同，德国公司的监事会由股东大会直接选举产生，监事会下设董事会，享有对董事的提名权，以及在某些情形下对董事会成员的解聘和薪酬冻结权，对董事会进行垂直监督。监督的同时又有合作。德国公司赋予监事会全面信息权力及义务、特别业务的同意权、在重大领域与董事会合作等权力。德国模式下，二元董事会的垂直型监督体现了一定的集权思想，同时也在一定程度上影响了公司的决策效率。

德国公司的监事会成员主要包括股东、银行及员工的代表，德国全能银行可以持有工商企业的股票，且公司相互持股比较普遍，银行作为债权人和股东，在公司内部治理中发挥重要作用，主要通过控制股票投票权和向董事会派驻代表（有时甚至是监事会主席）实现。德国模式的另一个重要特征是注重职工参与公司治理，在二元董事会中采取劳工共决制度。德国公司法强调公司尤其是大公司的职工可以通过一定的形式，对公司的经营管理提出意见。根据企业规模和职工人数，德国模式下的监事会职工代表占比在三分之一至二分之一之间。1976 年德国颁布的《共同决定法》（Codetermination Act）规定，如果职工人数达到 2000 人以上，监事会成员中要有与股东代表同样人数的职工代表，公司必须遵守准平等劳工共决制度。劳工共决制度原则上仅限于监事会，但在职工人数超过 2000 人的公司中，还须在董事会内任命一名职工董事，职工董事通常代表公司工会。

当然，德国的公司治理模式也存在一定的不足。首先，德国信息披露制度相对不够成熟，导致控制权市场的发展不完善，抑制了企业的兼并和收购。其次，德国以银行为主的融资结构导致企业资产负债率通常较高，也导致证券市场相对不发达。最后，德国模式强调利益相关者的利益保护，股东大会易出现“空壳化”现象，无法真正发挥职能。

三、日本可选择的内部或外部主导模式

与德国类似，日本不限制银行投资有价证券，日本银行由此可以掌握企业的所有权，并逐渐形成主银行制度，即公司以一家银行作为主要贷款行并接受其金融信托及财务监控的制度。因此，日本银行对企业而言不仅是间接融资渠道，更是与之深度绑定的业务合作伙伴，主办银行在日本的公司治理结构中扮演重要角色。同时，日本鼓励大企业之间交叉持股，因此出现了法人相互持股的企业集团，日本企业制度也呈现出以法人股份制为主的特征，非金融类公司拥有日本全部上市公司四分之一的股票。总之，日本形成了通过交叉持股和主办银行制度实现的内部控制主导治理模式。

与德国模式不同的是，日本企业的董事会和监事会都通过股东会产生，且两会分离，彼此没有垂直监督关系。20 世纪 50 年代至 90 年代，日本多次对 1899 年的《商法》进行修改，不断强化两会中监事会的监督职能。但由于监事会成员多来自公司内部，且缺乏专业知识，使监事会形同虚设。20 世纪 90 年代之后，日本的公司相继爆出关联交易、内幕交易等侵害股东利益的违法行为，暴露出内部控制主导的公司治理模式下信息披露不充分、控股股东损害中小股东利益的“隧道挖掘”等一系列问题。

为顺应美国公司治理趋势，提高在国际市场中的地位，日本于 2002 年再次修改《商法》并引入美国公司治理制度。修改后的日本《商法》在公司董事会下设专业委员会，由外部董事（独立董事）实施监督，设立专业委员会的公司可不再设置监事会。

第三节 我国上市公司治理法规体系

我国公司治理先后经历观念导入、结构构建、机制建立和有效性提高

等阶段，已建立了一套层级分明、系统完备的法律法规体系。根据《中华人民共和国公司法》（以下简称《公司法》）的规定，公司需设置股东会、董事会和监事会（或监事）三大职能机构，其中，董事会和监事会由股东会选举产生。董事会（由独立董事和非独立董事组成）负责公司业务的决策，且下设专门委员会和经理层，负责公司经营管理；监事会负责监督。这一治理结构一方面借鉴了德国和日本的监事会制度，在股东大会下设置平行式监督的两会治理模式，另一方面借鉴了英美模式下的独立董事制度。诚然，公司治理体系的有效性不在于设计一套仿效英美、德国或日本的公司治理模式，而是需要设计一套重要的、切实可行的投资者法律保护机制，以帮助企业获得更广泛的外部融资并行稳致远。如何在《公司法》的体系下构建、完善中国特色公司治理结构，是当前公司治理领域的重要问题，也是提高我国上市公司质量的重要课题。

目前，我国公司治理领域的法规主要包括《公司法》、《中华人民共和国证券法》（以下简称《证券法》）、《上市公司治理准则》、上市规则和规范运作指引等。其中，以交易所规范运作指引最为全面，其对上市公司经营活动中重要事项的规范运作均进行了明确规定。

其中，级别最高的法律由全国人民代表大会及其常委会颁布实施，而与证券相关的规则一般由中国证监会、沪深北证券交易所制定实行。从1993年颁布《公司法》，上市公司治理规则经过多年的修订，逐步形成了一个较为完善的体系。

2018年10月26日第十三届全国人民代表大会常务委员会第六次会议修订了《公司法》（以下简称《公司法（2018）》），2019年12月28日第十三届全国人民代表大会常务委员会第十五次会议第二次修订了《证券法》，为上市公司治理规则奠定了现行法律基础。为推动落实深化国企改革、优化营商环境、加强产权保护、促进资本市场健康发展等重大决策部署，2023年12月29日，《公司法》审议通过，将于2024年7月1日起实施（以下简称新《公司法》）。

《上市公司章程指引》（证监会公告〔2023〕61号）、《上市公司治理准则》（证监会公告〔2018〕29 号）、《上市公司股东大会规则》（证监会公告〔2022〕16 号）和《上市公司独立董事管理办法》（证监会令第 220 号），对上市公司的董事会、股东会、监事会、独立董事制度等进行了较为明确的规定。

为更好地落实公司治理的制度与法规，上海证券交易所和深圳证券交易所也随之修订了相应的规则和指引。深交所修订了《深圳证券交易所股票上市规则》（深证上〔2023〕701 号）、《深圳证券交易所创业板股票上市规则》（深证上〔2023〕702 号）、《深圳证券交易所上市公司自律监管指引第 1 号——主板上市公司规范运作》（深证上〔2023〕1145 号）、《深圳证券交易所上市公司自律监管指引第 2 号——创业板上市公司规范运作》（深证上〔2023〕1146 号）和《深圳证券交易所上市公司股东大会网络投票实施细则》（深证上〔2020〕517 号）。上交所修订了《上海证券交易所股票上市规则》（上证发〔2023〕127 号）、《上海证券交易所科创板股票上市规则》（上证发〔2023〕128 号）、《上海证券交易所上市公司自律监管指引第 1 号——规范运作》（上证发〔2023〕193 号）、《上海证券交易所科创板上市公司自律监管规则适用指引第 1 号——规范运作》（上证发〔2023〕194 号）。我国上市公司治理现行主要法规概况见表 1 – 1。

表 1 – 1　　　　我国上市公司治理现行主要法规

序号	规则体系	颁布部门	颁布时间
1	《中华人民共和国公司法》	全国人大常委会	2023 年 12 月 29 日
2	《中华人民共和国证券法》	全国人大常委会	2019 年 12 月
3	《上市公司治理准则》 《上市公司章程指引》	中国证监会	2018 年 9 月 2023 年 12 月
4	《上市公司股东大会规则》 《上市公司独立董事管理办法》	中国证监会	2022 年 1 月 2023 年 8 月
5	《上海证券交易所股票上市规则》 《上海证券交易所科创板股票上市规则》	上交所	2023 年 8 月

续表

序号	规则体系	颁布部门	颁布时间
6	《深圳证券交易所股票上市规则》 《深圳证券交易所创业板股票上市规则》	深交所	2023 年 8 月
7	《上海证券交易所上市公司自律监管指引第 1 号——规范运作》 《上海证券交易所科创板上市公司自律监管规则适用指引第 1 号——规范运作》	上交所	2023 年 12 月
8	《深圳证券交易所上市公司自律监管指引第 1 号——主板上市公司规范运作》 《深圳证券交易所上市公司自律监管指引第 2 号——创业板上市公司规范运作》	深交所	2023 年 12 月
9	《深圳证券交易所上市公司自律监管指引第 3—12 号》	深交所	2022—2023 年
10	《北京证券交易所股票上市规则（试行）》 《北京证券交易所证券发行上市保荐业务管理细则》 《北京证券交易所上市公司持续监管办法（试行）》 《北京证券交易所上市公司持续监管指引第 1 号——独立董事》	北交所	2023 年 8 月 2023 年 2 月 2021 年 10 月 2023 年 8 月
11	交易所其他特别规定、细则、通知等	—	—

第二章　上市公司股东与股东会

第一节　上市公司股东会机制概述

新《公司法》第一条开宗明义："为了规范公司的组织和行为，保护公司、股东、职工和债权人的合法权益，完善中国特色现代企业制度，弘扬企业家精神，维护社会经济秩序，促进社会主义市场经济的发展，根据宪法，制定本法。"

股东，即公司的出资人，也是公司股份的持有人。股东会是股份公司的最高决策机构，它由全体股东组成，对公司的重大事项进行决策，有权选任和解除董事，并对公司的经营管理有广泛的决定权，即股份公司的一切重大的人事任免和重大的经营决策都得经股东会认可和批准后方才有效。股东会的本质并不是公司某个实体机构，而是一种体现股东民主决策的公司内部制度形式。

一、上市公司股东会机制

股东会是公司法人治理结构中必不可少的部分，是上市公司的必备机构。现代公司治理框架下，力求在股东会、董事会、监事会三者之间，形成权力机构、决策机构、监督机构与经理层之间权责分明、各司其职、有效制衡、科学决策、协调运作的法人治理结构。

（一）股东会由公司全体股东组成

股份有限公司的股东会由全体股东组成。公司的任何一名股东，无论其持有股份数量多少，都是股东会的成员，都有权参加股东会，这是由股东出资设立公司，作为公司所有者的地位所决定的，任何人都不得以某一股东持有的股份较少为由而拒绝该股东参加股东会。

股东会作为公司的权力机构，依法对涉及公司的重大事项进行审议并作出决议。召开股东会的核心目的，是对有关公司发展的重大事项进行表决，可以说，股东行使表决权是整个股东会的核心程序。对于无表决权的股东来说，其同样有权出席股东会，并可行使除表决权之外的其他股东权利，如作为股东享有的提案权、知情权、质询权等。

（二）股东会是公司的意思表示机构

公司作为一个独立的民事主体，需要作出意思表示。然而，公司无法像自然人一样“说出”自身的真实意思，公司的意思表示必须由特定的自然人或者自然人集体代为作出，股东会就是公司作出意思表示的自然人集合体，股东会决议就是公司意思表示的具体呈现形式。单个股东的意思表示通过股东会决议的形式转化为全体股东的“公意”后，公司的经营管理层必须按照股东会决议来经营和管理公司事务，这是意思表示得以执行的具体表现。

公司的意思表示可以分为内部意思表示与外部意思表示两个层次。通常情形下，股东会仅仅是公司的内部意思表示机构，其所作出的意思表示（即股东会决议）仅能约束公司的内部成员，而不能直接约束公司以外的第三人。当公司对外与第三人进行交易活动时，其意思表示必须由公司的对外代表机构依法作出。

（三）股东会是公司的最高权力机构

股东会是公司的最高权力机构。在公司的组织架构中，其他任何机构都无法凌驾于股东会之上，股东会是公司议事的最高权力机构，对公司的重大事项，包括公司本身的“存亡”具有决定权。

股东会作为公司的最高权力机构是相较于公司董事会、监事会以及公司经营管理层而言的，董事会和监事会的权力均来源于股东会，其成员由股东会直接选举产生（职工代表董事、职工代表监事除外），其议事规则由股东会审议并通过后方能生效。公司经营管理层同样受股东会的监督，股东会的决议对公司经营管理层同样具有约束力。

二、上市公司股东会功能

近现代公司法在构建公司权力结构初始，将某种宪政主义的形式加于公司之上。在这种模式下，股东本位的思想强烈，政治民主的观念演变为“股份民主”“股东民主”；公司章程被类推为国家宪法的地位，并被尊奉为公司内部“宪章”；执政者应接受选民监督的政治理念也被转化为公司的经营管理层应接受股东会监督的理念。公司立法则普遍强调公司治理中股东的权限，特别是体现股东意志的股东会应享有的权力，而董事会则成为股东会决议的消极的、机械的执行者。这就是一般意义上公司法学说所称的“股东会中心主义”。

19 世纪末至 20 世纪，各国都经历了逐步削弱股东会权限、强化董事会地位的公司法理念变迁。由于公司规模的扩大以及股东持股比例日趋分散，现实中，公司治理开始渐渐偏离“股东会中心主义”控权结构这一公司法的最初设计，公司董事会在治理中的地位越发重要。对于股东而言，尤其是中小股东，只要得到令其满意的权益分配，就愿意把公司的各项事务交给董事会处理。这一现象，被伯利（Berle）和米恩斯（Means）称为“所有和经营相分离”。在这种理论支配下，1937 年德国《股份法》率先废除了股东本位的法律构造，大大削减了股东会的权限，同时加强了董事会相对于股东会的独立性和经营权限。1965 年，德国《股份法》进一步确认，股东会只是“对在法律和章程中所规定的特别事项作出决议”，而“关于业务经营中的问题，只有在董事会提出要求时，股东会才能作出决定”。在德国立法改革的影响下，大陆法各国在制定本国公司法时纷纷效仿这一做法。

我国《公司法》对股东会的功能定位沿袭了大陆法系国家的做法，将公司在经营、管理过程中的特别事项交由股东会决定，且只能由股东会决定，其余事项可由股东会授权董事会进行审议决策。因此，从法律职责和功能定位来看，股东会是公司治理结构的基石。股东会不仅承担着对公司重大事项进行决策的职责，而且股东会也是全体股东行使监督权、表决权和知情权的重要平台，尤其是对拥有较多投票权的大股东来说，召开股东会是其选择公司权力层和经营层所必经的环节。

三、上市公司股东会类型

根据《公司法》《上市公司股东大会规则》及《上市公司章程指引》的相关规定，我国上市公司股东会的会议类型分为年度股东会和临时股东会会议。

（一）年度股东会

年度股东会，又称定期股东会，是指上市公司每年在一定的时间内必须召开一次的法定股东会。

关于年度股东会的具体召开时间，《上市公司股东大会规则》规定，年度股东会每年召开一次，应当于上一会计年度结束后的六个月内举行。若上市公司在上述时间内因故不能召开年度股东会的，应当报告公司所在地的证监局和公司股票挂牌交易的证券交易所，说明原因并公告。在上述时间内，上市公司无正当理由不召开年度股东会的，证券交易所有权对该公司挂牌交易的股票予以停牌，并要求公司董事会作出解释并公告。可以说，年度股东会是上市公司一年一度的股东“盛宴”，是上市公司最为重要的会议之一。

《上市公司股东大会规则》和《上市公司章程指引》等规范性文件对股东会的召开程序作出了详细的指引式规定，实践中，绝大部分上市公司都会按照规则和指引所规定的程序召开年度股东会。然而，因未按照法定程序召开年度股东会而受到监管的案例也并不少见。

[案例2－1]

深主板上市N公司于2016年6月8日发布《关于召开2015年年度股

东大会的通知》，称拟定于2016年6月29日召开年度股东大会。2016年6月24日，N公司发布《关于2015年年度股东大会延期召开的公告》，称因公司某股东出现违法行为而无法确认该股东是否具有表决权可能导致股东大会决议效力存在瑕疵的原因，决定延期召开2015年年度股东大会，延期召开时间暂定为2016年8月30日。中国证监会认为，根据《公司法》《上市公司股东大会规则》等规定，股东享有参与公司决策的权利，股东大会是行使该项权利的基本保障和必要途径，年度股东大会每年召开一次，应当于上一会计年度结束后的六个月内举行。上市公司发出股东大会通知后，无正当理由，股东大会不得延期或取消，股东大会通知列明的提案不得取消。中国证监会进一步认定，N公司所称事由不能构成延期召开股东大会的正当理由。因此，N公司延期召开年度股东大会的行为违反了《公司法》《上市公司股东大会规则》的规定，中国证监会对N公司采取了责令改正的行政监管措施。

（二）临时股东会会议

临时股东会会议是指根据公司需要而召开的股东会。我国新《公司法》第一百一十三条规定的应当召开临时股东会会议的情形包括：董事人数不足本法规定的人数或者公司章程所定人数的三分之二时；公司未弥补的亏损达股本总额三分之一时；单独或者合计持有公司百分之十以上股份的股东请求时；董事会认为必要时；监事会提议召开时。此外，公司章程可在法定范围内对应当召开临时股东会会议的其他情形作出额外约定。当出现前述情形之一时，上市公司应当在两个月内召开临时股东会会议。

实践中，因临时股东会会议召开程序违法违规而受到监管机构关注的案例不在少数。

[案例2－2]

沪主板Z公司于2019年7月30日披露《关于取消2019年第二次临时股东大会的公告》，该日为原定的股东大会召开之日。Z公司发布公告称紧急取消召开本次临时股东大会的原因为：2019 年 7 月 2 日，Z 公司得到公司相关人员的股票买卖自查结果，发现在交易中部分相关人员存在买卖 Z 公司股票的情形，公司、财务顾问及法律顾问启动了相关核查工作。鉴于深入核实工作量较大，相关自查工作正在进行中，自查报告及中介机构核查意见尚未披露，后续公司可能根据核查情况对交易方案进行调整。上海证券交易所认为，Z 公司未按监管规则规定，提前两个交易日发布取消召开临时股东大会的通知，相关信息披露不及时。上海证券交易所认定 Z 公司取消临时股东大会的行为违反了《上市公司股东大会规则》，于是对 Z 公司的时任董事会秘书予以监管关注。

第二节　上市公司股东会运作规范

股东会是上市公司治理体系中的最高权力机构。参加上市公司股东会会议，是上市公司股东行使股东权利的重要途径之一。上市公司严格依据法律、法规、规章、规范性文件、证券交易所相关规则、章程等规定召开股东会会议，是上市公司规范治理水平的重要体现，也是公司董事会、董事会秘书等相关方的重要职责之一。

根据新《公司法》第五十九条的规定，股东会的职权可归纳为以下五类：

（1）重大事项决策权，包括对公司合并、分立、解散、清算或者变更公司形式作出决议。

（2）重大事项审批权，包括审议批准公司的利润分配方案和弥补亏损方案，审议批准董事会的报告，审议批准监事会的报告。

（3）重要人事任免权，包括选举和更换董事、监事，决定有关董事、监事的报酬事项。

（4）大额资金融资权，包括对公司增加或者减少注册资本作出决议，对发行公司债券作出决议。

（5）修改公司章程权需要特别注意的是，根据新《公司法》第一百一十六条第三款、第一百三十五条的规定，股份有限公司股东会作出修改公司章程、增加或者减少注册资本的决议，公司合并、分离、解散或者变更公司形式的决议，以及上市公司在一年内购买、出售重大资产或者向他人提供担保的金额超过公司资产总额百分之三十的决议，因为涉及公司的“生死存亡”，应当经出席股东会的股东所持表决权的三分之二以上通过。

股东会作为上市公司最高权力机构，其会议的召集、召开、表决以及信息披露等均有严格的法律规定。

一、会议召集

（一）召集主体

新《公司法》第一百一十四条规定：“股东会会议由董事会召集，董事长主持；董事长不能履行职务或者不履行职务的，由副董事长主持；副董事长不能履行职务或者不履行职务的，由过半数董事共同推举一名董事主持。董事会不能履行或者不履行召集股东会会议职责的，监事会应当及时召集和主持；监事会不召集和主持的，连续九十日以上单独或者合计持有公司百分之十以上股份的股东（以下简称“有权股东”或“特定股东”）可以自行召集和主持。”由此可见，股东会的有权召集主体包括董事会、监事会、特定股东。鉴于董事会是股东会的第一层级召集权人，故召开临时会议的提议应向董事会提出。

（二）召集程序

在董事会层面，董事会可以自主直接召集股东会，也可在收到独立董事、监事会或者有权股东的提议后召集。

在监事会层面，监事会有权在认为必要时召集股东会，其在程序上应当先以书面形式向董事会提议召开，董事会应在10日内作出是否同意召开临时股东会的书面反馈，董事会决定不召开的或者10日内未书面反馈的，监事会才可自行召集。监事会也可接受有权股东的提议而召开股东会。有权股东向董事会提议召开股东会，未获董事会同意后，如仍坚持提议召开股东会的，应向监事会提议召集：监事会同意召开股东会的，应在收到提议后5日内发出召开股东会的通知；监事会未在5日内发出股东会通知的，视为不同意召集股东会，有权股东可自行召集。

在有权股东层面，有权股东请求召开临时股东会会议的，应在依次请求董事会及监事会召集股东会均未获同意后，才能自行召集股东会。实践中，召集股东一般会在会议公告中作出承诺，承诺其在提议召开股东会之日起至股东会决议公告前，持股比例不低于公司总股本的百分之十。

（三）其他特别事项

需要提示的是，独立董事仅能提议召开股东会，无权直接召集股东会。

当董事会或监事会收到提出召开股东会的请求后，不同意召开股东会的，均应当及时公告并说明理由，聘请律师事务所对相关理由及其合法合规性出具法律意见并公告。

监事会和有权股东召集股东会的，召集人还应书面通知董事会，向所在地证监局和交易所备案及提交有关证明材料等。此时，公司董事会和董事会秘书应配合提供股权登记日的股东名册，安排公司承担监事会和股东召集股东会发生的费用。

二、会议提案

如前所述，股东会的有权召集主体包括董事会、监事会、特定股东，这三类主体也是股东会提案的适格主体。

提案的内容，应当属于法律、行政法规和公司章程规定的股东会的职权范围，有明确议题和具体决议事项。上市公司年度股东会的提案至少应包括董事会工作报告、监事会工作报告和独立董事述职报告。

召集人在发出股东会通知后不得修改股东大会通知中已列明的提案或

新增提案。仅有权股东可以提出临时提案，且应在股东会召开 10 日前将临时提案提交给召集人。

实践中引发争议比较多的是临时提案。临时提案权是投资者介入公司重大决策、主张股东权利的重要手段之一，新《公司法》第一百一十五条规定，单独或者合计持有公司百分之一以上股份的股东，可以在股东会会议召开十日前提出临时提案并书面提交董事会。临时提案应当有明确议题和具体决议事项。董事会应当在收到提案后二日内通知其他股东，并将该临时提案提交股东会审议；但临时提案违反法律、行政法规或者公司章程的规定，或者不属于股东会职权范围的除外。公司不得提高提出临时提案股东的持股比例。

[案例 2 - 3]

2020 年 11 月 18 日，深圳证券交易所主板 F 公司公告称，公司于 16 日收到 A 股东提交的临时提案，提案内容为提名公司第六届董事会非独立董事、独立董事与第六届监事会监事的候选人。公司董事会经审议决定，不同意将该临时提案提交至股东大会审议，理由为 A 股东提交提案距离股东大会召开日不足 10 日，且提案材料中未包含授权委托书、表明股东身份的有效证件等材料，因此上述临时提案不符合《公司法》和公司章程的规定，均为无效提案。上述情况很快引来监管关注，证监局向 F 公司发出问询函，要求公司对上述情况予以说明，质疑公司是否通过股东大会召集人及相关董事会办公室员工休假、公司前台拒收书面提案等方式对股东的临时提案权设置障碍，股东大会召集人是否在规定时间内收到股东的临时提案，是否存在大股东滥用股东权力损害公司和其他股东利益的情形。此外，证监局还向 F 公司下发“谈话通知书”，对公司全体董事、监事和高管进行监管谈话。后经查明，公司邮箱已于2020 年 11 月 12 日收到 A 股东发送的临时提案，13 日 A 股东将临时提案的书面纸质材料送至公司董事会办公室联系地址，但公司迟至 2020 年 11 月 18 日才对上述临时提案进行披露，并披露收到上述提案书面材料的时间为 2020 年 11 月 16 日。因此，公司存在未及时披露临时提案的情形。公司的上述行为违反了《上市公司信息披露管理办法》的相关规定，F公司董事长兼代董事会秘书陈某负有主要责任，证监局对公司和陈某采取出具警示函的监督管理措施，并记入证券期货市场诚信档案。

三、会议通知

上市公司召开股东会，需严格按照相关法律法规发布通知。一般来说，通知有四个方面的意义：一是使股东能按时出席股东会；二是使股东能够准确了解即将召开的股东会的议题内容；三是为股东在会议上行使权利留出准备时间；四是使股东会的召集符合法定程序。

（一）会议通知的内容

《上市公司章程指引》第五十六条规定："股东大会的通知包括以下内容：（一）会议的时间、地点和会议期限；（二）提交会议审议的事项和提案；（三）以明显的文字说明：全体普通股股东（含表决权恢复的优先股股东）均有权出席股东大会，并可以书面委托代理人出席会议和参加表决，该股东代理人不必是公司的股东；（四）有权出席股东大会股东的股权登记日；（五）会务常设联系人姓名、电话号码；（六）网络或其他方式的表决时间及表决程序。"

此外，证券交易所各交易板块均对股东会通知公告制定了格式指引，在这些指引中，详细地列明了上市公司股东会通知记载的一般内容及事项，包括会议时间、地点、方式、召集人及股权登记日，以及出席人、会议备查文件等，实践中上市公司一般也会在股东会通知中载明上述内容。

上市公司发出股东会通知时，应当关注股东会通知和补充通知中是否充分、完整披露所有提案的具体内容，以及是否提供了为使股东对拟讨论的事项作出合理判断所需的全部资料或解释。

实践中，如果股东会通知不规范，则可能受到监管关注。

[案例2-4]

N公司于2020年4月25日披露的《关于对××全资子公司增资暨关联交易的公告》显示，前述关联交易事项需提交股东大会审议，公司已于2020年4月25日发出召开股东大会的通知。根据公司公告，具有××房地产评估执照的评估公司GAC对标的资产出具了资产评估报告，但公司未予披露。此外，公司也未披露独立董事对该关联交易的事前认可意见。上海证券交易所于2020年4月28日出具问询函，要求N公司说明公司未披露资产评估报告、独立董事事前认可意见的原因，是否充分、完整地披露了股东对拟审议事项作出合理判断所需的全部资料，相关信息披露是否符合《上市公司股东大会规则》的有关规定。公司于2020年5月21日回复称，公司于2020年4月25日在上海证券交易所网站披露了《关于对××全资子公司增资暨关联交易的公告》，由于公司工作人员工作失误，未将《独立董事关于对××全资子公司增资暨关联交易的事前认可意见》附件上传系统。2020年4月30日公司已在上海证券交易所网站进行了补充披露。因公司需另行聘请具有中国证券市场从业资质的境内评估机构重新为标的资产作评估，为了切实遵守《上市公司股东大会规则》的相关规定，并保护中小投资者的合法权益，N公司已于2020年5月19日公告取消2019年年度股东大会《关于对××全资子公司增资暨关联交易的议案》。

（二）会议通知的发出主体

《上市公司章程指引》第五十五条规定："召集人将在年度股东大会召开20日前以公告方式通知各股东，临时股东大会将于会议召开15日前以公告方式通知各股东。"根据该规定，上市公司股东会的通知应由召集人发出。

根据前文关于上市公司召集人的规定，发出股东会通知的主体应包括董事会、监事会或连续90日以上单独或者合计持有公司百分之十以上股份的股东。

（三）会议通知的发出时间

《上市公司章程指引》第五十五条规定，股东会需要提前20日通知，临时股东会需要提前15日通知。在上市公司进行股东会通知时，根据交易所监管指南，计算股东会通知公告日期与现场会议召开日之间的间隔时，股东会现场会议召开当日不计算在间隔期内。股东会通知于早间或午间发布的，从公告发布当日计算间隔期；股东会通知于晚间发布的，从次日开始计算间隔期。因此，从实践角度，公司急于召开相关股东会时，需要特别注意该等计算规则，避免耽误股东会的顺利召开。

对于年度股东会而言，按照《上市公司股东大会规则》第四条的规定，股东会分为年度股东会和临时股东会。年度股东会每年召开一次，应当于上一会计年度结束后的6个月内举行。而对于临时股东会，在满足提前15日通知的情况下，《公司法》等相关法律法规并未明确规定临时股东会的最迟召开时间，仅在新《公司法》第一百一十三条对特殊情形下临时股东会会议的召开时限有所规定，"有下列情形之一的，应当在两个月内召开临时股东会会议：（一）董事人数不足本法规定人数或者公司章程所定人数的三分之二时；（二）公司未弥补的亏损达股本总额三分之一时；（三）单独或者合计持有公司百分之十以上股份的股东请求时；（四）董事会认为必要时；（五）监事会提议召开时；（六）公司章程规定的其他情形"。

四、会议准备

（一）会议召开方式

股东会应当设置会场，以现场会议形式召开，并应当按照法律、行政法规、中国证监会或公司章程的规定，采用安全、经济、便捷的网络和其他方式为股东参加股东会提供便利。股东通过上述方式参加股东会的，视为出席。

公司股东会采用网络或其他方式的，应当在股东会通知中明确载明网络或其他方式的表决时间以及表决程序。股东会采用网络或其他方式投票的开始时间，不得早于现场股东大会召开前一日下午3：00，且不得迟于现场股东大会召开当日上午9：30，其结束时间不得早于现场股东大会结束当日下午3：00。

股东可以亲自出席股东会并行使表决权，也可以委托他人代为出席并在授权范围内行使表决权。

（二）会议召开地点

《上市公司章程指引》第四十五条规定，公司召开股东大会的地点为公司住所地或其他明确地点。实践中，上市公司一般在其章程中约定，股东会召开的地点为公司住所地或股东会通知（或公告）中记载的地点，但也存在一些规定不明的情况。比如，某公司章程约定股东会召开的地点为上海，但未进一步列明具体地址，这类约定是否符合上市公司章程指引及股东会规则等规定，则有待进一步商榷。尽管上市公司有权对召开地点是否明确展开合理解释，但为了避免疑义，上市公司还是应当在公司章程中作出明确约定。

（三）股东出席登记

出席现场会议的自然人股东应出示股票账户卡、身份证或者其他能证明身份的文件，以及授权委托书和代理人身份证件（如存在代理情形）。出席现场会议的法人股东出席会议的，应出示能证明其具有法定代表人资格的有效证明。出席网络会议的，应根据网络投票系统进行股东身份认证。股东会的召集人和律师应根据截至登记日的股东名册对出席股东的资格进行审核。

委托代理人出席的，应注明对每一项议案的投票指示；如未注明的，则应注明代理人是否可以按自己的意思表决。

公司应制作会议登记册，载明参加会议人员姓名（或单位名称）、身份证号码、住所地址、持有或者代表有表决权的股份数额、被代理人姓名（或单位名称）等事项。

（四）确认其他出席人员及列席人员

应当出席股东会的人员包括全体董事、全体监事和董事会秘书。应当列席股东会的人员包括经理和其他高级管理人员。

实务中，并非全体董事、监事和高管都能出席或者列席会议。虽然部分人员缺席并不会影响股东行使权利，也不必然影响会议召开程序的合法性，但应保证出席会议的相关人员不影响如下事项的进行：任何情况下，至少应由一名并非主持人的监事出席，以满足股东大会有监事参与计票的要求；需要向股东充分介绍相关议案的人员应该出席，以应对股东的质询。例如，因述职或者汇报需要，年度股东会上，董事长、监事会主席和独立董事，原则上均应该出席；特定情况下，应有半数董事出席，在董事会召集股东会的情况下，若董事长或者副董事长不能出席并主持会议，应有半数以上董事出席，以满足推举主持人的需要；特定情况下，应有半数监事出席，在监事会召集股东大会的情况下，若监事会主席或者监事会副主席不能出席并主持会议，应有半数以上监事出席以满足推举主持人的需要。

实践中，存在部分上市公司会议出席人员不符合法律法规和公司章程规定的案例。

[案例2－5]

S公司在2016年至2018年，共召开了20次股东大会，部分董事和监事未按规定出席股东大会，尤其是其中一名董事及一名监事自当选后从未出席过公司股东大会。上述情形违反了《上市公司股东大会规则》第二十六条的相关规定。此外，S公司兼有公司治理不健全，内部控制存在缺陷，信息披露存在不规范，财务管理和会计核算不规范等违规行为。证监局于2020年3月16日，就前述事项对S公司及上市公司董事长兼总经理、时任董事会秘书、两位时任财务总监采取了责令改正的监管措施。

（五）确定会议主持人

董事会召集股东会时的主持人由董事长担任；董事长不能或者不履行职务时，由副董事长主持；副董事长不能履行职务或者不履行职务时，由半数以上董事推举的董事主持。

监事会召集股东会时的主持人由监事会主席担任；监事会主席不能或者不履行职务时，由监事会副主席主持；监事会副主席不能履行职务或者不履行职务时，由半数以上监事推举的监事主持；有权股东召集股东会时的主持人由召集人推举代表担任。

此外，原定主持人违反《上市公司股东大会规则》使股东会无法继续进行的，可由现场出席股东会有表决权过半数的股东推举一人担任会议主持人，继续开会。

五、会议流程

（一）会议开始

现场股东会的会议应按照会议通知的时间开始。股东会网络或其他方式投票的开始时间，不得早于现场股东会召开前一日下午3：00，并不得迟于现场股东会召开当日上午9：30。

（二）议案审议

在议案汇报程序上，董事长汇报董事会工作报告，监事会主席汇报监事会工作报告，独立董事分别汇报独立董事述职报告，其他议案的汇报人，可根据议案内容，由熟悉议案的人员汇报。汇报顺序根据会议通知列明的顺序，逐个汇报。

在审议质询程序上，根据主持人安排，可在每个议案汇报完毕后逐个质询，也可以全部议案汇报完毕后汇总质询。行使质询权的权利主体为出席股东会的股东，针对质询的回复主体为主持人指定的董事、监事或高级管理人员。

审议过程中，不得修改提案。否则，有关变更应当被视为一个新的提案，不得在当次股东会上表决。

（三）投票表决

股东会的表决票可以在会议前发放，也可以在投票开始前发放。

投票表决前，会议主持人应宣布经登记确认的出席股东及代理人人数与合计所持股份数，会议登记至此应结束。表决开始前，主持人应组织出席股东推举两名与本次审议无关联关系的股东代表参加计票和监票。投票开始前，主持人一般可让董事会秘书简单介绍投票规则。

股东会应当遵循特定的表决规则：

（1）关联股东应对关联议案回避表决，且所持股份不计入确定该项议案表决结果时的出席会议的有表决权的股份总数；

（2）上市公司及其子公司所持上市公司自身的股份，没有表决权，且不计入出席会议有表决权的股份总数；

（3）单一股东及其一致行动人拥有权益的股份比例在百分之三十及以上的上市公司，在审议选举董事和监事的议案时应当采用累积投票制且独立董事和非独立董事的表决应分别进行；

（4）对同一事项有不同提案的，应当按提案提出的时间顺序进行表决；

（5）对同一事项有不同提案的，股东不得对同一事项的不同提案同时投“同意”票；

（6）通知的议案，均应交付表决，不得搁置或者不予表决。

同一表决权只能选择现场、网络或其他表决方式中的一种，重复表决的，以第一次投票结果为准。股东的表决意见应在“同意”“反对”或“弃权”中选择其中之一，未填、错填、字迹无法辨认的表决票或未投的表决票均视为“弃权”。

（四）计票监票

现场会议通常由董事会秘书或者证券事务代表组织计票人计票。现场会议计票人应包括监票股东代表（但与审议事项有关联关系的股东不得参加计票）、监事代表、见证律师。

股东参与网络投票的，网络投票的结果由网络投票系统生成，网络投票的股东可通过投票系统查验自己的投票结果。

对影响中小投资者（除公司董事、监事、高级管理人员以及单独或者合计持有公司百分之五以上股份的股东以外的其他股东）利益的重大事项

（一般指应由独立董事发表意见的事项）、对中小投资者的表决应当单独计票并披露计票结果。

投票是上市公司召开股东会的关键环节，是股东行使表决权的基础。在股东会的投票、计票和监票环节，上市公司需规范相关流程，合规推举计票人和监票人，确保计票过程规范，计票结果准确，否则可能会被监管机构予以处罚。

［案例2－6］

M上市公司在召开2016年度股东大会、2017年第一次临时股东大会期间，在董事会秘书作为某股东的委托代理人，未参加股东大会，且未提供书面转委托的情况下，将该股东委托董事会秘书的表决票计入了相关股东大会的表决结果。结合其他违规事实，证监局对M上市公司采取责令改正的监管措施，并对时任董事长、董事会秘书予以警示函。

（五）会议结束及结果宣布

网络投票结束在先，且结束时间不得早于现场股东会结束当日下午3：00。现场会议的结束时间不应早于网络或者其他投票方式投票结束的时间，即不应早于下午3：00。

普通议案经出席会议的股东（包括股东代理人）所持表决权的过半数通过即可。特殊议案应当经出席会议的股东（包括股东代理人）所持表决权的三分之二以上通过，涉及的事项包括：修改公司章程，增加或者减少注册资本，公司合并、分立、解散，变更公司形式，上市公司一年内购买、出售重大资产或者担保金额超过公司资产总额的百分之三十，股权激励计划，发行优先股，上市公司以减少注册资本为目的回购普通股公开发行优先股，上市公司以非公开发行优先股为支付手段向公司特定股东回购普通股。

现场会议由会议主持人当场宣布投票结果。

（六）会议中断

股东会的召集人应采取措施保证股东大会连续举行，不被干扰，直至形成最终决议。因不可抗力等特殊原因导致股东会中止或不能作出决议的，应尽快恢复召开股东会，或者直接终止本次股东会，并及时公告相关情况和律师出具的专项意见。股东会的召集人应将中断或者终止情况向证监局及交易所报告。

六、会议记录及文件保管

股东会会议记录由公司董事会秘书负责。

会议记录应记载以下内容：

（1）会议时间、地点、议程和召集人姓名或名称；

（2）会议主持人以及出席或列席会议的董事、监事、董事会秘书、经理和其他高级管理人员姓名；

（3）出席会议的股东和代理人人数、所持有表决权的股份总数及占公司股份总数的比例；

（4）对每一提案的审议经过、发言要点和表决结果；

（5）股东的质询意见或建议以及相应的答复或说明；

（6）律师及计票人、监票人姓名；

（7）公司章程规定应当载入会议记录的其他内容。

出席会议的董事、监事、董事会秘书、召集人或其代表、会议主持人应当在会议记录上签名，并保证会议记录内容真实、准确和完整。

会议记录应当与现场出席股东的签名册及代理出席的委托书、网络及其他方式表决情况的有效资料一并保存，保存期限不少于十年。

实践中，因会议记录不规范和文件保管不到位等问题可能受到监管处罚，以下是常见的违规类型。

（一）会议记录缺失

[案例2－7]

S公司在公司制度、“三会”运作、信息披露、财务管理和会计核算等方面存在问题。证监局指出，2005年以来，S公司没有股东大会会议记录，仅有会议纪要，违反了《公司法》第一百零八条的规定。证监局于2008年9月对S公司下发限期整改通知，要求S公司严格按照《上市公司章程指引》第七十二条的规定，自2008年起，做好股东大会会议记录。

（二）会议记录错误

[案例2-8]

A包装股份有限公司的股东大会会议记录及决议公告披露内容与实际不符。根据A公司2020年第三次临时股东大会会议记录和2020年7月29日披露的《2020年第三次临时股东大会决议公告》，某律师事务所张某、刘某两名律师对此次股东大会进行了现场见证并出具了法律意见书。经查，两名律师并未出席此次股东大会，而是由该律师事务所另一名执业律师出席并进行现场见证。公司上述股东大会会议记录和决议公告披露的相关内容与实际不符，违反了《上市公司信息披露管理办法》第二条、《上市公司股东大会规则（2016年修订）》第四十一条等规定。证监局对A公司相关人员采取了出具警示函的监管措施。

（三）会议记录不完整

[案例2-9]

2018年1月，L公司收到证监局《关于对L工程装备股份有限公司予以监管关注的函》，针对现场检查过程中发现的问题提出了整改要求。主要问题如下：公司股东大会、董事会专业委员会部分会议材料不完整，包括股东大会会议记录未记录出席会议的股东和代理人人数、所持表决权的股份总数及占公司股份总数的比例，存在会议记录表决票数与公告不一致情况；董事会战略委员会未详细记录各委员及列席人员的发言要点。

（四）会议决议替代会议记录

[案例 2－10]

C 公司于 2017 年 11 月收到证监局《关于对 C 股份有限公司的监管关注函》，就公司股东大会、董事会、监事会的会议记录存在以会议决议代替会议记录的情形及股东大会会议记录存在缺陷等相关事项进行问询，要求公司及时整改，同时针对董事会秘书工作的失职实行相应的措施，并向证监局报送书面整改报告。

七、会议公告及实施

（一）会议决议公告

上市公司股东会召集人应根据表决结果，制作股东会决议，并由出席董事签署。股东会决议应于股东会结束当日公告。

股东会公告的内容应包括：出席会议的股东和代理人人数；出席股东所持有表决权的股份总数及占公司有表决权股份总数的比例；表决方式；每项提案的表决结果，包括依法需要分类表决或者单独计票的表决事项和计票结果；通过的各项决议的详细内容；议案未获通过或者本次决议变更前次决议的情况。

实践中，也存在因股东会决议披露不及时而需要接受监管的案例。

[案例 2－11]

2018 年 8 月 10 日，P 上市公司召开 2018 年第二次临时股东大会。8 月 13 日午间，公司才披露《2018 年第二次临时股东大会决议公告》。因 P 上市公司未于股东大会结束当日将股东大会决议公告文稿、股东大会决议和法律意见书报送深圳证券交易所并对外披露，深圳证券交易所向 P 上市公司下发了监管函。

（二）律师见证意见内容及公告

股东会律师见证意见应随股东大会决议一并公告。见证意见内容应包括：会议的召集、召开程序是否符合法律、行政法规、公司章程；出席会议人员的资格、召集人资格是否合法有效；会议的表决程序、表决结果是否合法有效；应公司要求对其他有关问题出具的法律意见。

在律师的见证意见中，不得使用“基本符合”“未发现”等含糊措辞，见证意见应当由两名执业律师和律师事务所负责人签名、签署日期，并加盖律师事务所公章。

[案例2－12]

Q上市公司在股东大会会议记录和对外披露的《2020年第三次临时股东大会决议公告》中，均明确律师事务所的两名律师对此次股东大会进行了现场见证并出具了法律意见书。但实际上，两人并未出席该次股东大会，是由该律所另一名执业律师出席并进行现场见证。公司股东大会会议记录和决议公告披露的相关内容与实际情况不符。结合其他违规事实，证监局对该上市公司、董事长、总经理、董事会秘书和财务负责人出具了警示函。

（三）会议决议实施

股东会涉及选举新董事、监事的，通过有关董事、监事选举提案的，新董事、监事按公司章程的规定就任。

股东会涉及分红、送股的，通过有关派现、送股或资本公积转增股本提案的，应当在股东会结束后两个月内实施完毕。

第三节　上市公司股东权利与义务

从权利来源上讲，股东权利是指股东对公司进行投资，基于股东资格而在公司享有的以财产收益为主的多种权利。新《公司法》第四条第二款规定，“公司股东对公司依法享有资产收益、参与重大决策和选择管理者等权利”。由此可见，股东的法定权利主要包括两个方面：一方面是以

“享有资产收益”为主的财产权，另一方面是以“参与重大决策和选择管理者”为主的身份权。

财产权在法律上被称为“自益权”，是指股东取得财产性剩余索取权的权利，属于股东可以单独行使的权利，包括但不限于分红权、剩余财产分配请求权、新股认购请求权、异议股东请求收购权、出资转让权、股份的优先受让权等。

身份权在法律上被称为“共益权”，是股东参与公司决策、管理、监督和控制的权利，属于股东与其他股东共同行使（部分情况下可单独行使）的权利，包括但不限于股东会召集请求权、知情权、质询权、表决权、提案权、违法决议撤销权、请求解散权和诉讼权等。

一、股东基本权利

（一）知情权

从文义上看，知情权泛指公民知悉、获取信息的自由和权利，股东知情权就是将这些公民权利投射到股东与公司的关系之中。股东作为公司的出资人，其本应在公司中享有分配收益、参与管理的权利，但在所有权和经营权分离的现代企业制度下，持股比例较低、参与公司经营管理较少的股东，难以及时、有效地获取公司信息，其股东权利容易被架空，股东利益也容易受到侵害。在此背景下，股东知情权显得更为重要，这是股东获知公司经营状况、重大决策、财务信息等重要信息的基础性权利，也是保障股东有效行使其他权利的前提。

《公司法》区分了不同的公司类型，分别规定了有限责任公司和股份有限公司语境下的股东知情权，并以列举方式确定了股东知情权的范围和行权方式。

对于有限责任公司，股东的知情权是《公司法》赋予股东的法定权利，股东对于有限责任公司的经营管理、财务状况、重要文件和重大事项享有知晓和了解的权利。股东对有限责任公司的章程、股东会会议记录、董事会会议记录、监事会会议记录和财务会计报告既有查阅、复制的权利，也有要求公司依法进行披露的相关权利。以查阅公司会计账簿为例，依据《公司法》相关规定，有限责任公司股东要求查阅公司会计账簿的，应当提出书面请求，说明目的，公司有合理根据认为股东查阅会计账簿有不正当目的，可能损害公司合法利益的，可以拒绝提供查阅。

对于股份有限公司，《公司法》关于股份有限公司股东的知情权的规定则相对简单，这源于股份有限公司和有限责任公司存在本质差异。有限责任公司的股东关系相对封闭、所有权与经营权几乎不分离，具有“人合兼资合”的法律特征，有限责任公司语境下发生的股东知情权纠纷大多是不参与经营的小股东和对公司享有控制权的大股东之间的斗争，是在股东意见不和的情况下，对小股东获得公司信息权利的保障。然而，股份有限公司的情况大不相同，股份有限公司的股份流通相对自由，所有权与经营权相对分离，具有“资合性”的特征。尤其是上市的股份公司，股东数量庞大，公司与股东仅仅是投资分红的关系，绝大部分股东并不参与公司的具体经营管理。因此，在股份有限公司的语境下，股东的知情权更多体现在公司的信息披露制度中，主要由《证券法》《上市公司信息披露管理办法》和各交易所的具体规则进行规定，目的在于为广大投资者提供获取公司信息的公开渠道，促进股票交易的透明和公平。

新《公司法》关于股份有限公司股东的知情权的核心条文是第一百一十条，“股东有权查阅、复制公司章程、股东名册、股东会会议记录、董事会会议决议、监事会会议决议、财务会计报告，对公司的经营提出建议或者质询”，该条规定包含了列举式的查阅权和复制权，以及概括式的建议权和质询权。

上市公司的股东行使知情权最主要的方式是通过上市公司的公告了解公司信息。为此，新《公司法》第一百三十八条、第一百四十条规定了上市公司的信息披露制度，强制要求上市公司信息披露实际上就是为了保护中小股东的知情权。《上市公司信息披露管理办法》第四条进一步规定，“上市公司的董事、监事、高级管理人员应当忠实、勤勉地履行职责，保证披露信息的真实、准确、完整，信息披露及时、公平”。

上市公司投资者关系管理实务中，投资者要求查询股东名册（包括询问公司股东人数）的情形并不罕见。根据《上市公司章程指引》，股东要求查阅股东名册的，上市公司应当对股东身份进行核实，股东应当向上市公司提供证明其持有公司股份的种类以及持股数量的书面文件（如股票对账单、有效身份证明文件等），以供上市公司核实其股东身份。查阅人具备上市公司股东身份是行使查阅权的前提。鉴于上市公司股东名册的登记由证券登记结算机构（即中国证券登记结算有限责任公司）负责，上市公司股东名册查阅权的实现并非随心所欲，股东如根据新《公司法》第一百一十条要求查阅股东名册，其所能查阅的股东名册范围受限于上市公司可以从证券登记结算机构取得的股东名册范围。超出上述范围，上市公司无法提供的，不应构成上市公司对投资者股东名册查阅权的损害。此外，股东行使知情权的同时还应遵守一定的保密义务，股东行使知情权后泄露公司商业秘密导致公司合法利益受到损害的，上市公司可以请求该股东赔偿相关损失。具体到股东名册查阅权，股东所查阅获悉的股东名册信息应当仅供该股东自身使用，不得告知或泄露给其他主体，无论该主体是否是上市公司股东。

（二）投资收益权

股东投资上市公司的主要目的之一是获取收益，资产收益权是受法律保护的。上市公司股东资产收益权的实现方式主要包括：第一，上市公司分配股利，这是股东资产收益权最直接的体现和最重要的实现方式，即股东有权按照持有的股份比例分取红利。第二，股票增值后转让所得，即股东购买的股票增值后，通过转让股票获得资本利得。许多投资者通过股票买卖来获得价差收益，就是资产增值转让收益的表现。第三，上市公司解散清算后的剩余财产分配等。

为保障上市公司股东的资产收益权，《证券法》将利润分配作为上市公司的法定义务予以明确，要求上市公司应当依法保障股东的资产收益权，在弥补亏损及提取法定公积金后有盈余的，应当按照公司章程的规定进行现金分红。

（三）提案权

提案权就是股东在股东大会上提出议案的权利。新《公司法》第一百一十五条规定，单独或合计持有公司百分之一以上股份的股东，可以在股东会会议召开十日前提出临时提案并书面提交董事会。提案权非常重要，对小股东更重要，小股东可以将自己关心的、与自己利益密切相关的议案提交股东大会审议，这就避免了小股东在股东会上只能被动地对大股东的提案说“是”或者“否”。提案权使小股东可以在股东会上发出自己的声音。

实践中，存在上市公司因未将股东的临时提案提交股东会审议而受到监管关注的案例。

[案例2-13]

2021年3月，深交所上市公司W的第一大股东J公司（占比上市公司总股本的18.16%）提请在2021年第二次临时股东大会新增5项临时提案，包括罢免一位非独立董事以及选举新任董事。W公司董事会认为J公司提出罢免的理由和内容不充分，决议不将临时提案提交股东大会审议。因为此事，W公司先后分别收到证监局的监管关注函和深交所的关注函，均要求W公司说明董事会会议未同意将J公司的部分临时提案提交股东大会审议的原因，并说明该行为是否构成对股东提案的实质审查。W公司在回复公告中称，J公司临时提案的内容有明确议题和具体决议事项，属于股东的权利范围，但不符合法律、行政法规和W公司章程的相关规定，故董事会有权决议不予提交股东大会，该行为不属于不当限制股东合法权利。W公司披露回复公告当日，J公司再次提交了前述5项临时提案，W公司再次以临时议案内容不符合《上市公司治理准则》《上市公司股东大会规则》以及交易所规定、公司内部议事规则的相关规定为由，坚持不提交临时股东大会审议，并由一家律师事务所出具了法律意见书。W公司2021年第二次临时股东大会最终仅审议了J公司提交的《关于修改公司章程的议案》，且该议案未获通过。

此外，上市公司在章程中限制股东提名权的规定备受争议。

[案例2-14]

在中证中小投资者服务中心有限责任公司（以下简称“投服中心”）与H公司决议效力确认纠纷案中，H公司在公司章程中规定，连续90天以上单独或合并持有公司3%以上股份的股东有权向董事会提出非独立董事候选人的提名，而投服中心认为董事提名权是《公司法》的强制性规定，不属于股东自治性规定，公司章程无权对其进行限定。法院最终支持了投服中心的主张。法院认为，根据《公司法》规定，只要具有公司股东身份，就有选择包括非独立董事候选人在内的管理者的权利，在权利的行使上并未附加任何限制条件，被告H公司在有关公司章程中设定“连续90天以上”的条件，违反了《公司法》的规定，限制了部分股东就非独立董事候选人提出临时提案的权利，相关条款内容应认定为无效。

（四）表决权

在现代公司治理过程中，上市公司的所有权和经营权已基本实现分离，公司内部基本设立股东会、董事会和监事会三个机构来分权治理公司。上市公司股东会就是股东行使股东表决权的唯一平台。我国《公司法》《上市公司股东大会规则》及《上市公司章程指引》也对股东会表决事项作出相应规定。

上市公司股东表决权制度是一项非常重要的公司治理法律制度。从根本上说，上市公司股东集体运用表决权对上市公司重大议案作出决策，包括行使资产分红收益和选择上市公司管理层等权利。在上市公司控制权争夺过程中，股东表决权往往关系重大。博弈双方获得对公司的控制权，关键在于获得多数的表决权。正因为如此，表决权的行使也成为双方的攻防工具，实践中往往通过对表决权的行使作出一些制度性安排，从而获得或者巩固一方对公司的控制权。《证券法》第六十三条第四款明确规定，违反“慢走规则”[①]买入上市公司有表决权的股份的，在买入后的三十六个月内，对该超过规定比例部分的股份不得行使表决权。这在一定程度上缓解了因敌意收购而导致的上市公司控制权动荡。

此外，在其他几种特殊情况下，上市公司股东所持股份也无法行使表决权。第一，当公司作为股东持有本公司发行的股份时，不享有表决权，该种情形主要是防止董事会以公司名义收购股份来控制股东会。第二，股东表决权回避，当股东与股东会上议决事项有利害关系时，该股东不能行使表决权。

（五）质询权

质询权和知情权是相辅相成的制度设计，都是为了保障小股东的知情权得到切实履行。在公司所有权和经营权分离的情形下，公司中小股东与公司管理层之间存在信息不对称，股东通过行使质询权可以弥补自身信息的不足，有利于平常不实际参与公司经营管理的股东了解股东大会决议事项的背景及详细情况，有助于提高表决投票的针对性和科学性，在一定程度上形成对公司管理层的监督和制衡。这也是对上市公司董监高履职行为的一种监督和威慑，实现了股东参与公司治理的目的。

新《公司法》第一百一十条规定：“股东有权查阅、复制公司章程、股东名册、股东会会议记录、董事会会议决议、监事会会议决议、财务会计报告，对公司的经营提出建议或者质询。”该条款对股东享有的查阅权、建议权和质询权进行了宣誓性的规定。新《公司法》第一百八十七条规定：“股东会要求董事、监事、高级管理人员列席会议的，董事、监事、高级管理人员应当列席并接受股东的质询。”同时，《上市公司股东大会规则》第二十九条也明确规定：“董事、监事、高级管理人员应就股东的质

① 《证券法》第六十三条第二款规定，投资者持有或者通过协议、其他安排与他人共同持有一个上市公司已发行的有表决权股份达到百分之五后，其所持该上市公司已发行的有表决权股份比例每增加或者减少百分之五，应当依照前款规定进行报告和公告。在该事实发生之日起至公告后三日内，不得再买卖该上市公司的股票，但国务院证券监督管理机构规定的情形除外。

询作出解释和说明。”

（六）股东会会议的召集和主持权

单独或者合计持有公司百分之十以上股份的普通股股东（含表决权恢复的优先股股东）有权向董事会或者监事会请求召开临时股东会会议。当董事会和监事会均不召集和主持股东会的情况下，连续九十日以上单独或者合计持有公司百分之十以上股份的普通股股东（含表决权恢复的优先股股东）可以自行召集和主持。

自行召集和主持股东会会议的权利实际上是扩大了小股东对公司的控制权，当代表大股东的董事或经营管理层不愿意召开股东会时，小股东可以运用这一权利在特定条件下自行召集股东会来维护自身权益。在大股东通过控制董事会架空股东会的情况下，小股东的召集和主持权是对大股东的有力制衡。

（七）违法决议撤销权

新《公司法》第二十五条规定，公司股东会、董事会的决议内容违反法律、行政法规的无效。第二十六条规定，股东会、董事会的会议召集程序、表决方式违反法律、行政法规或者公司章程，或者决议内容违反公司章程的，股东自决议作出之日起六十日内，可以请求人民法院撤销。也就是说，小股东可根据实际情况，决定是否请求宣告决议无效或撤销决议，这在一定程度上遏制了大股东或管理层控制股东会和董事会的现象。

股东行使撤销权的事由有内容违法及方式违法等。内容违法，指股东大会或董事会决议的事项违反法律法规或公司章程的规定，比如通过的决议违反股东平等、股东有限责任等原则，非法剥夺了股东的法定权利和章程规定的权利；方式违法，指股东会或董事会在通过决议时的表决方式违反了法律法规或公司章程的规定，如股东会在公司章程中规定，在公司选举董事会成员或监事会成员时采用累积投票制度，但实际上采取的是一股一票制度。

（八）异议股东回购请求权

新《公司法》第八十九条规定，对上市公司股东会作出的公司合并、分立等决议持异议的，投反对票的股东可以要求上市公司按照合理的价格收购其股份。

（九）诉讼权

对上市公司董事、监事、高级管理人员执行公司职务时违反法律或者公司章程的规定给公司造成损失的行为，以及对他人侵犯公司合法权益给公司造成损失的行为，股东可以依法提起诉讼。

二、股东基本义务

股东享有权利的同时，当然也必须承担一定的义务。随着法律观念的发展变化，股东履行义务的对象已不限于公司，在一定条件下已扩展至其他股东以及公司外的第三人。就上市公司而言，法律法规更关注公司控股股东及持股百分之五以上的大股东的义务履行情况。

在《公司法》层面，控股股东是指其出资额占有限责任公司资本总额百分之五十以上或者其持有的股份占股份有限公司股本总额百分之五十以上的股东；出资额或者持有股份的比例虽然不足百分之五十，但依其出资额或者持有的股份所享有的表决权已足以对股东会的决议产生重大影响的股东。在上市公司层面，除对上市公司拥有控制权之外，可以实际支配上市公司股份表决权超过百分之三十，通过实际支配上市公司股份表决权能够决定公司董事会半数以上成员选任的人员，也被认定为对上市公司具有控制权。

（一）不得滥用股东权利

上市公司股东应当遵守法律、行政法规和公司章程，依法行使股东权利，不得滥用股东权利损害公司或者其他股东的利益；不得滥用公司法人独立地位和股东有限责任损害公司债权人的利益。上市公司股东滥用股东权利给公司或者其他股东造成损失的，应当依法承担赔偿责任。

（二）独立性义务

控股股东应当维护上市公司的独立性，采取切实措施保障公司资产完整、人员独立、财务独立、机构独立和业务独立。

第一，控股股东投入上市公司的资产应当独立完整、权属清晰，控股股东及其关联方不得占用、支配上市公司资产。法律法规所禁止的影响上市公司资产独立性的行为主要有：与生产型公司共用与生产经营有关的生产系统、辅助生产系统和配套设施；与非生产型公司共用与经营有关的业务体系及相关资产；以显失公平的方式与公司共用商标、专利、非专利技术等；以无偿或者以明显不公平的条件占有、使用、收益或者处分公司的资产；未按照法律规定及合同约定及时办理投入或者转让给公司资产的过户手续。

第二，上市公司人员应当独立于控股股东。上市公司的高级管理人员在控股股东不得担任除董事、监事以外的其他行政职务。控股股东高级管理人员兼任上市公司董事、监事的，应当保证有足够的时间和精力承担上市公司的工作。法律法规所禁止的影响上市公司人员独立性的行为主要有：通过行使提案权、表决权等法律法规、交易所相关规定及公司章程规定的股东权利以外的方式，影响公司人事任免或者限制公司董事、监事和高级管理人员或者其他任职的人员履行职责；聘任公司高级管理人员在控股股东、实际控制人或者其控制的企业担任除董事、监事以外的其他行政职务；要求公司人员为其无偿提供服务；向公司高级管理人员支付薪金或者其他报酬（科创板除外）；指使公司董事、监事和高级管理人员以及其他在上市公司任职的人员实施损害公司利益的决策或者行为。

第三，上市公司应当依照法律法规和公司章程建立健全财务、会计管理制度，坚持独立核算。控股股东、实际控制人及其关联方应当尊重上市公司财务的独立性，不得干预上市公司的财务、会计活动。法律法规所禁止的影响上市公司财务独立性的行为主要有：与公司共用或者借用公司银行账户等金融类账户，或者将公司资金以任何方式存入控股股东、实际控制人及其关联人控制的账户；通过各种方式非经营性占用公司资金；要求公司违法违规提供担保；将公司财务核算体系纳入控股股东、实际控制人管理系统之内，如共用财务会计核算系统或者控股股东、实际控制人可以通过财务会计核算系统直接查询公司经营情况、财务状况信息。

第四，控股股东应当维护上市公司机构独立，支持公司董事会、监事会、业务经营部门或者其他机构及其人员的独立运作，不得通过行使有关法律法规及公司章程规定的股东权利以外的方式，干预公司机构的设立、调整或者撤销，或者对公司董事会、监事会和其他机构及其人员行使职权进行限制或者施加其他不正当影响。

第五，控股股东应当维护上市公司业务独立。控股股东应当支持并配合公司建立独立的生产经营模式，不得与公司在业务范围、业务性质、客户对象、产品可替代性等方面存在可能损害公司利益的竞争，不得利用控股股东对公司的控制地位，谋取属于公司的商业机会。控股股东、实际控制人应当采取措施，避免或者消除与公司的同业竞争；控股股东应当维护上市公司在生产经营、内部管理、对外投资、对外担保等方面的独立决策，支持并配合上市公司依法履行重大事项的内部决策程序，以行使提案权、表决权等法律法规、交易所相关规定以及公司章程规定的股东权利的方式，通过股东会依法参与上市公司重大事项的决策；控股股东与上市公司发生关联交易，应当遵循平等、自愿、等价、有偿的原则，并签署书面协议，不得要求公司与其进行显失公平的关联交易，不得要求公司无偿或者以明显不公平的条件为其提供商品、服务或者其他资产，不得通过任何方式影响公司的独立决策，不得通过欺诈、虚假陈述或者其他不正当行为等方式损害公司和中小股东的合法权益。

（三）信息披露义务

《上市公司信息披露管理办法》规定了控股股东的信息披露义务，上市公司的控股股东应积极配合上市公司履行信息披露义务。涉及上市公司控股股东的信息披露义务主要包含以下几种情形：公司控股股东受到刑事处罚，涉嫌违法违规被中国证监会立案调查或者受到中国证监会行政处罚，或者受到其他有权机关重大行政处罚；公司控股股东涉嫌严重违纪违法或者职务犯罪被纪检监察机关采取留置措施且影响其履行职责；控股股东持有股份或者控制公司的情况发生较大变化；法院裁决禁止控股股东转让其所持股份，任一股东所持公司百分之五以上的股份被质押、冻结、司法拍卖、托管、设定信托或者被依法限制表决权等，或者出现被强制过户风险。公司的实际控制人及其控制的其他主体从事与公司相同或者相似业务的情况发生较大变化；拟对上市公司进行重大资产重组、债务重组或者业务重组；因经营状况恶化进入破产或者解散程序；出现与控股股东、实际控制人有关传闻，对上市公司股票及其衍生品种交易价格可能产生较大影响等。

实践中，经常出现控股股东未合法合规履行信息披露义务而被交易所通报批评的情形。

[案例2-15]

2021年6月1日，A股份有限公司控股股东Y集团收到通知，因与P发生保理担保纠纷，Y集团持有的A公司股份被法院裁定冻结，占A公司总股本的49.16%，占Y集团所持A公司股份的100%。2021年6月19日，A公司披露《关于股东所持公司股份冻结与解冻的进展公告》称，Y集团所持股份发生上述冻结事项，且已与P达成和解，上述被冻结股份已解除冻结。作为A公司控股股东，Y集团持有的A公司股份全部被司法冻结，可能对A公司股权结构及投资者决策产生重大影响。Y集团应当根据相关规则要求，及时告知Y公司上述股份冻结事项，并督促A公司对外披露。但Y集团未及时将前述股份冻结事项告知A公司并披露，导致A公司迟至6月19日才将股份冻结事项与股份解冻事项一并对外披露。Y集团股份冻结相关信息披露不及时，影响了投资者的合理预期。上海证券交易所对Y集团予以了通报批评。

第三章　上市公司董事与董事会

第一节　上市公司董事会机制概述

一、董事会机制演变

董事会制度萌芽于中世纪的商人工会，由于商会的重大事项均需召开商会全体会议来决定，导致其运行效率低下，从而衍生了所谓的董事会制度，即选取一定的代理人来代替全体成员表决，并协助商会管理人执行事务[①]。

在董事会制度变迁过程中，董事会职能并非一成不变，不同公司治理机制类型下，董事会职能的差异安排主要体现在决策、执行、监督等方面。引起董事会职能变迁的重要原因是现代股份公司以及相关法律法规的出现，随着市场经济的发展以及资本全球化的持续推进，现代公司的规模、体量远超从前，董事会已无力独自承担公司的经营管理职责，其执行职能逐步下放到具备专业素养以及一定知识阅历的管理层，董事会则更多地偏向于决策职能。同时，董事会执行职能的下放导致公司管理层对公司经营控制力的不断增强，这也对董事会的监督职能提出了更高的要求。管理层的任用是董事会承担监督职能的关键，任用一个具备专业素质和道德品行优良的经理将极大地减轻董事会的负担。从规则角度而言，我国《公

---

① 王旭，高婧："董事会制度演进背景下的职能分析"，《商业会计》，2016（05），第 99 ~ 100 页。

司法》对管理层的监督职能主要由董事会以及监事（会）/审计委员会共同承担，但实际操作层面，监事（会）/审计委员会的不作为以及独立董事的“不独立”现象较为突出，相较于决策职能、执行职能而言，董事（会）的监督职能在实践中更容易被忽视，但值得注意的是，董事（会）监督职能的有效性同样是董事会机制能够良好运行的关键。

1993 年 12 月颁布的中国首部《公司法》确立了我国由股东会、董事会/执行董事、监事（会）和经理（管理层）组成的多层次公司治理模式，在公司治理机制运行层面，我国目前的安排与大多数国家相同，即由股东会产生董事会，负责决策和监督；再由董事（会）产生管理层，负责决策的执行。董事（会）职能从执行到决策，再到如今兼具决策与监督于一体的转变，反映了当代公司治理模式由“股东会中心主义”向“董事会中心主义”转变的趋势。

二、董事会与公司治理

在各种公司治理模式中，“股东会中心主义”无疑有其难以取代的终极价值，尽管学术主张上确有他见，但以股东利益最大化为公司治理的目标依然是古往今来公司法理论的基本共识和定论，“资本中心”和“股东本位”的法律理念在《公司法》上的统治地位从未被真正撼动。但“董事会中心主义”并不代表对股东利益最大化原则的背弃，作为资本投入者的股东未必愿意参与公司主要经营管理，分散的个人投资者对公司经营管理的冷漠态度以及对投票权的消极行使是“董事会中心主义”兴盛的重要原因。

资本全球化带来的市场竞争以及现代商业的复杂多变对公司管理提出了更高的要求，股东并不一定拥有专业的管理能力，因此，由具备职业素养以及专业能力的职业经理人管理公司事务逐渐受到越来越多的现代企业的青睐。公司董事会成员中除股东代表以外，擅长经营管理的职业经理人和专业人士比例逐渐上升。与“股东会中心主义”相比，“董事会中心主义”更能反映和体现公司专业化和高效管理的目标和要求，同时也更符合股东利益最大化原则。

总体而言，董事会与股东会权责的划分不仅仅是一个法律问题，也是一个经济问题[①]。公司制度起源于市场，参与的主体也是市场主体，这些特性要求董事会机制应当更加注重市场规律。“董事会中心主义”在公司经营效率化和企业管理专业性追求等方面表现出特有的制度优势，但是并非所有的公司都适用“董事会中心主义”[②]。通常来说，封闭公司、家族企业等主要基于人合因素合作设立的公司，其密切的社会关系和高度的人身信赖会使其更趋向于“股东会中心主义”，而上市公司或公众公司等主要基于资金聚合需求而组成的公司，“董事会中心主义”可能更容易得到一致认同。现代公司法对“股东会中心主义”以及“董事会中心主义”孰优孰劣并无统一定论，更重要的是，在股东会和董事会的权责划分上，存在无穷的可能，简单地择一而定必然会脱离现实。

三、上市公司董事会机制

在公司不同的发展阶段，董事会的结构以及监管要求也不尽相同，对于股东人数较少或规模较小的有限公司来说，出于提高决策效率以及降低决策成本的考虑，通常情况下并不会选择成立董事会，而是以董事的形式代替董事会对公司事务进行经营管理。在公司上市之前，对董事会规则层面的约束主要集中于《公司法》的一般性规定。公司上市后，意味着公司规模的扩大以及外部投资人的介入，不设立董事会仅由一名董事执行公司事务的模式虽有利于提高决策效率，但已经不能满足上市公司的治理需求，无法有效保证公司股东的利益，因此董事会机制的建立对上市公司而言是必不可少的。监管部门在规则层面也对董事会机制的重要性进一步予以明确，并通过制定一系列规则用以保障上市公司董事会的有效运行。

根据上市审核的要求，上市公司在递交上市申请文件时应当如实披露公司董事会、独立董事、董事会秘书以及董事会下设的专门委员会的建立

① 许可：《股东会与董事会分权制度研究》，载《中国法学》2017 年第 2 期。

② 赵旭东：《股东会中心主义抑或董事会中心主义？——公司治理模式的界定、评判与选择》，载《法学评论》2021 年第 3 期。

及运行情况。上述机构的有效运作是公司得以合格上市的前置条件，也是中介机构对公司进行上市审查的关注重点。出于优化上市公司治理结构的目的，董事会机制构建具备多元化特性。董事会成员按照利益代表性一般由股东董事、高管董事、职工董事及独立董事组成，其中，独立董事人数应不少于公司董事会成员的三分之一，并且至少包括一名会计专业人士。对于董事的任职资格，除满足新《公司法》的一般规定外，还需要按照上市监管的要求对董事任职资格进行严格审查并充分披露。《上市公司治理准则》第三十八条规定，上市公司董事会应当设立审计委员会，并可以根据需要设立战略、提名、薪酬与考核等相关专门委员会。专门委员会依照公司章程和董事会授权履行职责，进一步细化上市公司董事会的职能分配。

总体而言，上市公司因其股份可以自由流通的特性受到监管部门更加严格的要求，董事会作为上市公司治理的核心，完善董事会机制是建设高质量上市公司的重要前提。

第二节　上市公司董事任免与义务

上市公司作为独立的法人主体，其人格理应与股东相区分，为排除股东对上市公司人格的干预，新《公司法》严格区分所有权的行使与管理权的行使，具体而言，新《公司法》将“最高决策权”赋予股东，而将“经营管理权”赋予董事会。董事会作为上市公司的管理者，在负责上市公司经营管理事务的同时，还享有对经理及其他高级管理人员的任免权。因此，董事的任免与董事所应承担的义务是以新《公司法》为代表的相关法律法规重点予以关注的内容。

一、董事任免

（一）董事的任职资格

关于董事、独立董事的任职资格，在新《公司法》《上市公司独立董事管理办法》《上市公司章程指引》等相关法律法规中均有规定。独立董事除满足一般董事任职资格的同时，还需满足针对独立董事的特别规定，详见本书第四章上市公司独立董事相关内容。

新《公司法》以列举法明确列示五种不得担任公司董事的情形，主要从候选人行为能力、无违法犯罪、从业经历、个人债务方面对董事的任职进行限制，具体而言，董事任职资格的一般要求如下：

新《公司法》第一百七十八条规定，“有下列情形之一的，不得担任公司的董事、监事、高级管理人员：（一）无民事行为能力或者限制民事行为能力；（二）因贪污、贿赂、侵占财产、挪用财产或者破坏社会主义市场经济秩序，被判处刑罚，或者因犯罪被剥夺政治权利，执行期满未逾五年被宣告缓刑的，自缓刑考验期满之日起未逾二年；（三）担任破产清算的公司、企业的董事或者厂长、经理，对该公司、企业的破产负有个人责任的，自该公司、企业破产清算完结之日起未逾三年；（四）担任因违法被吊销营业执照、责令关闭的公司、企业的法定代表人，并负有个人责任的，自该公司、企业被吊销营业执照、责令关闭之日起未逾三年；（五）个人因所负数额较大的债务到期未清偿被人民法院列为失信被执行人”。

其他法律法规从各自立法本意出发进一步强调和细化了关于董事任职资格的相关要求（见表3－1）。

表3－1　　关于董事任职资格的相关要求

发布主体	法规名称	内容
中国证监会	《上市公司章程指引（2023年修订）》	第九十五条　公司董事为自然人，有下列情形之一的，不能担任公司的董事……（六）被中国证监会采取证券市场禁入措施，期限未满的……
	《上市公司治理准则（2018年修订）》	第六十九条　上市公司人员应当独立于控股股东。上市公司的高级管理人员在控股股东不得担任除董事、监事以外的其他行政职务。控股股东高级管理人员兼任上市公司董事、监事的，应当保证有足够的时间和精力承担上市公司的工作
	《首次公开发行股票注册管理办法（2023年修订）》	第十三条　……董事、监事和高级管理人员不存在最近三年内受到中国证监会行政处罚，或者因涉嫌犯罪正在被司法机关立案侦查或者涉嫌违法违规正在被中国证监会立案调查且尚未有明确结论意见等情形

续表 1

发布主体	法规名称	内容
深圳证券交易所	《深圳证券交易所股票上市规则（2023 年 8 月修订）》	4. 3. 3 候选人存在下列情形之一的，不得被提名担任上市公司董事、监事和高级管理人员……（二）被中国证监会采取不得担任上市公司董事、监事、高级管理人员的证券市场禁入措施，期限尚未届满；（三）被证券交易所公开认定为不适合担任上市公司董事、监事、高级管理人员，期限尚未届满……
	《深圳证券交易所上市公司自律监管指引第 1 号——主板上市公司规范运作（2023 年 12 月修订）》	3. 2. 2 董事、监事和高级管理人员候选人存在下列情形之一的，不得被提名担任上市公司董事、监事和高级管理人员……（二）被中国证监会采取不得担任上市公司董事、监事、高级管理人员的市场禁入措施，期限尚未届满；（三）被证券交易所公开认定为不适合担任上市公司董事、监事和高级管理人员，期限尚未届满……
	《深圳证券交易所上市公司自律监管指引第 2 号——创业板上市公司规范运作（2023 年 12 月修订）》	3. 2. 3 董事、监事和高级管理人员候选人存在下列情形之一的，不得被提名担任上市公司董事、监事和高级管理人员……（二）被中国证监会采取不得担任上市公司董事、监事、高级管理人员的市场禁入措施，期限尚未届满；（三）被证券交易所公开认定为不适合担任公司董事、监事和高级管理人员，期限尚未届满……
上海证券交易所	《上海证券交易所股票上市规则（2023 年 8 月修订）》	4. 3. 3 候选人存在下列情形之一的，不得被提名担任上市公司董事、监事和高级管理人员……（二）被中国证监会采取不得担任上市公司董事、监事和高级管理人员的证券市场禁入措施，期限尚未届满；（三）被证券交易所公开认定为不适合担任上市公司董事、监事和高级管理人员，期限尚未届满……
	《上海证券交易所上市公司自律监管指引第 1 号——规范运作（2023 年 12 月修订）	3. 2. 2 董事、监事和高级管理人员候选人存在下列情形之一的，不得被提名担任上市公司董事、监事和高级管理人员……（二）被中国证监会采取不得担任上市公司董事、监事、高级管理人员的市场禁入措施，期限尚未届满；（三）被证券交易场所公开认定为不适合担任上市公司董事、监事和高级管理人员，期限尚未届满……
	《上海证券交易所科创板上市公司自律监管指引第 1 号——规范运作（2023 年 12 月修订）》	4. 2. 2 董事、监事、高级管理人员候选人存在下列情形之一的，不得被提名担任科创公司董事、监事和高级管理人员……（二）被中国证监会采取不得担任上市公司董事、监事、高级管理人员的市场禁入措施，期限尚未届满；（三）被证券交易场所公开认定为不适合担任上市公司董事、监事和高级管理人员，期限尚未届满……

续表2

发布主体	法规名称	内容
北京证券交易所	《北京证券交易所股票上市规则（试行）(2023年8月修订)》	4.2.2 上市公司应当在公司章程中明确，存在下列情形之一的，不得担任公司董事、监事或者高级管理人员……（三）被证券交易所或者全国股转公司认定其不适合担任公司董事、监事、高级管理人员，期限尚未届满……

除上述法律法规外，部分部门规章及规范性文件对董事任职资格也有规定，如当拟出任上市公司董事的人员具备特定身份、拟任职的上市公司涉及特定行业类型时，需遵从特别的规定，具体见表3－2。

表3－2　　关于董事、独立董事任职资格的其他规定

序号	特别情形	适用法规
1	拟出任独董人员为辞去公职或退休的中管干部	中共中央纪委、中共中央组织部《关于规范中管干部辞去公职或者退（离）休后担任上市公司、基金管理公司独立董事、独立监事的通知》 中共中央组织部《关于进一步规范党政领导干部在企业兼职（任职）问题的意见》
2	拟出任独董人员为高校人员	中共中央纪委、教育部、监察部《关于加强高等学校反腐倡廉建设的意见》
3	拟任股份制商业银行独立董事、董事	中国人民银行《股份制商业银行独立董事和外部监事制度指引》 中国银保监会《银行业金融机构董事（理事）和高级管理人员任职资格管理办法》
4	拟任证券公司、公募基金管理公司独立董事、董事	中国证监会《证券基金经营机构董事、监事、高级管理人员及从业人员监督管理办法》
5	拟任保险公司独立董事、董事	中国银保监会《保险公司董事、监事和高级管理人员任职资格管理规定》《保险机构独立董事管理办法》

（二）董事的选任

董事主要通过董事会的形式行使其职权，董事在执行职务时对公司负有受信义务，并应对公司的所有者股东负责。董事（会）作为股东会决议的执行者、上市公司经营管理的决策者，其成员包括非独立董事与独立董事。在董事选任方面，除职工代表大会或其他民主程序选举产生的职工董事外，其他董事成员由公司的股东会选举产生。

1. 选任主体与程序

（1）选举主体

董事会中可以有职工董事，职工董事由公司职工通过职工代表大会、职工大会或者其他形式民主选举产生；董事会中的非职工董事，由公司股东会选举产生。董事会应设一名董事长，可以根据需要设副董事长，董事长、副董事长的产生办法由公司章程规定。

（2）选举程序

上市公司应充分保障董事的选举程序公开、公平、公正。上市公司在选举前应充分披露董事候选人的详细资料，董事候选人应书面接受提名并承诺资料真实准确完整。

2. 独立董事的特别规定

（1）独立董事席位要求

上市公司独立董事占董事会成员的比例不得低于三分之一，且至少包括一名会计专业人士。

上市公司应当在董事会中设置审计委员会。审计委员会成员应当为不在上市公司担任高级管理人员的董事，其中独立董事应当过半数，并由独立董事中会计专业人士担任召集人。

上市公司可以根据需要在董事会中设置提名、薪酬与考核、战略等专门委员会。提名委员会、薪酬与考核委员会中独立董事应当过半数并担任召集人。

（2）独立董事的提名

上市公司董事会、监事会、单独或者合计持有上市公司已发行股份百分之一以上的股东可以提名独立董事候选人，最终由股东会选举产生独立董事。其中，提名人不得提名与其存在利害关系的人员或者有其他可能影响独立履职情形的关系密切人员作为独立董事候选人。

依法设立的投资者保护机构可以公开请求股东委托其代为行使提名独立董事的权利。

（三）董事的免职与辞任

（1）董事的免职

董事任期由公司章程规定，但每届任期不得超过三年，可连选连任。独立董事每届任期与其他非独立董事任期相同，可连选连任，但是连任时间不得超过六年。董事任职期间出现如丧失行为能力、违反相关法律法规的规定等情形导致不符合董事任职资格的，公司应当解除其职务。

（2）董事的辞任

在通常情况下，董事可以自由辞任，辞职自辞职报告送达董事会时生效[①]（但因董事辞任导致董事会成员低于法定最低人数或其他例外情形的除外），辞职报告生效后免除董事的相应职责。特别的情况，如董事长在任职期间离职，上市公司独立董事应当对董事长离职原因进行核查，并对披露原因与实际情况是否一致以及该事项对公司的影响发表意见。如担任法定代表人的董事辞任，新《公司法》规定视为同时辞去法定代表人，公司应在法定代表人辞任之日起三十日内确定新的法定代表人。

董事在其离职后的合理期间或者约定的期限内，对上市公司和全体股东承担的忠实义务并不随其辞任当然解除，对公司的商业秘密负有的保密义务在该商业秘密成为公开信息之前仍然有效，并应当严格履行与公司约定的禁止同业竞争等义务。

二、董事义务

（一）宏观层面

通常情况下，公司董事会被委以业务经营和事务管理的权利，董事会

① 例外情形有：《深圳证券交易所上市公司自律监管指引第 1 号——主板上市公司规范运作（2023 年 12 月修订）》3.2.8 规定，董事辞任导致“董事会成员低于法定最低人数”“独立董事辞职将导致上市公司董事会或者其专门委员会中独立董事所占比例不符合法律法规或者公司章程的规定，或者独立董事中欠缺会计专业人士”，则辞职报告应当在下任董事填补因其辞职产生的空缺后方能生效。

有权作出重大商业决策、选择或更换公司经理等高级管理人员及其他工作人员，故董事的忠实勤勉、谨慎、专业素养都将与公司的平稳运营息息相关。对董事义务的规定不仅止于行为层面，更要从职业道德层面加以约束。这些义务的规定是维持上市公司合法合规参与市场经济活动、保障公司利益、股东利益的必要举动。

忠实、勤勉是新《公司法》第一百八十条对董事义务的明文规定。忠实义务是指董事应当采取措施避免自身利益与公司利益冲突，不得利用职权牟取不正当利益；勤勉义务是指董事执行职务应当为公司的最大利益尽到管理者通常应有的合理注意。

（二）微观层面

《深圳证券交易所股票上市规则（2023年8月修订）》《深圳证券交易所创业板股票上市规则（2023年8月修订）》《上海证券交易所股票上市规则（2023年8月修订）》《上海证券交易所科创板股票上市规则（2023年8月修订）》规定，上市公司董事应当履行下列忠实义务和勤勉义务：

（1）公平对待所有股东；

（2）保护公司资产的安全、完整，不得利用职务之便为公司实际控制人、股东、员工、本人或者其他第三方的利益而损害公司利益；

（3）未经股东大会同意，不得为本人及其关系密切的家庭成员谋取属于上市公司的商业机会，不得自营、委托他人经营上市公司同类业务；

（4）保守商业秘密，不得泄露公司尚未披露的重大信息，不得利用内幕信息获取不当利益，离职后应当履行与公司约定的竞业禁止义务；

（5）保证有足够的时间和精力参与上市公司事务，原则上应当亲自出席董事会，因故不能亲自出席董事会的，应当审慎地选择受托人，授权事项和决策意向应当具体明确，不得全权委托；

（6）审慎判断公司董事会审议事项可能产生的风险和收益，对所议事项表达明确意见，在公司董事会投反对票或者弃权票的，应当明确披露投票意向的原因、依据、改进建议或者措施；

（7）认真阅读上市公司的各项经营、财务报告和有关公司的传闻，及时了解并持续关注公司业务经营管理状况和公司已发生或者可能发生的重大事项及其影响，及时向董事会报告公司经营活动中存在的问题，不得以不直接从事经营管理或者不知悉、不熟悉为由推卸责任；

（8）关注公司是否存在被关联人或者潜在关联人占用资金等公司利益被侵占问题，如发现异常情况，及时向董事会报告并采取相应措施；

（9）认真阅读公司财务会计报告，关注财务会计报告是否存在重大编制错误或者遗漏，主要会计数据和财务指标是否发生大幅波动及波动原因的解释是否合理；对财务会计报告有疑问的，应当主动调查或者要求董事会补充提供所需的资料或者信息；

（10）积极推动公司规范运行，督促公司依法依规履行信息披露义务，及时纠正和报告公司的违规行为，支持公司履行社会责任；

（11）法律法规、规则及交易所其他规定、公司章程要求的其他忠实义务和勤勉义务。

此外，新《公司法》第一百八十一条规定董事禁止从事下列行为：

“（1）侵占公司财产、挪用公司资金；

（2）将公司资金以其个人名义或者以其他个人名义开立账户存储；

（3）利用职权贿赂或者收受其他非法收入；

（4）接受他人与公司交易的佣金归为己有；

（5）擅自披露公司秘密；

（6）违反对公司忠实义务的其他行为。”

新《公司法》第一百八十二条规定，“董事、监事、高级管理人员，直接或者间接与本公司订立合同或者进行交易，应当就与订立合同或者进行交易有关的事项向董事会或者股东会报告，并按照公司章程的规定经董事会或者股东会决议通过。董事、监事、高级管理人员的近亲属，董事、监事、高级管理人员或者其近亲属直接或者间接控制的企业，以及与董事、监事、高级管理人员有其他关联关系的关联人，与公司订立合同或者进行交易，适用前款规定。”

新《公司法》第一百八十三条规定，“董事、监事、高级管理人员，不得利用职务便利为自己或者他人谋取属于公司的商业机会。但是，有下列情形之一的除外：（一）向董事会或者股东会报告，并按照公司章程的规定经董事会或者股东会决议通过；（二）根据法律、行政法规或者公司章程的规定，公司不能利用该商业机会。”

新《公司法》第一百八十四条规定，“董事、监事、高级管理人员未向董事会或者股东会报告，并按照公司章程的规定经董事会或者股东会决议通过，不得自营或者为他人经营与其任职公司同类的业务。”

董事违反上述规定所得的收入应当归公司所有。

董事会作为公司最高管理机构，其成员的任职要求之高、选任程序之正、应尽义务之重，充分详尽地体现在各层级的法律规范文件之中。这些规定一方面防止董事滥用其权力，侵害上市公司、投资人、交易对手的利益，或进一步扰乱市场经济秩序，另一方面也督促董事勤勉尽责合理使用手中的权力，提升公司整体治理水平，以期促进公司的正常运转及持续发展。

第三节　上市公司董事会的结构及职能

上市公司董事会作为公司的主要执行及对外代表机构，是维系内部组织稳定性与保障实现公司有序治理的核心动力。依据董事会中心主义的内核精神，现代法律体系将需由股东行使的决策及管理权力进行事先明确列举处理，并通过公司章程、股东协议等法律文件形式在股东间形成法律约束力。除此之外的其他公司管理权力则默认由董事会决定行使并承担相应责任，同时基于权责一致的原则形成了上市公司董事会的自身职能。为达成上市公司的高效有序运作，董事会应严格遵照现行法律法规的相关规定，通过构建科学的组成结构，建立科学的运作规则和计划，发挥董事会的作用和职能。

一、董事会结构

作为上市公司的重要组成机构，董事会应在符合法律法规规定的前提下，实现科学配置及内部组成之间的权责合理分配。实践中，上市公司董事会的规模、成员组成代表性及领导结构是体现其内部结构组成是否高效专业的三项检验标准。

（一）董事会的规模

新《公司法》明确我国股份有限公司董事会的成员规模与有限责任公司委员会一致，均为三人以上。上市公司董事会人数规模设置应遵循上述规定，但具体配置人数由上市公司根据实际情况自行配比，且目前对于董事会成员人数的奇偶情况也暂无相应强制性规定。由于《公司法》规定股份有限公司董事会所作出的决议须经全体董事过半数通过，上市公司董事会人数设置为单数，便于董事会以相对多数同意的方式通过决定，避免陷入投票僵局。

目前约有不足两成的上市公司将其董事会成员人数设置为偶数①，该种董事会成员规模配置存在一定的决议投票僵局风险，实践中针对以上风险的解决机制存在以下三种方式。

1. 提交股东会审议批准

作为公司的权力机构，股东会拥有对公司经营管理事项的最终决策权力。董事会发生决策僵局时，通常意味着董事会自身的决策机制已无法发挥应有的作用和意义，难以自发、有效地解决决策僵局问题。此种情况下，股东会的介入干预可以成为一个有效的解决方案。

根据新《公司法》的规定，代表公司十分之一以上表决权的股东、三分之一以上的董事及监事会，均有权提议召开临时股东会会议。当董事会不能履行或者不履行召集股东会会议职责且监事会同样不履行召集职责

① 该统计数据来自 Wind（万得）2023 年 2 月 17 日筛选结果，共 785 家上市公司董事会成员人数为偶数，占比约为 15%。

时，代表十分之一以上表决权的股东可以自行召集和主持。

由此可见，上市公司因董事会的成员人数配比问题产生决策僵局时，可通过适格主体召集召开临时股东会会议的方式将董事会决策僵局事项提交股东会审议决定。此项机制的优点在于发起主体范围较大、决策效力高，而缺点则在于将原赋予董事会的审议权力转移至股东会行使，增加公司决策的时间和程序成本，并相对压缩了董事会的权力空间。

2. 暂缓决策

如上所述，当董事会成员数目为偶数时，可以合理预见到基于此所产生的投票僵局。为保障董事会决策机制的充分发挥，部分上市公司选择事先于公司章程中规定相应的解决方式，该解决方式表现为给予董事会充足时间后的暂缓决策。

实践中，该解决方式又可细分为暂缓后直接提交股东会或再次僵局后提交股东会审议表决两种类型。

[**案例3-1**]

Y公司在其公司章程中规定，董事会成员人数为偶数时，当出现表决相等的情形，董事会可根据审议情况对相关事项进行修改提交下次会议审议，或提议将其提交股东大会审议表决。而F公司在其公司章程规定，如果董事会出现僵局，董事会应该休会三天，复会后如果还是僵局，有关事项应提交股东大会议决。

虽然该解决机制下依然存在将审议僵局事项最终提交股东会审议表决的选择与压缩董事会权力空间的后果，但与选择直接提交股东会相比，董事会可充分利用暂缓决策的窗口期解决信息不对称问题，加强对立方沟通等，以减少立场冲突，提高决策效率，使董事会的决策职能得以完全有效行使。

3. 董事长最终决策权

除以上两种方式外，实务中还有上市公司通过赋予董事长最终决策权的方式作出决议，但该方式并非普遍适用于上市公司。根据《到境外上市公司章程必备条款》（以下简称《必备条款》）第九十三条之规定，“当反对票和赞成票相等时，董事长有权多投一票”。该规定与新《公司法》第一百二十四条“董事会决议的表决，应当一人一票”的强制性规定相悖。基于此，可以认为赋予董事长最终决策权的适用场景，应限定于境外上市股份有限公司的董事会僵局。实践中，该设置多见于H股上市公司，如东方证券就在公司章程中明确董事长可在董事会出现投票僵局时多投一票，但也存在H股上市公司通过章程修订取缔董事长此项被扩大权力的情况。

但《必备条款》已于2023年3月31日随着《境内企业境外发行证券和上市管理试行办法》的实施而废止，与《必备条款》相承接的修订版文件暂未颁布，而是通过《境内企业境外发行证券和上市管理试行办法》第六条直接对境外发行上市的境内企业公司章程内容提出要求，即应当依照我国新《公司法》和《会计法》等法律法规制定章程，完善内部控制制度，规范公司治理和财务、会计行为。

香港联交所刊发的《建议根据中国内地监管新规修订〈上市规则〉以及其他有关中国发行人的条文修订的咨询文件》明确规定，申请于联交所上市的境内发行人应按照中国证监会的《上市公司章程指引》制定公司章程。联交所2023年8月1日生效的最新上市规则已经删除了境内发行主体的公司章程必须符合《必备条款》规定的相关要求。

（二）上市公司董事会成员构成

根据《上市公司治理准则》，董事会的人员构成应当符合法律法规的要求并保证专业结构合理，且董事会成员组成应当多元化，依此构成的董事会应代表并关注含全体股东在内的所有利益相关者的合法权益。基于此，上市公司董事会的成员构成应具备代表性，以反映公司董事会的构成及各利益相关者的组成情况，具体可根据利益代表性分为股东董事、高管董事、职工董事及独立董事。

1. 股东董事

董事会应公平对待所有股东，提名董事是股东的法定权利。因此上市公司拥有提名权的股东一般会主动向公司提名或推荐董事候选人，并提交股东会审议相关议案。这些董事经公司股东会选举通过后，将作为相应股东的代表，这无疑可以更好地维护股东利益。

2. 高管董事

上市公司董事会作为股东及管理层之间的沟通纽带及桥梁，负有部分决策、管理及监管职能。以高管为代表的管理层负责公司大部分事务的实际执行，对上市公司业务经营情况更为熟悉，作为董事会成员的高管代表可促进决策的科学化并提升决策的可执行性。但高管董事在董事会的重合度过高，反而会干扰正常的决策秩序，为此需对高管董事的任职比例进行限制。如《上市公司章程指引》第九十六条对上市公司董事高管的任职比例进行了约束，即上市公司内高管董事与职工董事的比例总计不得超过董事总数的二分之一。

3. 职工董事

根据新《公司法》《上市公司章程指引》及《国务院办公厅关于进一步完善国有企业法人治理结构的指导意见》（国办发〔2017〕35 号），国有独资、全资公司应当设置职工董事，上市公司若职工人数在三百人以上的，除依法设监事会及职工代表监事外，还应于董事会成员中设置职工代表，对于职工人数在三百人以下的上市公司，其董事会成员是否需设置职工代表则无强制性规定。

新《公司法》实时生效前，已有其他规定对于董事会成员中职工代表的设置予以明确。如《中华全国总工会关于进一步推行职工董事、职工监事制度的意见》指出，凡依法设立董事会、监事会的公司都应建立职工董事、职工监事制度，但该文件属于团体规定，约束性有限。此外，部分省市也在其地方性规定中明确了职工董事的设置问题，如《江苏省省属国有独资公司职工董事监事管理暂行办法》就指出，公司董事会成员中至少应有一名职工董事。以上文件虽然对董事会内职工董事的设置作出了一定指引，但强制性效力不足，新《公司法》的颁布实施则对上市公司必须设置职工董事的情形进行明晰约束。

实践中，上市公司若根据实际管理需要设置职工董事，还需注意职工代表及高管代表在董事会的占比总计不得超过公司董事总数的二分之一。上市公司选择设置职工董事可实现公司民主管理及公司职工参与有效管理。如H公司就于《公司关于变更经营范围及修订公司章程的公告》中披露拟对董事会成员组成条款进行调整变更，增设职工董事。目前，我国上市公司通过在董事会中设置职工代表，以实现利益多样化及代表多元性的做法，仍处于初步及探索阶段。

4. 独立董事

上市公司董事会为保证独立性以更好履行其内在职能，应设置独立董事，且独立董事的任职比例应至少达到公司董事会规模的三分之一。

（1）独立董事与非执行董事

理论上，上市公司董事按照参与公司管理深度可划分为执行董事与非执行董事，前者指代参与公司日常管理的董事，又称为内部董事，后者则为并非在公司从事经营管理工作的董事，又称为外部董事。独立董事是外部董事或非执行董事中，有充分“独立性”的董事。上市公司应在独立董事相关原则性规定项下甄选资质、经验等条件均具备的适格人选，以实现独立董事职位职能的最大有效化。

（2）独立董事主导下的专门委员会

上市公司董事会应按照《上市公司章程指引》的相关规定设立审计委员会，并根据需要设立战略、提名、薪酬与考核等相关专门委员会。专门委员会均由董事组成并对董事会负责，根据《上市公司独立董事管理办法》的规定，审计委员会、提名委员会、薪酬与考核委员会中独立董事应当过半数并担任召集人，并且审计委员会的召集人应由独立董事中会计专业人员担任。因此，专门委员会为由上市公司独立董事主导的在董事会的专业决策方面发挥咨询专家职能的重要组成机构。此外，基于独立董事自身的独立监督职能，新《公司法》规定，股份有限公司设置审计委员会行使监事会职权的，可不设监事会或监事。为保证独立董事最大限度履职的客观基础，根据新《公司法》第一百二十一条，组成审计委员会的董事中，过半数成员不得在上市公司担任除董事以外的其他职务，且不得与上市公司存在任何可能影响其独立客观判断的关系。

根据新《公司法》第一百二十六条之规定，经理可根据公司章程的规定或董事会的授权行使职权，因此上市公司董事会在履行完毕新《公司法》所赋予的基本管理制度的最终制定权的情况下，可将具体规章的起草工作交由经理承担。

目前，我国法律法规对除了审计委员会之外的其他专门委员会的设置并无相关强制性规定，但实践中上市公司设置审计、战略、提名、薪酬与考核四个专门委员会为常见选择。

（三）上市公司董事会的领导结构

上市公司董事会应设置董事长一名，并根据实际需要决定是否设置副董事长。上市公司董事长负有监督管理层的职责，因此如何实现董事长任职人选的科学配置关系到公司是否可实现有效运行。目前，约有三成以上的上市公司选择由总经理兼任董事长①，此举可以在一定程度上提升公司内部的决策效率，但也容易导致监督主客体的同一化，不利于董事会的有效监督及公司的科学决策。

科学高效的董事会结构可以实现董事会的民主智慧决策功效，并在经营决策管理层面为上市公司的发展创造条件、提供助力。

二、董事会职能

随着现代公司的逐渐演化，董事会已逐渐将其大部分执行职能下放至管理层，因此，目前上市公司董事会以管理决策及监督为主要职能。根据我国现行上市公司相关法律法规，董事会职能于实际履行过程中又可细分为召集、执行及决定、制订方案及制度以及其他职能四个部分。

（一）上市公司董事会的召集职能

作为股东会的赋权对象，上市公司董事会对股东会负责，负有召集及

① 该统计数据来自 Wind（万得）2023 年 2 月 17 日的筛选结果，共 1698 家上市公司选择由总经理兼任董事长一职，占比约为 33%。

主持股东会（含临时会议）的义务。此外，由于实际经营情况处于动态变化中，上市公司在发出股东会通知后或面临需变更或者增加相关审议议案内容的情况。对于以上情形，应以临时提案的形式体现，上市公司董事会对该临时提案也负有审查及提交股东会审议的义务。

根据新《公司法》《上市公司股东大会规则》《深圳证券交易所上市公司自律监管指南第 1 号——业务办理（2023 年 12 月修订)》《深圳证券交易所创业板上市公司自律监管指南第 1 号——业务办理（2023 年 12 月修订)》《上海证券交易所上市公司自律监管指引第 1 号——规范运作(2023 年 12 月修订)》，单独或合计持有公司百分之三以上股份的股东应于股东会召开十日前提出临时提案并书面提交董事会，董事会应当在收到提案后二日内通知其他股东，并将该临时提案提交股东会审议。提出临时提案的股东应资格属实，且该临时提案的内容应当属于股东会职权范围，有明确议题和具体决议事项，并应符合法律、行政法规和公司章程的有关规定，以上条件均达标后，董事会应提交于股东会进行审议并于规定时间内发出股东会补充通知。董事会若认定该临时提案不符合相关法律法规，进而认定股东会不得对该临时提案进行表决并作出决议的，应当在收到提案后二日内公告相关股东临时提案的内容，以及作出前述决定的详细依据及合法合规性，同时聘请律师事务所对相关理由及其合法合规性出具法律意见并公告。

法律法规对于该临时提案是否必须经董事会前置审议未设置硬性要求，而是授权上市公司于其内部制度中依据实际需求进行制定。目前，实践中对这种情况的两种做法是：一是直接将临时提案提交股东会进行审议，如 Z 公司通过《关于控股股东提议增加 2021 年度股东大会临时议案暨召开 2021 年度股东大会补充通知的公告》和《关于控股股东提议增加 2021 年度股东大会临时议案的公告》披露，公司董事会认定临时提案符合形式审查要件，因此同意直接提交公司股东会审议；二是董事会审议通过后决定是否将该临时提案提交股东会审议，如 X 公司于《关于 2022 年第四次临时股东大会增加临时提案暨股东大会补充通知的公告》中披露称，公司董事会收到临时提案后，经召开会议并审议后认定提案符合形式审查要件，因此，同意提交股东会审议。

（二）上市公司董事会的执行及决定职能

现代公司的规模扩大化趋势必然导致上市公司董事会将执行职能逐渐下放至管理层，但在实际职能履行中，董事会依然保留部分执行内容。根据新《公司法》及《上市公司章程指引》，上市公司董事会应执行股东会的决议，并在公司的经营计划和投资方案、内部管理机构的设置、聘任或解聘公司经理及其报酬事项，并根据经理的提名聘任或解聘公司副经理、财务负责人及其报酬事项，以及股东会授权范围内的对外投资、收购出售资产、资产抵押、对外担保、委托理财、关联交易及对外捐赠等事项上享有决定权。

（三）上市公司董事会的方案及制度制定职能

上市公司董事会的决策管理职能同样可通过制订内部方案及制度以确认公司运转方向的形式予以表现。

根据现行法律法规，上市公司董事会负责制定的内部方案包括：利润分配及弥补亏损方案；公司增加或减少注册资本、发行债券或其他证券及上市方案；公司重大收购、收购本公司股票或者合并、分立、解散及变更公司形式的方案。

新《公司法》及《上市公司章程指引》还赋予董事会制定公司基本管理制度的职能，根据新《公司法》第一百二十六条的规定，经理可根据公司章程的规定或董事会的授权行使职权，因此上市公司董事会在履行完毕新《公司法》所赋予的基本管理制度的最终制定权的情况下，可将具体规章的起草工作交由经理承担。实践中，上市公司董事会所制定的基本管理制度主要表现是除公司章程、股东会、董事会、监事会议事规则等另需股东大会审议通过的制度文件，包括董事会各专门委员会议事规则、经理工作细则、独立董事工作制度、董事会秘书工作细则、董监高所持公司股份及其变动管理制度、控股股东及实际控制人信息披露管理制度、内部审计制度、信息披露管理制度、年报信息披露重大差错责任追究制度、募集资金管理制度、关联交易制度等。

（四）上市公司董事会的其他职能

除上述职能外，上市公司董事会还具备管理公司信息披露事项、向股东会提请聘请或更换为公司审计的会计师事务所、听取公司经理的工作汇报并检查经理的工作，以及法律、行政法规、部门规章或章程授予的其他职能。

作为上市公司的对外代理及管理监督功能集合体，董事会在公司实质运作中处于重要地位。作为指引公司前进方向的重要组成，上市公司董事会的首要职责应体现为战略决策，通过提升公司整体治理水平以期促进公司的规范运转及持续发展。董事会的监督职能依托其自身的机构定位及权责来源、下放渠道，有效监督可实现公司治理及运作的合规化，但需注意，监管职能的过分严格及细致不仅会造成合规成本的大幅上升，也会间接导致一定程度上的固步自封，不利于上市公司创新能力的提升，因此，上市公司董事会应避免过度监管的可能性，实现决策及监管职能的科学配置及执行。此外，现行法律体系及公司自治范围内虽然赋予董事会的职能，具备多样性，但依然存在需要规范明确的空白空间，上市公司董事会需在此背景下勤勉尽责，充分履行及发挥职能作用，并积极探索更高效优质的运作机制，以实现上市公司的高质量发展。

第四节 上市公司董事会运作规范

作为上市公司治理的重要组成部分及中心环节，董事会肩负着研究决策重大事项、监督经营管理层、保障公司治理体系运转等重要使命，关系着上市公司长远发展与股东等利益相关方权利的保障。董事会主要通过召开董事会会议等方式履行其职责并实现其职能。为此，上市公司应依法选举组建完整的董事会，保证董事会各成员具备其职位要求的条件且依法行使其职权，并建立良好的董事会运作机制，保证董事会会议的召集、召开、决议等各个环节符合公司章程及董事会议事规则等公司管理制度的要求及相关法律法规的规定，充分有效地发挥董事会决策、管理和监督的职能。本节将从现行法律法规对董事会会议各个环节的规定层面来讨论如何规范董事会的运作。

一、会议召集

上市公司的董事会会议包括定期会议和临时会议，定期会议每年至少召开两次，一般而言，每年召开的年度股东会对应的董事会会议为一次董事会定期会议，至于另外一次定期会议何时召开，法律法规及规范性文件并无明确规定，且大多数上市公司召开的董事会会议届次一般表述为“第×届董事会第×次会议”，并没有注明定期会议或临时会议，所以很难判断公司每年是否召开了两次董事会定期会议。

临时会议的召集次数没有法定的上下限，召集时间也并无明确规定，由各上市公司根据公司的经营情况具体确定，在代表十分之一以上表决权的股东、三分之一以上董事、监事会以及独立董事提议召开临时会议时，董事长应当自接到提议后在规定时间内召集和主持临时会议。

（一）董事会的议案

《上市公司章程指引》第一百零七条明确规定了上市公司董事会的职权，董事会审议的议案内容不得超过法律法规规定、公司章程规定以及股东会授权的范围。

（二）董事会的召集和主持

上市公司的董事会一般由董事长负责召集和主持，若公司同时设有副董事长，在董事长不能履行或不履行召集、主持董事会的职务时，由副董事长代为履行；若公司没有副董事长，则应由半数以上董事共同推举一名董事代替董事长召集和主持董事会会议。

根据《公司法》《上市公司章程指引》等规定，在公司召开董事会定期会议时，董事长应当于会议召开十日前通知全体董事和监事，目前并无法律法规或规范性文件明确限定临时会议的通知时间。实际上，定期会议的“召开十日前通知”也只是一个法定的最短时间限度。

实践中，各上市公司会在章程中具体规定定期会议和临时会议的通知时限。

[案例3－2]

Z公司在公司章程中规定，“召开董事会定期会议应当于会议召开十四日前，临时会议应当于会议召开五日前通知全体董事、监事及总裁”。B公司在公司章程中规定，“董事会每年至少召开两次会议，由董事长召集，于会议召开十日以前书面通知全体董事和监事……董事会召开临时董事会会议的通知方式为：将盖有董事会印章的书面会议通知，通过直接送达、传真、电子邮件或者其他方式，提交全体董事和监事以及董事会秘书。非直接送达的，还应当通过电话进行确认并做相应记录。通知时限为会议召开二日以前，但情况紧急，需要尽快召开董事会临时会议的，召集人可以随时通过电话或者其他口头方式发出会议通知，并立即召开董事会，但召集人应当在会议上作出说明并在会议记录中记载”。

董事会会议的通知应当至少包含会议日期、地点、会议期限、事由及议题、以及发出通知的日期等内容。当两名及以上独立董事认为董事会通知的资料不完整或者论证不充分的，可以联名书面向董事会提出延期召开会议或者延期审议该事项，且董事会应当予以采纳。

董事会通知的具体方式由各上市公司在章程中规定，一般的通知形式包括传真、电子邮件或专人递送等书面形式，也包括口头、电话等非书面形式，非书面形式一般在召开临时会议，且情况紧急的情形下适用。

（三）董事会的出席和列席

董事会会议应由董事本人出席，且应有全体董事会成员过半数的董事出席方可举行。对于特定事项，比如公司收购股份用于员工持股计划或股权激励等，公司章程或股东会可以授权董事会作出相关决议，但审议这些事项时，应经三分之二以上董事出席并按照章程规定的比例投票表决通过方为有效。

董事因故不能出席时，可以书面委托其他董事代为出席，若董事与董事会会议决议事项所涉及的议案有关联关系的，该董事在表决该议案时应当回避，而且也不得代理其他董事行使表决权。委托其他董事代为出席的，应在委托书中载明代理人的姓名、代理事项、授权范围和有效期限，并由委托人签名或盖章。根据《上市公司章程指引》第九十九条的规定，若董事连续两次未能亲自出席，也不委托其他董事出席董事会会议，视为不能履行职责，董事会应当建议股东会予以撤换。

除了董事之外，因为上市公司总经理对董事会负责，落实和执行董事会各项决议，具体负责公司的日常经营管理，因此，在召开董事会时，总经理也应当列席会议。

根据《深圳证券交易所股票上市规则（2023 年 8 月修订）》第 4. 4. 2 条、《深圳证券交易所上市公司自律监管指引第 2 号——创业板上市公司规范运作（2023 年 12 月修订）》第 3. 3. 34 条、《上海证券交易所股票上市规则（2023 年 8 月修订）》第 4. 4. 2 条、《上海证券交易所科创板上市公司自律监管指引第 1 号——规范运作（2023 年 12 月修订）》第 4. 5. 9 条、《北京证券交易所股票上市规则（试行）（2023 年 8 月修订）》第 4. 2. 24 条的规定，董事会秘书对上市公司和董事会负责，负责组织筹备董事会会议，参加董事会会议，负责董事会会议记录工作并签字。因此，在召开董事会时，董事会秘书应当列席会议。

此外，根据新《公司法》第一百三十一条、第七十九条及《上市公司章程指引》第一百四十一条的规定，公司监事也可以列席董事会会议，可以对董事会决议事项提出质询或者建议。

二、会议决议

（一）董事会的表决方式

《公司法》等法律法规和规范性文件并未对董事会的表决方式进行限

定，实践中，上市公司董事会一般会采取书面投票表决、举手表决等方式进行表决。

（二）有效决议的形成

董事会对审议议案的表决实行一人一票制。对于一般事项，董事会作出决议必须经全体董事的过半数通过，若董事与董事会会议决议事项所涉及的议案有关联关系的，这些议案须经无关联关系董事的过半数通过。董事未出席董事会会议，也未委托代表出席的，视为放弃在该次会议上的投票权。

对于特定交易事项，比如上市公司发生财务资助交易，或提供担保交易等事项，除应当经全体董事的过半数审议通过外，还应当经出席董事会会议的三分之二以上董事审议通过。在表决事项涉及为关联公司提供财务资助或为关联人提供担保的关联交易的情况下，除应当经全体非关联董事的过半数审议通过外，还应当经出席董事会会议的非关联董事的三分之二以上董事审议通过，并提交股东大会审议。若出席董事会会议的非关联董事人数不足三人的，公司应当将该等议案直接提交股东大会审议。

审议关联交易事项的，计票时应当排除回避票，以非关联董事的总票数为基数计算同意票的比例。

[案例3－3]

S公司共有9名董事，在审议《关于公司控股子公司向关联方借款暨关联交易的议案》时，其中6名董事均需回避表决。根据S公司披露的《第六届董事会第三次会议决议公告》显示，该议案的表决情况是“3票同意，0票反对，0票弃权”，即在计票时，以非关联董事的表决票为总数，非关联董事过半数通过即为该议案通过。

（三）董事会的会议记录

上市公司召开董事会时，应当制作并保存董事会会议记录。董事会会议记录应当真实、准确、完整，且至少应包括以下内容：会议召开的日期、地点和召集人姓名；出席董事的姓名以及受他人委托出席董事会的董事（代理人）姓名；会议议程；董事发言要点；每一决议事项的表决方式和结果（表决结果应载明赞成、反对或弃权的票数），涉及回避表决的，注明董事姓名和回避原因。

出席会议的董事、董事会秘书和记录人应当在会议记录上签名，董事会会议记录应当作为公司档案妥善保存，保存期限应不少于十年，公司应当根据具体情况，在章程中规定会议记录的保管期限。

（四）董事会决议的无效与瑕疵

1. 董事会决议无效

《上市公司章程指引》第三十五条规定，公司董事会的决议内容违反法律、行政法规的，股东有权请求人民法院认定无效。

[案例3-4]

在M公司、N公司决议效力确认纠纷案中，就因董事会决议内容违反法律规定被判决无效，法院认为，“M公司第六届董事会第三十四次会议决议的第十四项内容‘延长第六届董事会任期至公司与N公司等十家交易对手所签署的《盈利预测补偿方案》履行完毕为止’违反《公司法》第四十五条的规定，故N公司请求确认M公司第六届董事会第三十四次会议决议的第十四项内容无效有理，予以支持。《公司法》是对公司的组织和行为作出的规范，《公司法》第四十五条规定的‘但每届任期不得超过三年’属于强制性的规定，M公司认为董事会有权决定任期延期，显然与《公司法》所要规范公司的组织和行为的目的不符，剥夺了股东有选择管理者的权利。M公司关于案涉决议未违反效力性强制性规定而不导致无效的意见，本院不予采纳”。在该案中，最终法院判决确认M公司作出的《M公司第六届董事会第三十四次会议决议》第十四项决议内容无效。

2. 董事会决议瑕疵

（1）董事会决议重大瑕疵

若董事会的决议存在以下重大瑕疵，股东有权请求人民法院认定决议不成立。新《公司法》第二十七条规定，“有下列情形之一的，公司股东会、董事会的决议不成立：（一）未召开股东会、董事会会议作出决议；（二）股东会、董事会会议未对决议事项进行表决；（三）出席会议的人数或者所持表决权数未达到本法或者公司章程规定的人数或者所持表决权数；（四）同意决议事项的人数或者所持表决权数未达到本法或者公司章程规定的人数或者所持表决权数。”

若董事会的会议召集程序、表决方式违反法律、行政法规或者公司章程，或者决议内容违反公司章程的，股东有权自决议作出之日起六十日内，请求人民法院撤销，但如果会议召集程序或者表决方式仅有轻微瑕疵，且对决议未产生实质影响的，董事会决议不会被撤销。

（2）董事会决议轻微瑕疵

关于“轻微瑕疵”，目前，各法律法规、规范性文件没有明确规定。经检索案例发现，在司法审判实务中，法院一般会认为，若瑕疵对董事会决议的生效无实质性影响，即该瑕疵不足以构成撤销董事会决议的事由。

[案例3-5]

在H某与I公司决议撤销纠纷案中，法院在判决书中载明：“G某及H某已被免去公司董事职务，公司董事长及副董事长空缺，董事会无人主持，确实属于公司章程第112条规定的情况紧急，公司需要尽快召开董事会解决由谁召集主持董事会并主持股东大会等议案，但本案没有按公司董事会议事规则第8条规定由董事会办公室发出书面会议通知，而是由召集人自行通过电子邮件发出会议通知，且通知到开会不足24小时，因此，本院认为I公司第三届董事会第二十五次会议召集程序存在轻微瑕疵。”

本案中，法院认为，虽然会议召集程序存在轻微瑕疵，但未对决议产生实质影响。最终，法院认定I公司第三届董事会第二十五次会议表决程序未违反公司章程和法律规定，通过决议的内容未违反公司章程。

（五）损失赔偿责任的承担

董事应当对董事会的决议承担责任，董事会的决议违反法律法规或者公司章程、股东会决议，致使上市公司遭受严重损失的，参与决议的董事对公司负赔偿责任。若相关董事能证明其在表决时曾表明异议并记载于会议记录的，该董事可以免除责任。即便上市公司为董事购买了责任保险，董事因违反法律法规和公司章程规定而导致的赔偿责任不应包含在保险合同约定的保险范围内。

若董事会发现关联人占用或者转移公司资金、资产或者其他资源而给公司造成损失或者可能造成损失的，董事会应当及时采取诉讼、财产保全等措施避免或者减少损失，并追究有关人员的责任。

三、信息披露

一般情况下，董事会披露的决议公告应当包括：会议通知发出的时间和方式，会议召开的时间、地点和方式，委托他人出席和缺席的董事人数和姓名，缺席的理由和受托董事姓名，每项议案的表决结果以及有关董事反对或者弃权的理由等内容，涉及回避表决的，还应注明董事姓名和回避原因。

目前，除监事会公告外，上市公司的所有公告均以董事会的名义发出，在中国证监会和各交易所对公告事项有格式要求的情况下，董事会应当按照相关要求制作并发布公告，上市公司的董事长对上市公司信息披露事务管理承担首要责任。信息披露事务的组织和协调由董事会秘书具体负责，若董事会秘书出现空缺，董事会应当及时指定一名董事或者高级管理人员代行董事会秘书的职责，同时尽快确定董事会秘书的人选。公司指定代行董事会秘书职责的人员之前，由董事长或法定代表人代行董事会秘书职责。公司董事会秘书空缺时间超过三个月的，董事长或法定代表人应当代行董事会秘书职责，并应在六个月内完成董事会秘书的聘任工作。

为使董事会良好运转，上市公司应在公司章程和董事会议事规则等公司规章制度中明确规定前述董事会会议召集、召开、决议等各个环节的具体实施标准，而且在保障董事会良好运转的基础上，公司还应充分发挥战略委员会、提名委员会、考核与薪酬委员会、审计委员会各专门委员会的作用，以协助董事会切实履行其管理决策和监督的职能。

第五节 上市公司董事会专门委员会

董事会下设专业委员会可有效发挥董事会的决策作用，依据《上市公司治理准则》第三十八条第一款规定，上市公司董事会应当设立审计委员会，并可以根据需要设立战略、提名、薪酬与考核等相关专门委员会。专门委员会对董事会负责，依照公司章程和董事会授权履行职责，专门委员会的提案应当提交董事会审议决定。

除《上市公司治理准则》对董事会专门委员会作出了规定外，交易所自律规则也作出了类似的规定（见表3－3）。

表3－3　交易所自律规则的相关规定

序号	名称	文号	条款
	深主板		
1	《深圳证券交易所股票上市规则（2023年8月修订）》	深证上〔2023〕701号	4.2.12
2	《深圳证券交易所上市公司自律监管指引第1号——主板上市公司规范运作（2023年12月修订）》	深证上〔2023〕1145号	2.2.5
	创业板		
3	《深圳证券交易所创业板股票上市规则（2023年8月修订）》	深证上〔2023〕702号	4.1.9
4	《深圳证券交易所上市公司自律监管指引第2号——创业板上市公司规范运作（2023年12月修订）》	深证上〔2023〕1146号	2.2.6
	沪主板		
5	《上海证券交易所股票上市规则（2023年8月修订）》	上证发〔2023〕127号	4.2.12
6	《上海证券交易所上市公司自律监管指引第1号——规范运作（2023年12月修订）》	上证发〔2023〕193号	2.2.5

续表

序号	名称	文号	条款
科创板			
7	《上海证券交易所科创板股票上市规则（2023 年 8 月修订）》	上证发〔2023〕128 号	4.3.11
8	《上海证券交易所科创板上市公司自律监管指引第 1 号——规范运作（2023 年 12 月修订）》	上证发〔2023〕194 号	3.3.7
北交所			
9	《北京证券交易所股票上市规则（试行）（2023 年 8 月修订）》	北证公告〔2023〕49 号	4.1.22
10	《北京证券交易所上市公司持续监管办法（试行）》	中国证监会令第 189 号	第六条

除审计委员会、战略委员会、提名委员会、薪酬与考核委员会四个基本的专门委员会外，部分公司因行业要求可能还会设置其他专门委员会，如关联交易控制委员会、信息披露委员会等。本节主要就上市公司常见的四个基本专门委员会展开叙述。

上市公司董事会下设专门委员会的，应当在公司章程中对专门委员会的组成、职责等作出规定，并应当制定专门委员会工作规程，明确专门委员会的人员构成、委员任期、职责范围和议事规则等相关事项。若仅设立专门委员会，未在公司章程中予以具体规定，存在被监管机构采取行政监管措施的风险。

一、审计委员会

《上市公司治理准则》及沪深北证券交易所制定的相关自律规则，均对上市公司提出了董事会应当设立审计委员会的要求。

（一）审计委员会的职责范围

审计委员会对董事会负责，依照公司章程和董事会授权履行职责。审计委员会主要履行下列职责：

（1）监督及评估外部审计机构工作，提议聘请或者更换外部审计机构；

（2）监督及评估内部审计工作，负责内部审计与外部审计的协调；

（3）审阅上市公司的财务报告并对其发表意见；

（4）审核上市公司的财务信息及其披露；

（5）审阅审计报告重要事项，可以在上市公司年度报告中进行说明；

（6）监督及评估上市公司的内部控制；

（7）协调管理层、内部审计部门及相关部门与外部审计机构的沟通；

（8）向董事会提名内部审计部门负责人；

（9）听取上市公司内部审计部门报告工作，指导其有效运作，并就内部审计工作进度、质量、发现的重大问题等事项向董事会报告；

（10）根据内部审计部门出具的评价报告及相关资料，出具年度内部控制自我评价报告；

（11）将认为必须采取的措施或者改善的事项向董事会报告，并提出建议；

（12）法律法规、公司章程规定及董事会授权的其他事项。

上市公司须为审计委员会提供必要的工作条件，配备专门人员或者机构承担审计委员会的工作联络、会议组织、材料准备和档案管理等日常工作。审计委员会履行职责时，上市公司管理层及相关部门须给予配合。审计委员会在履职过程中认为必要的，可以聘请中介机构提供专业意见，有关费用由上市公司承担。审计委员会年度履职情况，包括履行职责的具体情况和审计委员会会议的召开情况，应当在上市公司年度报告中予以披露。上海证券交易所要求上市公司披露年度报告的同时，在上海证券交易所网站披露审计委员会年度履职情况。

审计委员会不依法履行职责，存在被监管机构采取行政监管措施的风险。

[案例3－6]

Z科技公司因2017年至2019年变更、续聘会计师事务所未经董事会审计委员会审议，不符合《上市公司治理准则》第三十九条的规定，被证监局采取责令改正措施；B化学公司因公司董事会审计委员会未与公司管理层和年审审计师进行事前沟通，未能充分发挥董事会专门委员会的作用，董事会战略委员会2012年未召开一次会议，不符合董事会战略委员会工作细则中每年召开两次会议的规定，被证监局责令整改。

（二）审计委员会的人员构成

作为董事会的内设机构，审计委员会由董事会任命三名或以上具备履行审计委员会工作职责的专业知识和商业经验，并且不在上市公司担任高级管理人员的董事组成，其中独立董事应当占多数，原则上审计委员会成员应独立于公司日常经营管理事务。此外，还应当至少有一名会计专业人士担任上市公司独立董事，加入审计委员会并担任召集人。

对“会计专业人士”的理解，除要求丰富的会计专业知识和经验外，还应具备注册会计师执业资格，或具有会计、审计、财务管理专业的高级职称、副教授或以上职称、博士学位，或具有经济管理方面高级职称且在会计、审计、财务管理等专业岗位有五年以上全职工作经验。

新《公司法》加强了股份有限公司审计委员会的人员构成独立性的要求，规定审计委员会过半数成员不得在公司担任除董事以外的其他职务，且不得与公司存在任何可能影响其独立客观判断的关系[①]。

（三）审计委员会的议事规则

审计委员会每季度至少召开一次会议，两名及以上成员提议时，或者召集人认为有必要时，可以召开临时会议。审计委员会会议须有三分之二以上成员出席方可举行。上市公司下列事项应当经审计委员会全体成员过半数同意后，方可提交董事会审议：

（1）披露财务会计报告及定期报告中的财务信息、内部控制（评价）

---

① 《中华人民共和国公司法（2023年修订）》第一百二十一条　股份有限公司可以按照公司章程的规定在董事会中设置由董事组成的审计委员会，行使本法规定的监事会的职权，不设监事会或者监事。

审计委员会成员为三名以上，过半数成员不得在公司担任除董事以外的其他职务，且不得与公司存在任何可能影响其独立客观判断的关系。

报告；

（2）聘用或者解聘承办上市公司审计业务的会计师事务所；

（3）聘任或者解聘上市公司财务负责人；

（4）因会计准则变更以外的原因作出会计政策、会计估计变更或者重大会计差错更正；

（5）法律法规、证券交易所有关规定以及公司章程规定的其他事项。

此外，《上海证券交易所科创板上市公司自律监管指引第 1 号——规范运作（2023 年 12 月修订）》还特别规定了科创公司董事会审计委员会会议由审计委员会召集人召集和主持。审计委员会召集人不能或者拒绝履行职责时，应指定一名独立董事委员代为履行职责。审计委员会向董事会提出的审议意见，必须经全体委员的过半数通过。审计委员会成员中若与会议讨论事项存在利害关系，须予以回避。因回避无法形成有效审议意见的，相关事项由董事会直接审议。科创公司董事会审计委员会委员应当亲自出席审计委员会会议，并对审议事项表达明确的意见。委员确实不能亲自出席会议的，可以提交由该委员签字的授权委托书，委托其他委员代为出席并发表意见。授权委托书须明确授权范围和期限。每一名委员最多接受一名委员委托。独立董事委员确实不能亲自出席会议的，应委托其他独立董事委员代为出席。审计委员会认为必要时，可以邀请外部审计机构代表、科创公司监事、内部审计人员、财务人员、法律顾问等相关人员列席委员会会议并提供必要信息。

审计委员会的开会流程，可以比照董事会会议进行，应包含会议通知、议案信息、表决记录、会议记录等资料。

实践中，存在上市公司因包括审计委员会在内的专门委员会召开不符合规范而收到监管关注的案例。

[案例 3－7]

Y 公司因第四届董事会审计委员会 2017 年第一次会议、第四届董事会提名与薪酬考核委员会、第四届董事会发展战略委员会的资料均缺少会议通知、表决记录，且会议记录无参会人员签字，不符合《上市公司治理准则》第一百一十七条和该公司《董事会议事规则》第九条、《审计委员会议事规则》第三十六条、《提名与薪酬考核委员会工作细则》第十九条、《发展战略委员会工作细则》第十七条等规定，收到证监局监管关注函。

[案例3-8]

H公司收到证监局现场检查监管意见，指出公司“三会”及专门委员会运作方面存在问题：H公司董事会及专业委员会较多以通信方式召开，董事会审计委员会共召开15次会议，现场召开仅6次，董事会战略委员会、薪酬与考核委员会均未召开会议，提名委员会仅召开2次会议，不符合《战略委员会工作条例》《薪酬与考核委员会工作条例》《提名委员会工作条例》中关于至少每年召开两次会议的规定。检查期间，公司的相关资产经营事项未提交战略委员会审议，公司独立董事薪酬等事项未提交薪酬与考核委员会审议。董事会专门委员会会议缺少会议通知和会议记录，检查期内，审计委员会会议、提名委员会会议缺少会议通知，以现场方式召开的提名委员会会议缺少会议记录。

二、战略委员会

法律及交易所自律规则未对上市公司董事会设立战略委员会提出硬性要求，对战略委员会的职责范围、人员构成、议事规则亦未作出具体规定，允许上市公司根据需要自行选择设立与否，如设立战略委员会，应在公司章程中明确战略委员会的组成、职责等内容，并制定战略委员会议事规则。

（一）战略委员会的职责范围

《上市公司治理准则》第四十条规定：“战略委员会的主要职责是对公司长期发展战略和重大投资决策进行研究并提出建议。”上市公司可以该规定为出发点，根据实际需求设定战略委员会的职能，协助董事会履行决定上市公司经营计划和投资方案等职责。战略委员会履职过程中还可以聘请中介机构提供专业意见，认为需要董事会决议的，可形成提案并提交董事会审议决定。战略委员会履行职责的有关费用由上市公司承担。

（二）战略委员会的人员构成与议事规则

上市公司设立战略委员会，应制定战略委员会议事规则，详细规定战略委员会的董事成员构成、选任条件、委员任期、职责事项、议事程序等内容，开会流程可以比照董事会会议进行，应包含会议通知、议案信息、表决记录、会议记录等资料。

实践中，存在上市公司因包括战略委员会在内的专门委员会人员构成及运作不规范而被采取监管措施的案例。

[案例3－9]

Z公司因存在内控不严、审批程序缺失、公司治理不规范以及募集资金未专户存储等问题，被证监局责令改正。其中，Z公司治理不规范问题之一即为专门委员会人数未达到议事规则规定的人数。经证监局调查，Z公司董事会设有战略委员会、提名委员会、薪酬与考核委员会、审计委员会4个委员会，在2010年4月24日新的独立董事进入上市公司后，公司未及时更换董事会各专门委员会的组成人员，直到2011年5月25日才更换。导致在上述期间董事会各专门委员会的组成人员不足各专门委员会议事规则规定的人员数。截至证监局检查时，Z公司战略委员会的人数只有5名，仍未达到议事规则规定的7个名额。

[案例3－10]

C公司因董事会专业委员会运作不规范，收到证监局监管意见。监管意见中指出，C公司战略委员会2012年尚未召开会议，与公司《董事会战略委员会工作细则》第十五条“一年召开两次会议”的规定不符；审计委员会召开会议的通知为提前一天或两天发出，与公司《审计委员会工作细则》第十三条“提前三天发出会议通知”的规定不符。

三、提名委员会

法律规定及交易所自律规则未对上市公司董事会设立提名委员会提出硬性要求，对提名委员会的议事规则亦未作出具体规定，允许上市公司根据需要自行选择，如设立提名委员会，应在公司章程中明确提名委员会的组成、职责等，并制定提名委员会议事规则。

（一）提名委员会的职责范围

提名委员会作为专门委员会的一员，对董事会负责，依照公司章程和董事会授权履行职责。提名委员会主要履行下列职责：

（1）研究董事、高级管理人员的选择标准和程序并提出建议；

（2）遴选合格的董事人选和高级管理人员人选；

（3）对董事人选和高级管理人员人选进行审核并提出建议。

提名委员会对董事、高级管理人员的提名应形成提案并提交董事会审议决定。

（二）提名委员会的人员构成与议事规则

作为董事会的内设机构，提名委员会成员全部由董事组成，且独立董事应当占多数并担任召集人。需注意的是，提名委员会成员为董事、高级管理人员候选人的，在提名委员会审议决议时应当回避表决，因回避无法形成有效审议意见的，相关事项由董事会直接审议。

上市公司设立提名委员会，应制定提名委员会议事规则，详细规定提名委员会的董事成员构成、选任条件、委员任期、职责事项、议事程序等内容，开会流程可以比照董事会会议进行，应包含会议通知、议案信息、表决记录、会议记录等资料。

实践中，存在上市公司因提名委员会履职不规范而被采取监管措施的案例。

［案例3－11］

W公司因高级管理人员选聘程序不规范，被证监局责令改正。证监局责令改正决定书中指出，W公司聘任总经理、董事会秘书、副总经理、财务总监等高级管理人员的议案均未提交公司设立的董事会提名委员会审议，不符合《上市公司治理准则》第四十一条的相关规定。

[案例3-12]

Z公司因公司治理不规范被证监局责令改正。证监局责令改正决定书中载明，Z公司《董事会提名委员会工作细则》规定提名委员会有权对董事、总经理及其他高级管理人员的候选人进行审查，并提出意见或建议，但Z公司在补选董事的过程中提名委员会未按照制度规定发挥作用。

四、薪酬与考核委员会

法律规定及交易所自律规则未对上市公司董事会设立薪酬与考核委员会提出硬性要求，对薪酬与考核委员会的议事规则亦未作出具体规定，允许上市公司根据需要自行选择，如设立薪酬与考核委员会，应在公司章程中明确薪酬与考核委员会的组成、职责等，并制定薪酬与考核委员会议事规则。

（一）薪酬与考核委员会的职责范围

薪酬与考核委员会对董事会负责，依照公司章程和董事会授权履行职责。薪酬与考核委员会主要履行下列职责：

（1）研究董事与高级管理人员考核的标准，进行考核并提出建议；

（2）研究和审查董事、高级管理人员的薪酬政策与方案；

（3）拟定股权激励计划草案。

薪酬与考核委员会对董事、高级管理人员的考核及薪酬制定应形成提案并提交董事会审议决定。

实践中，存在上市公司因薪酬与考核委员会不依法履行职责被证监局采取监管措施的案例。

[案例3-13]

W股份有限公司因公司治理不规范，被证监局责令改正。证监局责令改正决定书中载明，经调查，W公司2013年人事部门对包括董事长、总经理等董事及高管在内的总部职工薪酬管理体制进行调整，但该董事及高管薪酬制度调整仅经时任董事长兼总经理、常务副总经理、财务总监三人审批同意，未经股东大会、董事会、薪酬与考核委员会等审议通过。

[案例3-14]

Z公司因公司治理不规范被证监局责令改正。证监局责令改正决定书中指出Z公司董事会各专业委员会运作不规范。其中，Z公司薪酬与考核委员会未对股权激励事项行使拟定草案职责，没有在股权激励过程中发挥实质性作用，不符合《上市公司股权激励管理办法（试行）》第二十八条规定。

（二）薪酬与考核委员会的人员构成与议事规则

作为董事会的内设机构，薪酬与考核委员会成员全部由董事组成，且独立董事应当占多数并担任召集人。需要注意的是，薪酬与考核委员会成员为审议议案关联的董事、高级管理人员的，在薪酬与考核委员会审议决议时应当回避表决，因回避无法形成有效审议意见的，相关事项由董事会直接审议。

第四章　上市公司独立董事

第一节　独立董事机制概述

独立董事制度起源于美国。早在20世纪40年代，美国证券交易委员会（Security and Exchange Commission，以下简称美国SEC）就通过了《1940年投资公司法》，规定独立董事必须占管理投资公司董事会的百分之四十以上。此后，随着资本市场的快速发展，公司股权高度分散，公司所有权与经营权的分离导致股东对董事会和管理层制约弱化，股东与管理者之间的委托代理问题突出。为了应对这一问题，独立董事制度不断发展、完善。

美国公司采用一元制治理结构，公司除股东会外，仅设立董事会，未有监事会设置安排。董事会作为公司的执行机构，除公司章程限制外，公司所有的权力都由董事会或在其授权下行使。由于美国上市公司股权相对分散，单一股东往往难以对公司实施绝对控制，在缺少外部监督机制的情况下，董事会"一家独大"，两权分离导致的代理问题较为突出。至20世纪70年代，多家公司爆出的丑闻导致社会公众对董事会及管理层的信任度不断下降，对股东利益的侵害结果促使监管机构积极采取行动，强化独立董事制度的运用与执行，以期能够对公司管理层形成有效监督和制约。时至今日，美国上市公司的独立董事在董事会中的占比已过半数，实践中，部分上市公司甚至实现了高达百分之九十的比例。

与美国相比，我国独立董事制度是制度移植的结果。不同于美国公司，我国上市公司采用二元制治理结构（即在股东会之下，设立董事会、监事会），其中，监事会对董事会及管理层承担监督职能。但与美国上市公司高度分散化的股权特征相比，我国上市公司股权集中度相对较高，董事会与管理层高度重合，控股股东往往拥有绝对控制权，而中小股东处于劣势地位，此种情况下，控股股东可以通过操控董事会，侵占中小股东的利益，因此第二类代理问题（即股东利益公平问题）较为突出。此外，尽管我国上市公司一般都设立了监事会，但考虑到股权结构相对集中及董事、监事选聘机制（均由股东会选举），实践中监事会未必能够有效实现对董事会的有效监督，仍需要优化公司治理结构来解决此问题。基于此，我国独立董事制度的发展有两个目标：一是需要考虑如何平衡大小股东的利益公平，二是需要考虑如何实现对董事会的有效监督。

一、我国独立董事机制的立法沿革

从设立到不断完善，我国上市公司独立董事制度经历了二十余年的立法沿革及历程。1993 年，青岛啤酒在我国香港和上海两地同步发行上市，按照我国香港证券市场的规定，青岛啤酒聘请了两名独立董事，成为境内第一家设立独立董事的上市公司。1997 年 12 月，中国证监会发布《上市公司章程指引》，第一百一十二条规定，“上市公司根据需要，可以设立独立董事”，当时上述规定仍为选择性条款，不强制要求公司实行。

1999 年 3 月，国家经贸委、中国证监会联合发布《关于进一步促进境外上市公司规范化运作和深化改革的意见》，对境外上市公司如何建立健全外部董事和独立董事制度提出了要求，规定“公司应增加外部董事的比重。董事会换届时，外部董事应占董事会人数的二分之一以上，并应有两名以上的独立董事”。

在 2000 年 4 月召开的全国企业改革与管理工作会议上，国家经贸委明确提出，今后要在大型公司制企业中逐步建立独立董事制度。为引导上市公司规范运作，完善公司治理结构，2000 年 11 月上海证券交易所制定了

《上海证券交易所上市公司治理指引》，就上市公司建立独立董事制度作出较为详细的规定，包括独立董事人数、比例、基本职权等内容。

2001年，中国证监会着手制定建立独立董事制度的相关法规，于5月正式颁布《关于在上市公司建立独立董事制度的指导意见》（以下简称《指导意见》），这是我国第一部关于独立董事制度的法规，标志着我国上市公司独立董事制度的正式确立。《指导意见》颁布实施后，上市公司根据要求必须设立独立董事且比例不得低于董事会人数的三分之一，《指导意见》第一次对独立董事的任职条件、独立性、提名、选举和更换程序、职权范围等作出了详细规定，为独立董事制度的建设提供了法规支持。

为指导和促进独立董事规范、尽责履职，充分发挥独立董事在上市公司治理中的作用，2014年9月，上市公司协会颁布了《上市公司独立董事履职指引》。2022年1月，中国证监会对上市公司监管法规体系进行整合，增强规则的适用性，同时吸纳散落在别处的规则内容，将《指导意见》修订调整为《上市公司独立董事规则》，统一编排、改写，引入《公司法》《证券法》等上位法作为制定依据，为更好地发挥独立董事作用提供制度支持。

然而，近年来，随着资本市场改革的纵深推进，独立董事定位不清晰、责权利不对等、监督手段不够、履职保障不足等制度性问题亟待解决。为进一步优化上市公司独立董事制度，充分发挥独立董事作用，2023年4月14日，国务院办公厅印发了《关于上市公司独立董事制度改革的意见》（以下简称《独董改革意见》）。《独董改革意见》从明确独立董事职责定位、优化履职方式、强化任职管理、改善选任制度等八个方面提出了改革任务，为进一步优化上市公司独立董事制度指明了方向。按照《独董改革意见》相关要求，中国证监会于2023年8月4日正式颁布《上市公司独立董事管理办法》（以下简称《独董管理办法》），并于2023年9月4日正式生效。《独董管理办法》从独立董事职责和定位、选任制度、任职管理、履职方式和履职保障五个方面对独立董事制度进行了全链条优化和修订。沪深北三大交易所按照中国证监会的统一部署，同步修订了交易所层面的自律监管规则。根据《独董管理办法》的要求，上市公司现行有关独立董事的安排不符合规定的，应当在一年的过渡期内逐步调整至符合规定。至此，我国初步构建起科学合理、互相衔接的独立董事规则体系。

二、我国独立董事机制现行规则体系

当前，我国上市公司独立董事的监管法规主要包括四个层级，分别为《公司法》《证券法》、证监会部门规章以及交易所自律监管规则。《公司法》作为上位法，确立了在上市公司建立独立董事制度。证监会部门规章主要包括《上市公司独立董事管理办法》《上市公司治理准则》和《上市公司章程指引》，交易所自律监管规则包括沪深北交易所各板块《股票上市规则》《自律监管指引——规范运作》和适用于北交所上市公司的《北京证券交易所上市公司持续监管指引第1号——独立董事》。各层级规则主要内容概况见表4-1。

表4-1　各层级规则主要内容概况

部门层级	规则名称	规则主要内容
全国人大常委会	《中华人民共和国公司法（2023年修订）》	规定上市公司设独立董事
证监会	《上市公司独立董事管理办法》	对独立董事职责定位、任职资格与任免、职责与履职方式、履职保障和监督管理等作出规范性规定
	《上市公司治理准则（2018年修订）》	单设“独立董事”一节，规定有关独立董事的公司治理规范
	《上市公司章程指引（2022年修订）》	规定独立董事应按照法律、行政法规、中国证监会和证券交易所的有关规定执行

续表

部门层级	规则名称	规则主要内容
交易所	《上海证券交易所股票上市规则（2023年8月修订）》 《深圳证券交易所股票上市规则（2023年8月修订）》 《上海证券交易所科创板股票上市规则（2023年8月修订）》 《深圳证券交易所创业板股票上市规则（2023年8月修订）》 《北京证券交易所股票上市规则（试行）》	在“公司治理”章节中针对各板块独立董事的行为规范与职权作出规定
	《上海证券交易所上市公司自律监管指引第1号——规范运作（2023年12月修订）》 《深圳证券交易所上市公司自律监管指引第1号——主板上市公司规范运作（2023年12月修订）》 《上海证券交易所科创板上市公司自律监管指引第1号——规范运作（2023年12月修订）》 《深圳证券交易所上市公司自律监管指引第2号——创业板上市公司规范运作（2023年12月修订）》	在“董事、监事和高级管理人员”章节中单设“独立董事任职管理及行为规范”一节，针对各板块独立董事任职管理及行为规范作出规定
	《北京证券交易所上市公司持续监管指引第1号——独立董事》	针对北交所上市公司，规范独立董事的任职资格、权利和义务、备案与管理等

从初设到不断完善的二十余年间，我国独立董事制度历经了从无到有、从有到优的发展历程。《独董管理办法》的制定进一步厘清了独立董事的定位和职责等问题，预期将对上市公司治理和资本市场高质量发展产生积极而深远的影响。

第二节　上市公司独立董事独立性要求

一、独立董事独立性的规定

独立性是独立董事的核心特征，独立董事不仅要在聘任时满足独立性要求，也要注重在任职过程中持续保持独立性。

从法规来看“独立性”表述，《独董管理办法》要求独立董事必须保持独立性，不在上市公司担任除董事外的其他职务，并与其所受聘的上市公司及其主要股东、实际控制人不存在直接或者间接利害关系或不受其他可能影响。下列人员不得担任上市公司独立董事。

（1）在上市公司或者其附属企业任职的人员及其配偶、父母、子女、主要社会关系（直系亲属是指配偶、父母、子女；主要社会关系是指兄弟姐妹、兄弟姐妹的配偶、配偶的父母、配偶的兄弟姐妹、子女的配偶、子女配偶的父母等）；

（2）直接或间接持有上市公司已发行股份百分之一以上或者是上市公司前十名股东中的自然人股东及其直系亲属；

（3）在直接或间接持有上市公司已发行股份百分之五以上的股东单位或者在上市公司前五名股东单位任职的人员及其直系亲属；

（4）在上市公司控股股东、实际控制人的附属企业任职的人员及其直系亲属；

（5）与上市公司及其控股股东、实际控制人或者其各自的附属企业有重大业务往来的人员，或者在有重大业务往来的单位及其控股股东、实际控制人任职的人员；

（6）为上市公司及其控股股东、实际控制人或者其各自的附属企业提供财务、法律、咨询、保荐等服务的人员，包括但不限于提供服务的中介机构的项目组全体人员、各级复核人员、在报告上签字的人员、合伙人、董事、高级管理人员及主要负责人；

（7）最近十二个月内曾经具有前六项所列情形之一的人员；

（8）法律、行政法规、中国证监会规定、证券交易所业务规则和公司章程规定的不具备独立性的其他人员。

上述第（4）项至第（6）项的上市公司控股股东、实际控制人的附属企业，不包括与上市公司受同一国有资产管理机构控制且按照相关规定未与上市公司构成关联关系的企业。

此外，《独董管理办法》还明确担任独立董事应当符合下列条件：

（1）根据法律、行政法规和其他有关规定，具备担任上市公司董事的资格；

（2）符合《独董管理办法》规定的独立性要求；

（3）具备上市公司运作的基本知识，熟悉相关法律法规和规则；

（4）具有五年以上履行独立董事职责所必需的法律、会计或者经济等工作经验；

（5）具有良好的个人品德，不存在重大失信等不良记录；

（6）法律、行政法规、中国证监会规定、证券交易所业务规则和公司章程规定的其他条件。

参照规则要求，以《上海证券交易所上市公司自律监管指引第1号——规范运作（2023年12月修订）》为例，独立董事应当每年对独立性情况进行自查，并将自查情况提交董事会。董事会应当每年对在任独立董事独立性情况进行评估并出具专项意见，与年度报告同时披露。若独立董事在任职后出现不符合独立性条件或者任职资格的，应当立即停止履职并辞去职务。独立董事未按期提出辞职的，董事会知悉或者应当知悉该事实发生后应当立即按规定解除其职务。

如果因独立董事提出辞职或者被解除职务导致董事会或者其专门委员会中独立董事所占的比例不符合法律法规或者公司章程的规定，或者独立董事中欠缺会计专业人士的，上市公司应当自前述事实发生之日起六十日内完成补选。如果相关独立董事应当停止履职但未停止履职或者应当被解除职务但仍未解除，参加董事会会议及其专门委员会会议、独立董事专门会议、监事会会议并投票的，其投票无效且不计入出席人数。

二、独立董事独立性的内涵

独立性作为独立董事的核心特征，是独立董事制度发挥应有功能的前提。独立董事的独立性，不仅包括身份上的独立，还应包括人格上的独立与功能上的独立。具体来说，独立董事的独立性内涵还可以从以下两个方面进行理解。

（一）利害关系上的独立性

在美国各州公司法中，公司董事可以分为内部董事和外部董事，外部董事又进一步分为有关联关系的外部董事和无关联关系的外部董事，其中，后者即为独立董事。独立董事不在公司担任任何管理职务，且与公司不存在任何实质性利害关系。美国 SEC 对于独立董事的定义即为“与公司没有重大关系的董事”，这里“没有重大关系”具体指以下四种情形：

（1）未在公司担任过执行董事且与公司不存在雇佣关系；

（2）不在公司的重要客户或供应商任职；

（3）不是基于私人关系被推荐或任命且与任何执行董事均无密切私人关系；

（4）未持有公司大额股份或代表任何重要股东。

对于 A 股上市公司来说，《独董管理办法》指出，独立董事是指“不在上市公司担任除董事外的其他职务，并与其所受聘的上市公司及其主要股东、实际控制人不存在直接或者间接利害关系，或者其他可能影响其进行独立客观判断关系的董事”，对于不得担任独立董事的情形作出明文规定，以保证独立董事与上市公司不存在实质上的利害关系。此外，本次制度改革也从任职条件管理、选任制度、持续管理等方面进行了全面优化，以保障独立董事的独立性，这点将在本章第三节“上市公司独立董事任免程序”中具体展开。

（二）角色定位上的独立性

清晰的职责定位是独立董事充分发挥作用的前提。在美国，起初独立董事扮演的多是管理层顾问的角色，直到20世纪70年代后，“水门事件”引发的大量公司丑闻以及董事会作为内部顾问团队的失败，才促使董事会职能发生转变，独立董事也逐渐从专家顾问的角色转变为首席执行官（CEO）和管理层的监督者的角色。到20世纪90年代，独立董事作为管理层监督者，成为大多数美国上市公司的标配。

在A股发展初期，我国公司治理机制存在内部人控制、一股独大以及董事会结构失衡等问题，董事会成员大部分兼任高管，且董事会又受大股东控制，缺乏外部董事的监督和制衡。因此，引入独立董事制度，要求独立董事对涉及中小股东利益的重大事项予以重点关注和监督，并赋予独立董事监督董事会和管理层的权力，即我国独立董事制度从诞生之初就被赋予了“保护中小股东利益”的使命。但是，长期以来，各方对独立董事的角色定位以及应当监督的重点存在模糊认识，独立董事职责范围不聚焦、不系统，导致独立董事在其应当重点监督的关键领域发挥的作用不够，“蜻蜓点水”式的履职效果欠佳。因此，关于独立董事的角色定位是本次制度改革的重点之一。根据《独董改革意见》的指导要求，独立董事应当在董事会中发挥参与决策、监督制衡、专业咨询作用，其中，监督作用是上市公司独立董事制度的核心目标。考虑到财务造假、大股东利用关联交易损害上市公司利益仍是A股突出问题，而独立董事可以凭借其独立性与专业优势在利益冲突事项上更好地发挥监督作用。因此，独立董事的角色定位应当是独立于公司内部董事和管理层，尤其应当独立于大股东，在上市公司与其控股股东、实际控制人、董事、高级管理人员之间的潜在重大利益冲突事项上充分发挥监督作用，保护中小股东利益。

但是，独立董事首先是董事会成员，其角色定位也不应与公司发展目标背道而驰，更不应成为公司内部决策的“绊脚石”。因此，《独董改革意见》明确独立董事应当促使董事会决策符合公司整体利益，尤其保护中小股东合法权益。《独董管理办法》第三条明确规定：独立董事对上市公司及全体股东负有忠实与勤勉义务，维护上市公司整体利益，保护中小股东合法权益。可以说，本次改革对独立董事定位的进一步明确，既出于保护中小股东权益的需要，也考虑了中国资本市场健康发展的需要，是独立董事制度价值之所在。

第三节　上市公司独立董事任免程序

一、独立董事任职条件

担任上市公司独立董事，需要具备一定的任职条件。根据中国证监会《独董管理办法》以及沪深北证券交易所相关自律监管规则，独立董事任职条件分为一般性规定、限制性规定与禁止性规定。

（一）一般性规定

根据《独董管理办法》，独立董事任职资格主要包括以下五点。

1. 根据法律、行政法规及其他有关规定，具备担任上市公司董事的资格

首先，独立董事作为一名董事，应当符合董事的任职资格，主要是新《公司法》第一百七十八条规定的董事任职资格。此外，中国证监会部门规章和交易所自律规则也有部分关于独立董事任职资格的规定。《证券市场禁入规定》第五条规定：被采取证券市场禁入措施的人员，在禁入期内，除不能担任原证券发行人的董事外，也不得担任其他证券发行人的董事，即没有被中国证监会采取市场禁入措施的人员，才能担任证券发行人的董事。在交易所自律监管规则中，以上交所主板为例，《上海证券交易所上市公司自律监管指引第1号——规范运作（2023年12月修订）》的第三章第五节“独立董事任职管理及行为规范”明确独立董事除应当遵守关于董事的一般规定外，还应当遵守关于独立董事的特别规定。在《上海证券交易所上市公司自律监管指南第1号——公告格式（2023年12月修

订)》的《第十四号——上市公司独立董事提名人和候选人声明公告》中规定，独立董事被提名人需声明已经参加培训并取得证券交易所认可的相关培训证明材料。科创板、深交所、北交所对此也有类似规定。

2. 具有《独董管理办法》所要求的独立性

关于独立性的要求，本章第二节已经详细介绍，在此不再赘述。

3. 具备上市公司运作的基本知识，熟悉相关法律、行政法规、规章及规则

独立董事应当具备关于上市公司运作的基本知识，包括但不限于公司治理、规范运作等，持续更新有关资本运作、信息披露等方面的知识，为勤勉尽责、规范履职打下良好的专业基础；此外，独立董事还应持续学习与上市公司运作相关的法律法规，例如《公司法》《证券法》《上市公司治理准则》《上市公司信息披露管理办法》《上市公司章程指引》以及证券交易所股票上市规则、自律监管指引等规范性文件，为开展日常工作提供法规支持。

4. 具有五年以上法律、经济或者其他履行独立董事职责所必需的工作经验

担任上市公司独立董事，无论是基于外部监督者的角色，还是基于咨询专家和内部决策成员的角色，都应当对上市公司所在产业、行业特征、竞争格局、商业模式和上市公司规范运作、相关行业法规等方面具有丰富的经验与扎实的专业基础。

《独董管理办法》要求独立董事中至少包括一名会计专业人士。以会计专业人士身份被提名为独立董事候选人的，其任职条件更为严格，沪深交易所各板块自律监管指引及北京证券交易所持续监管指引要求其应当具备较丰富的会计专业知识和经验，并至少符合下列条件之一：

（1）具有注册会计师资格；

（2）具有会计、审计或者财务管理专业的高级职称、副教授及以上职称或者博士学位；

（3）具有经济管理方面高级职称，且在会计、审计或者财务管理等专

业岗位有五年以上全职工作经验。

实践中，独立董事候选人是否具备相关工作经验具体由上市公司判断和把握。

5. 符合上市公司的公司章程规定的其他条件

个别上市公司在公司章程中对独立董事的任职条件可能有额外规定，这就要求候选人满足其章程规定的条件才能够被提名为该上市公司的独立董事。

（二）限制性规定

担任上市公司的独立董事，除满足上述的一般性规定外，还需要满足一些限制性规定，主要是以下三个方面。

1. 担任独立董事的上市公司数量的限制

本次改革将独立董事兼任上市公司家数上限从五家减少至三家，以确保其有足够时间和精力履职。《独董管理办法》第八条规定：独立董事原则上最多在三家境内上市公司担任独立董事，并应当确保有足够的时间和精力有效地履行独立董事的职责。该项规定适用于沪深北三大交易所的所有上市公司。

2. 担任一家上市公司独立董事任职时间的限制

为避免独立董事任职时间过长与上市公司建立密切关系，本次改革将独立董事任职的“冷却期”延长至三十六个月。《独董管理办法》第十三条规定，独立董事每届任期与上市公司其他董事任期相同，任期届满，可以连选连任，但是连续任职不得超过六年。沪深北三大交易所自律监管指引还规定，在同一上市公司连续任职独立董事已满六年的，自该事实发生之日起三十六个月内不得被提名为该上市公司独立董事候选人。首次公开发行上市前已任职的独立董事，其任职时间连续计算。但是，如果某位独立董事在一家上市公司连续任职的时间已满六年，辞任后将导致上市公司独立董事比例低于三分之一或者独立董事中欠缺会计专业人士的，该独立董事需继续履职至新任独立董事产生之日，上市公司应当在六十日内完成补选。

3. 特定对象兼任独立董事的限制条件

沪深北交易所各板块自律监管指引在独立董事任职条件中规定，具有特定身份的独立董事候选人除需符合《公司法》关于董事的任职条件与《独董管理办法》关于独立董事的任职条件外，还应当符合下列法律法规的要求。

（1）《中华人民共和国公务员法》关于公务员兼任职务的规定；

（2）中共中央纪委、中共中央组织部《关于规范中管干部辞去公职或者退（离）休后担任上市公司、基金管理公司独立董事、独立监事的通知》的规定；

（3）中共中央组织部《关于进一步规范党政领导干部在企业兼职（任职）问题的意见》的规定；

（4）中共中央纪委、教育部、监察部《关于加强高等学校反腐倡廉建设的意见》的规定；

（5）中国人民银行《股份制商业银行独立董事和外部监事制度指引》等的相关规定；

（6）中国证监会《证券公司董事、监事和高级管理人员任职资格监管办法》等的相关规定；

（7）中国银保监会《银行业金融机构董事（理事）和高级管理人员任职资格管理办法》《保险公司董事、监事和高级管理人员任职资格管理规定》《保险机构独立董事管理办法》等的相关规定；

（8）其他法律法规及交易所规定的情形。

如果独立董事候选人属于上述内容规定的特殊群体，还应符合相关行业或机构的限制性规定。

（三）禁止性规定

禁止性规定，即独立董事不应当触及的负面情形或条件，否则将不具备任职资格。

1. 不符合任职条件或缺乏独立性

沪深北三大交易所均有规则规定当独立董事出现不符合任职条件或独

立性的情形时，应当立即停止履职并辞去职务。独立董事未按期提出辞职的，董事会知悉或者应当知悉该事实发生后应当立即按规定解除其职务。

2. 具有不良记录

具有不良记录，是指沪深北交易所规定的履职违规、违法或者其他不当情形。例如，《上海证券交易所上市公司自律监管指引第 1 号——规范运作（2023 年 12 月修订）》第 3.2.2 条明文列举了以下几种不良记录情形：

（1）最近三十六个月内因证券期货违法犯罪，受到中国证监会行政处罚或者司法机关刑事处罚的；

（2）因涉嫌证券期货违法犯罪，被中国证监会立案调查或者被司法机关立案侦查，尚未有明确结论意见的；

（3）最近三十六个月内受到证券交易所公开谴责或三次以上通报批评的；

（4）存在重大失信等不良记录；

（5）在过往任职独立董事期间因连续两次未能亲自出席也不委托其他独立董事代为出席董事会会议被董事会提议召开股东大会予以解除职务，未满十二个月的；

（6）本所认定的其他情形。

深交所对科创板不良记录情形的规定也与上交所的类似。

《北京证券交易所上市公司持续监管指引第 1 号——独立董事》第八条规定的不良记录情形如下：

（1）最近三十六个月内因证券期货违法犯罪，受到中国证监会行政处罚或者司法机关刑事处罚的；

（2）因涉嫌证券期货违法犯罪，被中国证监会立案调查或者被司法机关立案侦查，尚未有明确结论意见的；

（3）最近三十六个月内受到证券交易所或者全国中小企业股份转让系统有限责任公司（以下简称全国股转公司）公开谴责或三次以上通报批评的；

（4）重大失信等不良记录；

（5）在过往任职独立董事期间因连续两次未能亲自出席也不委托其他独立董事代为出席董事会会议被董事会提议召开股东大会予以解除职务，未满十二个月的；

（6）本所规定的其他情形。

本次改革后三大交易所对不良记录情形的原则性规定进一步对齐，此外各交易所均设置了“本所规定的其他情形”的兜底性条款，用于特殊情形时的认定与适用。

二、独立董事提名、选举和更换程序

前文主要介绍了独立董事的任职条件，也就是成为上市公司独立董事的实体性条件。值得注意的是，本次制度改革从提名、资格审查、选举、持续管理、解聘等方面全链条优化了独立董事选任机制。下文将主要介绍独立董事的选任机制，即独立董事的提名、选举和更换程序。

（一）提名程序

本次改革引入了独立董事提名回避机制。《独董管理办法》规定，上市公司董事会、监事会、单独或者合并持有上市公司已发行股份百分之一以上的股东可以提出独立董事候选人，前述提名人不得提名与其存在利害关系的人员作为独立董事候选人。此外，投资者保护机构可以公开请求股东委托其代为行使提名独立董事的权利。

独立董事的提名人在提名前应当征得被提名人的同意。提名人应当充分了解被提名人职业、学历、职称、详细的工作经历、全部兼职等情况，并对其担任独立董事的资格和独立性发表意见，被提名人应当就其本人与上市公司之间不存在任何影响其独立客观判断的关系发表公开声明。此外，《独董管理办法》第十一条规定，上市公司在董事会中设置提名委员会的，提名委员会应当对被提名人任职资格进行审查，并形成明确的审查意见。

（二）选举程序

按照《独董管理办法》规定，独立董事候选人被提名后，还需经上市公司股东大会选举产生。对于交易所提出异议的独立董事候选人，上市公司不得将其提交股东大会选举为独立董事。此外，本次改革推行累积投票制选举独立董事并鼓励实行差额选举，《独董管理办法》第十二条规定，上市公司股东大会选举两名以上独立董事的，应当实行累积投票制。鼓励上市公司实行差额选举，具体实施细则由公司章程规定。

通过股东大会选举后，在一般情况下，独立董事即可开始正常履职，但是个别特殊行业的监管部门（目前主要是金融行业）对上市公司的治理结构和董事履职有特殊要求，如果独立董事的任职资格需经相关部门批准，独立董事则还需取得相关部门的任职许可或备案，自取得任职许可或备案之日起履职。

（三）更换程序

《独董管理办法》规定，独立董事每届任期与该上市公司其他董事任期相同（均不得超过三年），任期届满，连选可以连任，但是连任时间不得超过六年。如上文“独立董事的任职条件之限制性条件”所述，在某家上市公司连任时间达到六年之后需等待连续三十六个月的“冷静期”，方可再次担任独立董事。一方面，如果独立董事出现不符合任职资格的情形，则应当立即停止履职并辞去职务。另一方面，若独立董事主观上怠于履职，出现连续两次未亲自出席董事会会议，也不委托其他独立董事代为出席的情形，则董事会应当在该事实发生之日起三十日内提议召开股东大会解除该独立董事职务。

如果独立董事在任期届满前主动提出辞职，应向董事会提交书面辞职报告，对任何与其辞职有关或其认为有必要引起公司股东和债权人注意的情况进行说明。上市公司应当对独立董事辞职的原因及关注事项予以披露。若独立董事辞职将导致董事会或者其专门委员会中独立董事所占的比例不符合《独董管理办法》或者公司章程的规定，或者独立董事中欠缺会计专业人士的，拟辞职的独立董事应当继续履行职责至新任独立董事产生之日。从近年市场情况来看，独立董事辞职的理由多种多样，从公告的原因占比来看，其中，任期届满是主因，但因独立董事违反法律法规而离职的案例也不在少数，因工作变动、身体健康等原因产生变动也较为常见，此外也有独立董事以无法有效监督为由请辞。

第四节 上市公司独立董事履职规范

一、独立董事义务与职责

（一）独立董事的义务

《公司法》、中国证监会层面的《上市公司治理准则》《上市公司章程指引》以及交易所层面的自律监管规则，均从不同方面规范了上市公司独立董事的义务。除法定及监管要求的义务外，部分上市公司还会在公司章程中对独立董事的任职和履职规范进行特殊约定，鉴于此类约定不具共性特征，下文主要分析上市公司独立董事的法定义务。

1. 作为董事的一般义务

独立董事首先是公司董事，因此负有《公司法》《证券法》《上市公司治理准则》及其他法规规定的董事的一般义务。这个一般义务被概括为对上市公司及全体股东负有的忠实与勤勉的义务，即独立董事应当忠实、勤勉、审慎，遵守其作出的承诺，公平对待所有股东，并保证有足够的时间和精力履行其应尽的职责。各交易所在各板块股票上市规则的“公司治理”章节中均有较为具体的规定，下文着重讨论独立董事参与公司事务的义务。

由于独立董事不在上市公司担任除董事外的任何职务，一般不参与上市公司日常经营管理，则独立董事在履职过程中缺乏抓手，这也是独立董事制度设立以来的“积弊”之一。故本次制度改革将优化独立董事履职方式作为改革重点之一，完善了独立董事占多数的董事会专门委员会机制，引入独立董事专门会议机制，下文“独立董事的职责”将详细阐述。

《独董管理办法》还明确了独立董事参与董事会会议的具体要求。会前，独立董事可以与董事会秘书就拟审议事项进行沟通，了解上市公司的生产经营和运作情况，主动调查、获取作出决策所需要的情况和资料；会中，独立董事原则上应当亲自出席会议，对上市公司经营发展提供专业、客观的建议，促进提升董事会决策水平。确实因故无法亲自出席会议的，独立董事应当事先审阅会议材料，形成明确的意见，书面委托其他独立董事代为出席。如果独立董事连续两次未能亲自出席董事会，董事会有权提请股东大会予以撤换。会后，独立董事应当持续关注与潜在重大利益冲突事项相关的董事会会议执行情况等，如发现存在违反法律法规或董事会决议的情形，应当及时向董事会报告，并可以要求上市公司作出书面说明。

新《公司法》第一百八十七条规定，股东会要求董事、监事、高级管理人员列席会议的，董事、监事、高级管理人员应当列席并接受股东的质询。因此，独立董事除了要亲自出席董事会会议，还要亲自出席上市公司股东大会，以确保独立董事能对股东大会审议的重大事项及落实情况有具体的了解和掌握。

2. 在任职期间内保持独立性的义务

如前文所述，具备独立性是担任上市公司独立董事的基本条件，也是确保独立董事能够有效履职，作出独立、审慎判断的基础。根据《独董管理办法》和各交易所板块自律监管规则的要求，独立董事应当每年对独立性情况进行自查，并将自查情况提交董事会。董事会应当每年对在任独立董事独立性情况进行评估并出具专项意见，与年度报告同时披露。

3. 充分关注潜在重大利益冲突事项

本次改革明确了独立董事履职重点，要求独立董事应重点关注上市公司与其控股股东、实际控制人、董事、高级管理人员之间的潜在重大利益冲突事项。《独董管理办法》第十七条明确潜在重大利益冲突事项包括第二十三条、第二十六条、第二十七条和第二十八条所列事项。

4. 日常工作联系和工作时限

独立董事应当与上市公司管理层特别是董事会秘书及时充分沟通，确保工作顺利开展。《独董管理办法》第三十条规定，独立董事每年在上市公司的现场工作时间应当不少于十五日。除按规定出席股东大会、董事会及其专门委员会、独立董事专门会议外，独立董事可以通过定期获取上市公司运营情况等资料、听取管理层汇报、与内部审计机构负责人和承办上市公司审计业务的会计师事务所等中介机构沟通、实地考察、与中小股东沟通等多种方式履行职责。

5. 积极出席专门委员会会议和独立董事专门会议

本次制度改革强化了专门委员会的职权，优化了专门委员会工作机制。《独董管理办法》要求独立董事应当亲自出席专门委员会会议，因故不能亲自出席会议的，应当事先审阅会议材料，形成明确的意见，并书面委托其他独立董事代为出席。独立董事履职中关注到专门委员会职责范围内的上市公司重大事项，可以依照程序及时提请专门委员会进行讨论和审议。

6. 制作工作笔录

作为勤勉尽责的履职证据，独立董事应当将其履行职责的情况详细记入工作笔录，主要包括：对上市公司生产经营状况、管理和内部控制等制度的建设及执行情况以及董事会决议执行情况等进行调查；与公司管理层讨论；参加公司董事会及专门委员会、独立董事专门会议发表独立意见。独立董事与公司内部机构和工作人员以及中介机构人员的工作邮件、电话、短信及微信等电子通信往来记录，也构成工作笔录的组成部分。独立董事工作记录及上市公司向独立董事提供的资料，应当至少保存十年。

7. 提交年度述职报告

《独董管理办法》第三十三条规定，独立董事应当向上市公司年度股东大会提交年度述职报告，对其履行职责的情况进行说明。年度述职报告内容应当包括出席董事会和股东大会次数、参与董事会专门委员会、独立董事专门会议工作情况、行使特别职权的情况等。

8. 辞职后的义务

独立董事任期内辞职导致独立董事成员低于法定规定人数或欠缺会计专业独立董事的，在改选出新的独立董事之前，原独立董事应当依法继续履行独立董事职务，因丧失独立性而辞职和被依法免职的除外。

（二）独立董事的职责范围

《独董管理办法》第十七条规定，独立董事履行下列职责：

（1）参与董事会决策并对所议事项发表明确意见；

（2）对《独董管理办法》第二十三条、第二十六条、第二十七条和第二十八条所列上市公司与其控股股东、实际控制人、董事、高级管理人员之间的潜在重大利益冲突事项进行监督，促使董事会决策符合上市公司整体利益，保护中小股东合法权益；

（3）对上市公司经营发展提供专业、客观的建议，促进提升董事会决策水平；

（4）法律、行政法规、中国证监会规定和公司章程规定的其他职责。

其中，《独董管理办法》第二十三条、第二十六条至第二十七条所列事项为本次制度改革关于优化独立董事履职方式的一大亮点。以往独立董事的履职没有组织机构支撑，往往陷入“单打独斗”的困境，本次改革直击要害，搭建独立董事有效履职平台，将独立董事个人职能转为组织职能，增加独立董事在关键领域监督的话语权。具体来看：

首先，明确独立董事在专门委员会的主导地位，强化专门委员会的职能，规定部分重大事项需设置专门委员会的前置审议程序。其中，董事会审计委员会为必须设立，其成员应全部由非执行董事组成，独立董事应过半数。《独董管理办法》第二十六条至第二十七条具体列举了各专门委员会的职能，具体如表4－2所示。

表 4－2　　　　各专门委员会的职能

专门委员会名称	职能	审议事项
审计委员会	负责审核公司财务信息及其披露、监督及评估内外部审计工作和内部控制	下列事项应当经审计委员会全体成员过半数同意后，提交董事会审议： （1）披露财务会计报告及定期报告中的财务信息、内部控制报告 （2）聘用、解聘承办公司审计业务的会计师事务所 （3）聘任或者解聘公司财务负责人 （4）因会计准则变更以外的原因作出会计政策、会计估计变更或重大会计差错更正 （5）法律、行政法规、中国证监会及公司章程规定的其他事项
提名委员会	负责拟定董事和高级管理人员的选择标准和程序，对董事、高级管理人员人选及其任职资格进行遴选、审核	就下列事项向董事会提出建议： （1）提名或任免董事 （2）聘任或解聘高级管理人员 （3）法律、行政法规、中国证监会及公司章程规定的其他事项
薪酬与考核委员会	负责制定公司董事、高级管理人员的考核标准并进行考核，制定、审查公司董事、高级管理人员的薪酬政策与方案	就下列事项向董事会提出建议： （1）董事、高级管理人员的薪酬 （2）制订或变更股权激励计划、员工持股计划，激励对象获授权益、解除限售、归属或行权条件成就 （3）董事、高级管理人员在拟分拆所属子公司安排持股计划 （4）法律、行政法规、中国证监会及公司章程规定的其他事项

其次，建立独立董事专门会议机制，作为独立董事履职平台，未设置提名委员会和薪酬与考核委员会的上市公司，由独立董事专门会议履行相关职责。《独董管理办法》第二十三条规定，下列事项应当经上市公司全体独立董事过半数同意后，提交董事会审议：

（1）应当披露的关联交易；

（2）上市公司及相关方变更或者豁免承诺的方案；

（3）被收购上市公司董事会针对收购所作出的决策及采取的措施；

（4）法律、行政法规、中国证监会规定和公司章程规定的其他事项。

上述事项以及独立董事特别职权中所列举的“独立聘请中介机构，对上市公司具体事项进行审计、咨询或者核查；向董事会提议召开临时股东大会；提议召开董事会会议”，应当经独立董事专门会议审议。独立董事专门会议还可以根据需要研究讨论上市公司其他事项。

（三）独立董事的特别职权

本次制度改革优化了独立董事特别职权的范围，将原来需要独立董事发表独立意见的事项进行整合和限缩，纳入独立董事的特别职权，对非潜在重大利益冲突事项不再强制要求独立董事发表独立意见。《独董管理办法》第十八条规定，独立董事行使下列特别职权：

（1）独立聘请中介机构，对上市公司具体事项进行审计、咨询或者核查；

（2）向董事会提议召开临时股东大会；

（3）提议召开董事会会议；

（4）依法公开向股东征集股东权利；

（5）对可能损害上市公司或者中小股东权益的事项发表独立意见；

（6）法律、行政法规、中国证监会规定和公司章程规定的其他职权。

此次《独董管理办法》关于独立董事特别职权的修订，结合独立董事专门会议机制，将有利于激发独立董事履职的主观能动性。此前，部分独立董事“形式履职”“浮于表面”，发表独立意见常常沦为形式主义，无法切中要害，此次制度改革增加了独立董事区别于其他董事的履职手段，进一步精简特别职权，前移独立董事的监督关口，强化独立董事在关键领域的监督力度，是一大进步。

二、独立董事责任认定的市场实践与立法探索

（一）市场实践

在本次制度改革之前，尽管规则对于独立董事的履职规范已有原则性

规定，但实践中关于独立董事如何尽到勤勉尽责义务的标准并不明确，尤其是独立董事在面临行政处罚时的免责情形不甚明确，被处罚之后“喊冤”的独立董事也不在少数，如以“对相关违法行为不知悉、不知情或未参与、未组织”“任职时间短，不了解情况”“不实际参与公司经营管理、不承担信息披露责任”等作为申辩理由，但这些往往难以被采纳。从具体案例来看，监管机构对于独立董事履职规范的要求集中在是否勤勉尽责之上，这也是监管在评估评判独立董事相关责任时的重要标准。尤其是独立董事是否保持了合理的注意义务，能否从维护中小股东利益的角度出发，对于上市公司重大事项保持充分关注并且合理怀疑，充分运用自身专业知识或借助外部机构的力量，独立、积极、有效地履行职责。

通过分析中国证监会的“行政处罚决定书”，我们可以对独立董事“勤勉尽责”标准进行探讨。

[案例 4-1]

在L公司欺诈发行案中，沈某、朱某、曹某三位时任独立董事申辩称：其在任职期间，对L公司经营、财务及信息披露等方面保持了必要关注，并且基于独立判断提出过相关专业判断，充分尽到上市公司独立董事的勤勉尽责义务；作为独立董事不直接参与公司的日常经营，不知悉L公司虚构业务事项；对于年报的真实性，有合理信赖会计师专业意见的理由。然而，上述申辩意见未被采纳。“行政处罚决定书”写道：“三位时任独立董事均具有财务、审计背景，应具有较高的注意义务。独立董事履职具有独立性、过程性、积极性与有效性的特点和要求，其职权本质上是一种‘监督权’，应当善意、合理、审慎地履行职责，对其勤勉尽责的认定应全面综合判断。基于对他人的合理信赖不能替代自身独立判断，常规性履职不能代替对公司的持续关注与了解，一般性问询也不能替代有针对性的调查核实及监督职责。三人虽履行了一定的职责，也对提高审计工作质量提出过询问、意见建议，但均为独立董事的一般履职行为，其所提证据不能证明已尽勤勉尽责义务。”

由此可见，从监管规范与履职预期来看，独立董事在扮演“监督者”的角色时，应当在具备专业胜任能力和独立性的基础上，保持合理怀疑，审慎调查，如有疑虑时应当进行书面记录，作为履职依据；积极、主动地对公司重大事项予以必要关注，保持与公司管理层的沟通，并且有效表达意见。

结合证券监管机构与司法机关在实践中的做法，对于独立董事相关责任认定的判断核心在于是否尽到“勤勉尽责”的注意义务，并结合独立董事的职务职责、在信息披露违法违规行为中所起到的作用大小、为证实相关信息的履职行为等情况综合判定。

一方面，很多案件对于独立董事与其他一般董事所承担的责任会作出区分，独立董事基本承担最轻责任。从2018年至2021年的行政处罚数据来看，与同案中的其他董事相比，独立董事所受处罚总体而言处于最轻档次。在交易所自律监管层面，独立董事所受纪律处分以“通报批评”为主，即最轻一档，而同案中的其他董事则被采取相对更重的纪律处分措施。从一些案例来看，独立董事也通过积极有效的申辩，举证其已尽到勤勉尽责的义务，免于监管处罚。

[案例4－2]

中国证监会于2022年1月向D公司下发“行政处罚事先告知书”，质疑时任独立董事王某等三人在履职过程中未勤勉尽责，拟对其进行警告并罚款。该三位独立董事进行了积极申辩，申请免于处罚，根据2022年4月披露的“行政处罚决定书”显示，该三位时任独立董事最终均未被处罚。

另一方面，从交易所对上市公司年度业绩预告违规事件的责任认定案例来看，在对独立董事的问责机制上，监管机构也会结合独立董事的专业背景和履职预期进行区分处理。例如，相对于其他类型的独立董事，会计专业背景的独立董事作为财务会计事项的主要督导人员，往往被认定对公司业绩预告违规负有相应责任，并因此受到监管处罚。

（二）立法探索

独立董事责任认定在立法层面也不断涌现一些新探索。例如，2022 年 1 月，最高人民法院颁布的《关于审理证券市场虚假陈述侵权民事赔偿案件的若干规定》（以下简称《证券虚假陈述新司法解释》）明确规定，独立董事能够合理证明其已尽到勤勉尽责义务的，人民法院应当认定其没有过错，在虚假陈述被揭露后及时督促发行人整改且效果较为明显的，人民法院可以结合案件事实综合判断其过错情况。

此外，为避免过罚不当、“劣币驱逐良币”等问题，本次制度改革也体现了对独立董事责任承担方面的高度关注。2023 年 4 月，国务院办公厅印发的《独董改革意见》明确独立董事与非独立董事承担共同而有区别的责任，在董事对公司董事会决议、信息披露负有法定责任的基础上，推动针对性设置独立董事的行政责任、民事责任认定标准。对此，《独董管理办法》第五章“监督管理与法律责任”对《独董改革意见》的指示精神进行落实。《独董管理办法》第四十五条和第四十六条分别对独立董事责任认定标准与免责情形进行了规定（见表 4－3）。

表 4－3　　对独立董事责任的认定标准与负责情形的规定

项目	规则内容
独立董事责任认定标准	第四十五条　对独立董事在上市公司中的履职尽责情况及其行政责任，可以结合独立董事履行职责与相关违法违规行为之间的关联程度，兼顾其董事地位和外部身份特点，综合下列方面进行认定： （1）在信息形成和相关决策过程中所起的作用 （2）相关事项信息来源和内容、了解信息的途径 （3）知情程度及知情后的态度 （4）对相关异常情况的注意程度，为核验信息采取的措施 （5）参加相关董事会及其专门委员会、独立董事专门会议的情况 （6）专业背景或者行业背景 （7）其他与相关违法违规行为关联的方面

续表

项目	规则内容
独立董事免责情形	第四十六条　独立董事能够证明其已履行基本职责，且存在下列情形之一的，可以认定其没有主观过错，依照《中华人民共和国行政处罚法》不予行政处罚： (1) 在审议或者签署信息披露文件前，对不属于自身专业领域的相关具体问题，借助会计、法律等专门职业的帮助仍然未能发现问题的 (2) 对违法违规事项提出具体异议，明确记载于董事会、董事会专门委员会或者独立董事专门会议的会议记录中，并在董事会会议中投反对票或者弃权票的 (3) 上市公司或者相关方有意隐瞒，且没有迹象表明独立董事知悉或者能够发现违法违规线索的 (4) 因上市公司拒绝、阻碍独立董事履行职责，导致其无法对相关信息披露文件是否真实、准确、完整作出判断，并及时向中国证监会和证券交易所书面报告的 (5) 能够证明勤勉尽责的其他情形 在违法违规行为揭露日或者更正日之前，独立董事发现违法违规行为后及时向上市公司提出异议并监督整改，且向中国证监会和证券交易所书面报告的，可以不予行政处罚 独立董事提供证据证明其在履职期间能够按照法律、行政法规、部门规章、规范性文件以及公司章程的规定履行职责的，或者在违法违规行为被揭露后及时督促上市公司整改且效果较为明显的，中国证监会可以结合违法违规行为事实和性质、独立董事日常履职情况等综合判断其行政责任

三、独立董事履职建议与注意要点

对于独立董事来说，合规、有效履职的落脚点在于“勤勉尽责”，应当突出过程性与积极性的特征。基于此，充分了解拟任职的上市公司是独立董事履职的重要基础，任职后与上市公司保持密切沟通是独立董事履职的重要保障，善于利用内外部协作是独立董事履职的重要手段。

（一）了解拟任职的上市公司

独立董事在判断是否接受任职时应当审慎，决策须建立在充分的信息获取、深入的了解之上。接受聘任前，独立董事可以与公司管理层沟通了解董事会的组成及运作方法、公司对独立董事的预期以及双方如何协作、公司现阶段发展所面临的挑战等，尤其要关注相关公司是否曾因违法违规受到监管处罚，近年来经营状况是否存在较大风险，公司治理是否存在缺陷，是否出现董监高聘任异常等情形。

（二）与上市公司保持沟通

除出席董事会、股东大会并发表独立意见等常规履职行为外，独立董事还应当更积极、有效地履职。一方面，独立董事应积极、主动采取多种方法获取公司治理相关信息，如日常现场走访与调研、收集市场信息、关注舆论舆情等，避免成为被动接受者；另一方面，其参会前应完整阅读相关会议材料，对审议事项予以充分关注，如有疑问应就相关问题与董事会、经营层进一步沟通了解，必要时要求提供补充资料，以此通过自己的独立、客观判断进行表决。一旦发现公司出现异常情形，独立董事应及时保留沟通内容、表态结果与书面证据作为履职依据。如发现上市公司存在违法违规情形，应当提醒管理层与董事会，积极采取补救与纠正措施，并且在相关决议和披露文件上签署反对意见或无法发表意见，必要时可向监管机构报告。

[案例4－3]

在K公司财务造假案中，虽然独立董事杨某曾在相关会议上提出过口头的询问建议，但中国证监会认为这些建议都属于一般履职行为，特别是在审计机构就公司财务提出重大质疑时，其还予以消极处理，在相关决议上签字，并没有采取进一步积极有效的举措，因此不能认定为已勤勉尽责。

[案例4－4]

在H公司案中，中国证监会认为独立董事应当关注上市公司内部控制，充分了解公司经营运作情况，主动调查、获取决策所需要的资料，并基于自身的独立判断履行职责，独立发表意见。时任独立董事在发现H公司财务指标出现异常，尤其是上市公司不配合其履行职权时，未能采取进一步措施制止违法行为和危害后果的发生，未能在表决时提出异议，也未向监管部门报告，向中小投资者披露，所以不能认定其完全履行了勤勉尽责义务。

（三）加强独立董事间的协作与沟通

基于督导公司治理、维护中小股东利益的共同目标，独立董事之间应当加强彼此沟通、积极共享所获取信息，结合不同专业背景、实践经验，以期作出合理、有效的判断。非财务专业的独立董事，在审议对外担保、关联交易、定期报告等议案时，更应提前与财务专业独立董事进行充分的咨询与沟通。本次改革引入独立董事专门会议机制，为独立董事提供了组织化履职平台，独立董事更应当充分、高效利用该机制，在独立董事专门会议事前审议关联交易等事项时充分交换意见。专门委员会作为独立董事占多数的机构，是上市公司重大事项的前置监督关口，其职权也在本次改革中得到大幅加强，独立董事可以通过专门委员会的工作，在专门委员会审议相关议案时，充分讨论交换意见，加强专门委员会的实际履职效用，强化对公司治理的督导。

（四）善用中介机构

目前，我国上市公司中担任独立董事的人员往往还承担其他社会职务，加上个体的信息渠道、专业背景相对有限，借助外界力量也是独立董事增进对任职公司了解的可行性方法之一。现行监管规则中也明确了独立董事拥有聘请中介机构进行尽职调查的权利，因此，善用中介机构的力量也是独立董事降低履职风险、更好地督促上市公司合法合规的重要手段。比如，独立董事可以定期和外部审计师沟通，了解公司重大财务风险领域和存在的舞弊风险，做到有效履职，防范风险。但需要注意的是，独立董事的责任与专业机构的责任是相互独立的，信赖专业机构的意见不构成免责理由。

[案例4－5]

法院在杨某诉中国证监会案中认为，审计报告只是董事履职的基础技术性材料，董事的勤勉尽责不是对财务审计报告再行复核，审计委员会的职责也是监督审计机构，并非是直接对审计报告的真实性和准确性承担法律责任；反之，审计报告也不能成为董事减轻或者免除勤勉义务的依据。因此，独立董事对于专业机构应保持合理信赖，而不能过度或完全信赖，最终还是要依靠自己审慎的判断，独立地发表意见。

（五）关键事项的履职注意要点

作为监督者，独立董事应当充分关注上市公司重大事项，识别出其中的风险点，维护公司利益及中小股东合法权益。本部分将针对对外担保、关联交易、募集资金使用和利润分配等关键事项，简要说明履职注意要点。

1. 对外担保

审查对外担保事项时，独立董事应当关注被担保对象的基本情况，如经营和财务状况、资信情况、纳税情况等，对被担保方偿还债务的能力以及反担保方的实际承担能力作出审慎判断。必要时，独立董事可要求上市公司提供作出判断所需的相关信息。独立董事应特别关注董事会会议相关审议内容及程序是否符合相关法律、行政法规、部门规章、规范性文件、自律规则及公司章程中的要求。独立董事在审议上市公司对外担保事项过程中，如果发现异常情况，应及时提请公司董事会采取相应措施，必要时可向中国证监会派出机构或公司证券上市的证券交易所报告。

[案例4－6]

G公司独立董事就在发现公司违规担保事项之后，发表了关于公司控股股东隐瞒董事会擅自以公司及子公司名义对外借款和担保等违规行为的独立意见，要求公司控股股东向公司董事会报告违规借款、担保等的全部事实经过，聘请专业机构进行专项审计，通过诉讼等各种方式追偿公司控股股东或其关联方的违规行为给上市公司及控股子公司造成的损失以及加强内控等方式，维护了上市公司和中小股东的利益。

2. 关联交易事项

独立董事应当关注上市公司与关联方之间的交易和资金往来情况，了解公司是否存在被控股股东、实际控制人及其关联方占用、转移资金、资产及其他资源的情形。如发现异常情况，应及时提请公司董事会采取相应措施，必要时应向中国证监会派出机构或公司证券上市地的证券交易所报告。应当披露的关联交易事项提交董事会讨论前，应当事先经过独立董事专门会议审议，取得全体独立董事的半数以上同意。对于具体关联交易事项，独立董事应当对关联交易的必要性、真实意图、对上市公司的影响作出审慎判断，特别关注交易的定价政策及定价依据、评估值的公允性、交易标的的成交价格与账面值或评估值之间的关系等。董事会审议关联交易事项时，独立董事应当特别关注该事项是否符合相关监管机构所发布的规定及相关自律规则中的相关要求。独立董事在作出判断前，可以聘请中介机构出具专门报告，作为其判断的依据。

3. 募集资金使用

独立董事应当关注上市公司募集资金的使用情况，督促公司建立募集资金管理和使用制度，以控制投资风险、保障资金安全。独立董事应当关注募集资金实际使用情况与上市公司信息披露情况是否存在差异。对于上市公司需要改变募集资金用途、将闲置资金用于投资、暂时用于补充流动资金、以募集资金置换预先投入募投项目的自筹资金、将超募资金用于永久补充流动资金和归还银行借款的，独立董事应当予以必要关注。如存在异常情形的，必要时可召开独立董事专门会议，独立董事可以在会议中发表异议，并书面记录会议审议事项、独立董事发表的意见与决议。

4. 利润分配事项

独立董事应当关注上市公司利润分配及现金分红方案是否有利于上市公司的长期发展，并重点关注是否符合中小投资者的利益。上市公司在制订现金分红具体方案时，独立董事应当认真研究和论证公司现金分红的时机、条件和最低比例、调整的条件及其决策程序要求等事宜并发表明确意见。独立董事可以征集中小股东的意见，提出分红提案，并直接提交董事会审议。对于有能力分红但不分红、现金分红水平较低或者大比例现金分红等情况，独立董事可以召开独立董事专门会议，并将形成的决议与发表的意见提交董事会审议。

四、独立董事履职保障

独立董事的外部身份特殊性，使其天然无法参与公司治理的各个环节，因此为弥补独立董事对公司运营基本情况的信息差，尽可能减少因信息不对称对独立董事履职构成的障碍，《独董改革意见》强调履职保障对独立董事有效履职至关重要，《独董管理办法》要求上市公司应为独立董事履职提供必要的支持和条件。除此之外，《公司法》《上市公司治理准则》及各证券交易所股票上市规则等法律法规、自律监管规则也有关于独立董事履职保障的相关规定。具体的保障措施包括以下三个方面。

（一）组织保障

在此次改革之后，独立董事的组织保障分为两个方面，一是独立董事占多数的专门委员会，二是独立董事专门会议机制。

一方面，《独董管理办法》第五条规定，上市公司应当在董事会中设置审计委员会。审计委员会成员应当为不在上市公司担任高级管理人员的董事，其中，独立董事应占半数以上，并由独立董事中会计专业人士担任召集人。上市公司可以根据需要在董事会中设置提名、薪酬与考核、战略等专门委员会。提名委员会、薪酬与考核委员会中独立董事应当过半数并担任召集人。董事会下设的专门委员会可以视为董事会职能的延伸，在董事会闭会期间承担董事会大部分的职责，因此，独立董事在专门委员会的履职是非常关键的。本次制度修订完善专门委员会机制，前移监督关口，具体已在本节第一部分“独立董事义务与职权”中阐述，此处不再具体展开。

另一方面，《独董管理办法》第二十四条规定，上市公司应当定期或者不定期召开全部由独立董事参加的会议（即独立董事专门会议）。关联交易等潜在重大利益冲突事项应当由独立董事专门会议事前认可，为独立董事履职提供组织依托。

（二）知情权保障

知情权是独立董事有效履职的重要基础。《独董管理办法》第三十六条规定，上市公司应当保证独立董事享有与其他董事同等的知情权。为保证独立董事有效行使职权，上市公司应当向独立董事定期通报公司运营情况，提供资料，组织或者配合独立董事开展实地考察等工作。

然而，事实上，保障独立董事的知情权并非易事。大多数独立董事远程参与议案材料审查和相关决策会议，获取信息有限。更关键的是，由于独立董事不实际参与公司经营管理，对公司的了解程度本身就弱于内部董事，如遇到上市公司和管理层在敏感事件上刻意隐瞒独立董事、加重信息不对称，则更会增加独立董事勤勉履职的难度。因此，为确保独立董事能最大限度地发挥其职责，《独董管理办法》从三个方面进一步保障了独立董事的知情权。

1. 建立会前沟通机制

《独董管理办法》第十九条规定，董事会会议召开前，独立董事可以与董事会秘书进行沟通，就拟审议事项进行询问、要求补充材料、提出意见建议等。董事会及相关人员应当对独立董事提出的问题、要求和意见认真研究，及时向独立董事反馈议案修改等落实情况。

2. 赋予知情权受损情况下的延期开会、审议权利

《独董管理办法》第三十七条规定，两名及以上独立董事认为会议材料不完整、论证不充分或者提供不及时的，可以书面向董事会提出延期召开会议或者延期审议该事项，董事会应当予以采纳。

3. 独立董事异议意见的披露制度

《独董管理办法》第二十一条规定，独立董事对董事会议案投反对票或者弃权票的，上市公司应当在披露董事会决议时予以披露，并在董事会决议和会议记录中载明。

（三）机制保障

《独董管理办法》第三十五条、第三十八条要求上市公司为独立董事履行职责提供其所必须的工作条件和人员支持。董事会秘书应当确保独立董事与其他董事、高级管理人员及其他相关人员之间的信息畅通，确保独立董事履行职责时能够获得足够的资源和必要的专业意见。独立董事行使职权的，上市公司董事、高级管理人员等相关人员应当予以配合，不得拒绝、阻碍或者隐瞒相关信息，不得干预其独立行使职权。

如果上市公司不配合独立董事，不提供相关资料，阻碍独立董事履行职责，那么独立董事可以采取哪些有效措施呢？《证券虚假陈述新司法解释》在独立董事的免责情形中，规定了“因发行人拒绝、阻碍其履行职责，导致无法对相关信息披露文件是否存在虚假陈述作出判断，并及时向证券交易场所、监管部门书面报告的”这一情形。《独董管理办法》第三十八条也规定：独立董事在履职受阻时可以向中国证监会和证券交易所报告；独立董事履职涉及应披露事项时，上市公司应当及时办理披露事宜；上市公司不予披露的，独立董事可以直接申请披露，或者向中国证监会和证券交易所报告。可见，向监管机构主动进行报告作为履职受阻后的补充救济措施，是独立董事可以使用的有效武器。《独董管理办法》第四十条还鼓励上市公司建立独立董事责任保险制度，降低独立董事正常履行职责可能引致的风险。

其实，上市公司不配合独立董事履职的行为更多地体现在隐性的不作为，这也是目前独立董事所面临的困境之一。

［案例4－7］

L公司事件中，独立董事对上市公司频繁的担保行为与巨大的担保金额存疑，希望在聘请中介机构进行专项审计后再出具独立意见，然而董事会却以专项审计属重大事项，须报当地政府批准为由，将中介机构拒之门外，阻碍独立董事履行职权。当独立董事遇到管理层阻碍自己行使职权时，建议应当第一时间向中国证监会或交易所报告，由监管部门以专项检查或监管问询的方式解决该问题。

《独董管理办法》和交易所《自律监管指引——规范运作》中也明确规定，独立董事依法行使职权遭遇阻碍的，可以向董事会说明情况，要求董事、高级管理人员等相关人员予以配合，并将受到阻碍的具体情形和解决状况记入工作记录；仍不能消除阻碍的，可以向中国证监会和证券交易所报告。

第五章　上市公司监事与监事会

第一节　监事会机制概述

一、内部监控概述

随着公司治理理论的发展，公司监管也发展出与外部监管相对应的内部监控相关理论。内部监控，或称为内部监督，是指对公司内部的行为，尤其是管理人员的行为进行监督、控制的公司治理制度①。

何为内部监控的有效范式，目前仍是公司治理的重要问题，毕竟对于实现内部监控有相当多的模式机制，例如股东作为监督者，利用内部决策权、证券市场自由退出机制②、派生诉讼、选举董事等方式来实现对公司的监督控制；董事兼任监管的职能，例如，引入独立董事，并要求公司具备一定比例的独立董事作为进入特定资本市场的条件；由法定代表人承担监督职责，并规定其监督不力的相关责任；由公司秘书承担相关监管职责；利用外部专业机构的服务来实现对公司的财务、合规方面的定期评估（如会计师、审计师、律师）；设立独立的监控机构行使监控职能等。

---

① 邓峰编著：《普通公司法》，中国人民大学出版社2009年版，第566页。

② 与“用手投票”相对，股东还可以选择“用脚投票”。假设在所有股东能够充分获取公司信息的情况下，如公司的财务信息、经营方针或重大决策与股东意愿相违背，则股东可以选择通过证券市场的流通机制转让公司股票来彻底退出对公司的管理与资金支持，如该公司存在大量股东抛售股票的现象，则会有人低价买入公司的股票以实现对公司的新控制权，并通过替换经营管理层或加强内部监控来实现对公司的治理。这种间接实现公司治理的方式省略了不必要的组织和形式，是一种在市场机制较为健全、投资人较为理性情况下的理想化方式。

目前，世界上主要存在两种监控模式：一种是以美国、英国为代表的“一元制”监管模式，也称为“外部监控管理模式”或“单层制模式”。在该种监管模式下，公司不设置监事会等单独的内部监控机构，而是依赖外部市场体系来实现对公司的监控。另一种是以德国、日本为代表的“二元制”监管模式，也称为“内部监控管理模式”或“双层制模式”。与“一元制”相对的是，该种模式强调设立单独的监管机构以实现相应的治理目标。比如，德国设立双层董事会制度，上层的监督委员会（监事会）负责产生和监督下层的管理委员会（董事会），两者不能兼任。

此外还有法国模式、瑞士模式、欧盟模式等。但无论是“一元制”监管模式还是“二元制”监管模式，都体现出设置职能和组织相对独立的职位的必要性。比如，美国传统上由董事会行使监督职能，但是，后来在董事会中引入独立董事，使其有了独立的履行监督职能的人员。

二、我国内部监控法律制度

我国上市公司的内部监控制度不是单纯的一元或二元结构，既包括了“一元制”的美国独立董事制度，也包括了设立与董事会平行的监事会的法国模式[①]。就上市公司而言，其他监控机制还有董事会下设的专门委员会中的审计委员会，但本节不讨论独立董事或是审计委员会，主要关注监事及监事会的相关问题。

当前，在我国上市公司中，监事会是公司的常设性监督机构，由股东代表和职工代表组成，旨在保护公司的合法权益，防止董事、高级管理人员滥用职权，促进公司的健康运营和长远发展。未来，随着新《公司法》的正式施行，监事会这一监督机构本身将不是上市公司公司治理结构中的必选项，不设立监事会的上市公司的监督职能可由董事组成的审计委员会行使。

如上市公司设立监事会，上市公司的监事会应当独立运作，本着“依法依规、科学有效、公平审慎”的原则，忠实、勤勉、谨慎地履行其责任

① 法国模式在机构设置上的特点是允许公司自行决定是否设立单独的监事会。与德国相比，法国的监事会不具有任命董事会成员的权力，法国监事会履行的更多是监督职能。

与义务。上市公司监事会应向上市公司全体股东负责，运用法定职权并结合公司实际，对公司董事会、高级管理人员的履职以及公司财务、公司内部控制、公司风险控制、公司信息披露等事项进行监督，以保护公司、股东、职工及其他利益相关者的合法权益[①]。上市公司监事会成员由股东会选举产生，监事会中的职工代表由职工民主选举产生，监事会对公司董事会、高级管理人员的履职情况以及公司财务、内控、信息披露等事项进行监督。

目前，我国上市公司监事会相关的规定主要包括法律法规、行业主管部门规章、自律规则三个层级。法律法规主要是全国人民代表大会及其常委会颁布的《公司法》《证券法》；行业主管部门规章主要包括中国证监会颁布的《上市公司治理准则》《上市公司章程指引》《上市公司信息披露管理办法》；自律规则主要包括证券交易所、中国证券业协会、中国上市公司协会制定的《深圳证券交易所上市公司自律监管指引第 1 号——主板上市公司规范运作》《深圳证券交易所上市公司自律监管指引第 2 号——创业板上市公司规范运作》《上海证券交易所上市公司自律监管指引第 1 号——规范运作》《上海证券交易所科创板上市公司自律监管指引第 1 号——规范运作》《北京证券交易所股票上市规则（试行）》以及《上市公司监事会工作指引》等。

第二节　上市公司监事任免与义务

一、监事任职资格

（一）法定任职资格

鉴于上市公司监事及监事会在上市公司规范、良好运行中的重要作用，监事应当具有相应的专业知识和工作经验，以能够匹配岗位职责，有效履职。此外，为保持监事的独立性，公司董事和高级管理人员不得兼任监事。

① 《上市公司监事会工作指引》第三条、第四条。

《公司法（2018年修订）》第一百四十六条规定了不得担任上市公司监事的情况，新《公司法》在该等规定的基础上进行了进一步的调整。根据新《公司法》第一百七十八条，监事候选人存在以下任一情况的，不得担任上市公司监事，如已被选举、委派或聘任的，则该选举、委派或者聘任无效："无民事行为能力或者限制民事行为能力；因贪污、贿赂、侵占财产、挪用财产或者破坏社会主义市场经济秩序，被判处刑罚，或者因犯罪被剥夺政治权利，执行期满未逾五年，被宣告缓刑的，自缓刑考验期满之日起未逾二年；担任破产清算的公司、企业的董事或者厂长、经理，对该公司、企业的破产负有个人责任的，自该公司、企业破产清算完结之日起未逾三年；担任因违法被吊销营业执照、责令关闭的公司、企业的法定代表人，并负有个人责任的，自该公司、企业被吊销营业执照、责令关闭之日起未逾三年；个人因所负数额较大的债务到期未清偿被人民法院列为失信被执行人。"如果监事在任职期间出现以上任一情形，监事会应依照该名监事的选任方式，提请股东会或职工代表大会解除其职务。

（二）其他任职要求

以上为法律所规定的基础性要求，在经营活动更为复杂、影响更为巨大的上市公司领域，监事除满足以上条件外，往往还需要具备与监事职能相匹配的专业知识、学历学位以及在本公司或在其他业务相似公司的长期任职经历。证券交易所也对上市公司监事候选人提出了进一步的要求，例如，监事候选人需未处于被中国证监会采取证券市场禁入措施的期限内、未处于被证券交易所公开认定为不适合担任上市公司董事、监事及高级管理人员的期限内，北京证券交易所还规定不得处于被全国股转公司公开认定为不适合担任上市公司董监高的期限内①。

① 《深圳证券交易所上市公司自律监管指引第1号——主板上市公司规范运作（2023年12月修订）》第3.2.2条、《深圳证券交易所上市公司自律监管指引第2号——创业板上市公司规范运作（2023年12月修订）》第3.2.3条、《上海证券交易所上市公司自律监管指引第1号——规范运作（2023年12月修订）》第3.2.2条、《上海证券交易所科创板上市公司自律监管指引第1号——规范运作（2023年12月修订）》第4.2.2条、《北京证券交易所股票上市规则（试行）》第4.2.2条。

沪深北交易所还规定，如果监事候选人存在最近三十六个月内受到中国证监会行政处罚或受到证券交易所、公开谴责或者三次以上通报批评的、因涉嫌犯罪被司法机关立案侦查或者涉嫌违法违规，被中国证监会立案稽查，尚未有明确结论，股东会召集人应披露推举该候选人的原因、是否会对上市公司规范运作产生影响，并提示相关风险（上交所及深交所主板仅做披露要求）。北交所还规定最近三年内受到全国股转公司公开谴责或者三次以上通报批评应按前述要求披露和提示风险，沪深交易所还要求候选人存在重大失信等不良记录的，公司应按前述要求披露和提示风险（沪深交易所主板仅做披露要求）①。

监事任职资格的条件见表5－1。

表5－1　　监事任职资格

强制性要求	积极要求	具有专业知识和工作经验
	消极要求	董事和高级管理人员不得兼任监事 存在以下情形之一不得担任上市公司监事： 1. 无或者限制民事行为能力 2. 经济犯罪或者被剥夺政治权利，执行期满未逾五年，被宣告缓刑的，自缓刑考验期满之日起未逾二年 3. 担任破产清算企业负责人且对破产负有个人责任，破产后未满三年 4. 担任被吊销营业执照、责令关闭企业法定代表人且负有个人责任，关闭后未满三年 5. 个人所负数额较大债务到期未清偿被法院列为失信被执行人
证券交易所监管要求		1. 不在证券市场禁入措施期限内 2. 不在被认定不适合担任上市公司相关职务的期限内 3. 近三年未受行政处罚、公开谴责或通报批评（各交易所各板块仅作为审慎聘任要求） 4. 未被立案侦查或者被中国证监会立案调查（各交易所各板块仅作为审慎聘任要求） 5. 不存在重大失信等不良记录（仅为沪深交易所审慎聘任要求）

① 《上市公司治理准则（2018年修订）》第十九条及第四十四条、《上市公司章程指引（2023年修正）》第五十三条、《深圳证券交易所上市公司自律监管指引第1号——主板上市公司规范运作（2023年12月修订）》第3.2.6条及第3.2.7条、《深圳证券交易所上市公司自律监管指引第2号——创业板上市公司规范运作（2023年12月修订）》第3.2.9条及第3.2.10条、《上海证券交易所上市公司自律监管指引第1号——规范运作（2023年12月修订）》第3.2.4条及第3.2.5条。

二、监事任免

上市公司监事任免应当严格依照法律法规、中国证监会监管要求、证券交易所要求及公司章程执行，并保证选任程序规范、透明、公正、公开。

（一）选任方式

股东会选举是监事的主要选任方式。根据《上市公司治理准则（2018年修订）》《上市公司章程指引（2023年修正）》《深圳证券交易所上市公司自律监管指引第1号——主板上市公司规范运作（2023年12月修订）》《深圳证券交易所上市公司自律监管指引第2号——创业板上市公司规范运作（2023年12月修订）》《上海证券交易所上市公司自律监管指引第1号——规范运作（2023年12月修订）》《上海证券交易所科创板上市公司自律监管指引第1号——规范运作（2023年12月修订）》等相关法律法规、监管要求以及实践经验，股东会选举监事时，为使股东对候选人有足够的了解，股东会通知中应当充分披露监事候选人的详细资料，包括但不限于候选人的教育背景、工作经历、兼职情况，是否与公司股东、实际控制人及其他高级管理人员存在关联关系、持有本公司股票的情况、是否存在不得被提名或需披露的情况等，深圳证券交易所还要求披露候选人是否受过有关部门的处罚、纪律处分，是否被司法机关立案侦查或立案稽查尚未有明确结论，以及是否曾被证券期货市场违法失信信息公开查询平台公示或者被纳入失信被执行人名单。监事候选人应保证该等资料的真实、准确、完整，并承诺当选后切实履行监事责任。除股东会选举外，还有不低于上市公司监事总人数三分之一的监事需由公司职工代表大会或职工大会选举产生，具体的提名、选任程序由公司章程进行规定。监事候选人在股东会或职工代表大会审议其受聘议案时，应当出席会议，就其任职条件、专业能力、从业经历、违法违规情况、与公司是否存在利益冲突，与公司控股股东、实际控制人以及其他董事、监事和高级管理人员的关系等进行说明（《上海证券交易所科创板上市公司自律监管指引第1号——规范运作（2023年12月修订）》暂无此要求）[①]。

新任监事应在获得任命后的合理时间内签署“监事声明及承诺书”。声明的内容主要包括，监事持有本公司股票的情况、有无因违反法律法规及监管规则等而受到查处的情况、其他任职情况和近五年的工作经历、拥有其他国家或地区的国籍、长期居留权的情况等，并承诺遵守法律法规、公司章程和各项制度、证券交易所要求，承诺接受监管，承诺履行其义务和职责等。上市公司监事应当保证声明事项真实、准确、完整，不存在虚假记载、误导性陈述或者重大遗漏。除自身遵守相应的承诺外，监事还应当承诺监督董事和高级管理人员遵守其各自的承诺。不同的证券交易所对不同板块的上市公司，其监事应作出的声明和承诺内容略有细节性的差异，但整体事项并无实质性的不同。

证券交易所上市公司自律监管指引对上述承诺书及其签署有更加细致的程序要求。监事签署承诺书时，应当由律师见证，监事应在充分理解声明和承诺内容后签字。任职期间，如果除持有本公司的股票情况外的声明事项发生变化/重大变化，监事应当在规定期限日内更新并向证券交易所和公司董事会报告[②]。

（二）累积投票制与外部监事

根据证监会监管要求，单一股东及其一致行动人拥有权益的股份比例在百分之三十及以上的上市公司，在选举监事时应采用累积投票制[③]。此外，深交所创业板进一步要求，除仅有一名监事候选人的选举情形外，创

---

① 《上市公司治理准则（2018年修订）》第十九条及第四十四条、《上市公司章程指引（2023年修正）》第五十三条、《深圳证券交易所上市公司自律监管指引第1号——主板上市公司规范运作（2023年12月修订）》第3.2.6条及第3.2.7条、《深圳证券交易所上市公司自律监管指引第2号——创业板上市公司规范运作（2023年12月修订）》第3.2.9条及第3.2.10条、《上海证券交易所上市公司自律监管指引第1号——规范运作（2023年12月修订）》第3.2.4条及第3.2.5条。

② 《深圳证券交易所上市公司自律监管指引第1号——主板上市公司规范运作（2023年12月修订）》第3.1.5条表述为“重大变化”，而《上海证券交易所上市公司自律监管指引第1号——规范运作（2023年12月修订）》第3.1.4条表述为“变化”。

③ 《上市公司股东大会规则（2022年修订）》第三十二条。

业板上市公司均需采取累积投票制①。累积投票制下，每一股份均有与应选监事人数相同的表决权，每位股东持有的有表决权的股份数与本次股东会选举的监事数量的乘积，即为该名股东的累计表决票数，该股东可以自由分配表决权，既可以投给多人，也可以集中使用。这样一来，如中小股东能够采取一致性的行动，且其持股比例不至于过低，那么中小股东提名的人选就有进入监事会的可能，使中小股东的意见能够反映在监事会日常运作和公司经营决策中。这一制度在一定程度上保障了中小股东在监事选举中的权利。

我国《公司法》对外部监事没有作出明确规定，《上市公司治理准则》第四十五条规定，上市公司可以依照公司章程的规定设立外部监事，换言之，我国上市公司可根据实际情况设置外部监事。在我国现行的法律体系下，上市公司监事会因监事多由大股东投票权决定，其独立性存疑，难以在公司内部形成有效的监督。为加强监事会对公司的监督管理职能、确保监事的独立性，外部监事应需而生。为保障外部监事独立判断，外部监事不得担任公司除监事外的任何职务，也不应与公司及公司主要股东间存在任何利益关系。

商业银行聘任外部监事为必要事项，上市的商业银行也需设置外部监事。《商业银行监事会工作指引》等相关法规及监管规则要求商业银行监事会人数为三至十三人，其中应包括比例不低于三分之一的外部监事。外部监事由监事会、单独或合计持有商业银行有表决权股份百分之一以上的股东提名，原则上一位股东只能提名一位外部监事候选人，不应既提名独立董事候选人又提名外部监事候选人。外部监事由股东会选举、罢免和更换。

外部监事应保证其具有足够的时间和精力履行职责，并承诺勤勉尽职。此外，就任期而言，外部监事在同一家商业银行任职时间累计不得超过六年，不能在超过两家商业银行同时任职，不应在可能发生利益冲突的

① 《深圳证券交易所上市公司自律监管指引第2号——创业板上市公司规范运作（2023年12月修订）》第2.1.15条。

金融机构兼任外部监事。

除商业银行外，其他公司可根据自身经营情况及实际需要决定是否设置外部监事，外部监事的相关权利应在章程中约定。

（三）监事辞任

监事的任期每届为三年，任期届满后可以连选连任。如任期届满但未及时改选，在下任监事就任前，原监事仍应履行监事职务。

监事提请辞职的，应提交书面辞职报告。如监事辞职导致监事会成员数低于三人，或由于职工代表出任的监事辞职导致职工代表监事人数少于监事会成员的三分之一的，该监事同样需在下任监事就任前继续履行监事职务。如该监事与公司的劳动合同中约定了其他相关责任或提前解除合同的补偿，那么也需继续履行相应的责任或承担相应的赔偿责任。

但是，监事离职不意味着与公司权利义务的终止。监事在正式离职之前、离职后或者任期结束后的合理期间或者约定的期限内，仍需履行对上市公司和全体股东的忠实义务及与公司约定的竞业禁止义务，对公司商业秘密的保密义务在该商业秘密成为公开信息之前仍然有效。实践中，公司也往往会在与监事签订的合同中约定离职后的竞业禁止和保密义务，以及相应的违约责任或其他相关责任。

三、监事义务和法律责任

（一）忠实勤勉义务

根据《公司法》《上市公司治理准则》及证券交易所自律监管指引，监事的主要义务包括遵守各项法律法规和监管要求，依法依约履行义务，维护上市公司利益，忠实、勤勉、谨慎地履行职责及其作出的各项承诺，积极履行报告义务和信息披露义务等。新《公司法》进一步强调忠实与勤勉义务，包含上市公司监事应当采取措施避免自身利益与公司利益冲突，不得利用职权牟取不正当利益，执行职务时应当为公司的最大利益尽到管理者通常应有的合理注意之含义[①]。上市公司监事应当持续学习，不断提高履职能力，并保证有足够的时间和精力履行职责，积极推动公司内部制度建设。

上市公司监事不得损害公司利益。具体而言，根据证券交易所的相关要求，上市公司监事应当保护上市公司资产的安全、完整，严格区分公务支出和个人支出，不得利用其在上市公司的职权和职务便利收受贿赂或获得其他非法收入、挪用公司资金和侵占公司的财产、倚仗其监事身份从第三方或从公司获取不当利益、从事内幕交易、市场操纵或者其他欺诈活动、利用公司支付应由其个人负担的费用、利用为自己或者他人牟取属于上市公司的商业机会、自营或者为他人经营与公司相同或者类似的业务。

（二）披露与报告义务

信息披露义务是监事的重要义务之一。监事是上市公司披露义务人，《公司法》《证券法》等相关法律法规、上市公司监管要求多次提及上市公司监事的此项义务，要求上市公司监事忠实、勤勉地履行职责，保证披露信息的真实、准确、完整，以及信息披露的及时和公平，并保证不存在虚假记载、误导性陈述或者重大遗漏。在上述原则和要求之下，监事的信息披露义务包括：关注信息披露文件的编制情况，监督定期报告、临时报告在规定期限内及时、公平披露，配合上市公司及其他信息披露义务人履行信息披露义务，如对定期报告内容的真实性、准确性、完整性无法保证或者存在异议的，应发表意见、说明理由，在公司不予披露的情况下直接申请披露[②]。2023 年 2 月 17 日发布的《深圳证券交易所上市公司重大资产重组审核规则》《深圳证券交易所上市公司证券发行上市审核规则》《上海证券交易所上市公司证券发行上市审核规则》《上海证券交易所上市公司重大资产重组审核规则》也强调了监事在证券发行上市、重大资产重组

① 新《公司法》第一百八十条。

② 《上市公司信息披露管理办法（2021 年修订）》第十六条。

过程中的信息披露义务，上市公司监事应当诚实守信，保证申请文件和信息披露的真实、准确、完整，依法审慎作出并履行相关承诺[①]。

监事会对公司信息披露的关注重点见表5－2。

表5－2　　监事会对公司信息披露的关注重点

重点	内容
真实性重点	1. 以客观事实或具有事实基础的判断和意见为依据 2. 如实反映实际情况 3. 无虚假记载、相关备查文件不存在伪造、变造等虚假情形
准确性重点	1. 客观，不夸大其辞 2. 不存在歧义、误导性陈述，披露预测性信息及其他涉及公司未来经营和财务状况等信息合理、谨慎、客观 3. 披露的信息不出现关键文字或重要数据错误
完整性重点	1. 内容完整，无重大遗漏 2. 提供文件齐备，披露信息的格式符合规定要求
及时性重点	1. 在规定期限内按要求披露对公司股票及其衍生品种交易价格可能产生较大影响的重大事件 2. 在规定期限内披露定期报告、业绩公告及更正公告
公平性重点	1. 同时向所有投资者公开披露重大信息，确保所有投资者可以平等地获取同一信息 2. 不向单个或部分投资者透露或泄漏其他投资者无法从公开渠道获得的信息 3. 信息披露前公司股票或衍生品种交易应避免因信息泄密而出现异常 4. 信息披露前避免公共媒体出现相关报道或传闻[②]

此外，不同交易所对不同板块的上市公司监事的信息披露义务规定略有区别，上市公司监事需根据证券交易所的监管指引，更好地履行相关义务。

监事应当严格做好上市公司未公开重大信息的保密工作，不得以任何方式泄露公司的未公开重大信息，不得进行内幕交易、操纵市场或者其他

① 《深圳证券交易所上市公司重大资产重组审核规则》第十六条，《深圳证券交易所上市公司证券发行上市审核规则》第十四条、第十六条，《上海证券交易所上市公司证券发行上市审核规则》第十四条、第十六条，《上海证券交易所上市公司重大资产重组审核规则》第十七条。

② 《上市公司监事会工作指引》第四十条、第四十一条。

欺诈活动。一旦这些信息出现泄露，监事应当通知公司并督促其公告，公司不予披露的，监事应当及时履行其报告义务向证券交易所报告。

当发生控股股东、实际控制人应进行信息披露的事项及其他重大事项发生时（主要指可能对公司股票及其衍生品种交易价格产生较大影响的情形或上市公司或其他高级管理人员存在违法违规行为），监事应督促公司进行公告。公司不予披露、未及时披露或披露内容与实际情况不符的，监事应当向证券交易所报告①。对于上述重大事件，上市公司应当制定报告、传递、审核和披露程序，制定监事对外发布信息的行为规范，以使重大事件的报告和披露有良好的实施规范②。

（三）与买卖、转让股票相关的义务

监事买卖、转让股票的法定限制主要规定在《公司法》《证券法》中。公司监事应当向公司报告其所持有的本公司的股份及变动情况，自公司股票上市交易之日起一年内不得转让，且在职期间每年转让的股份不得超过所持有本公司股份总数的百分之二十五，离职后的半年内同样不得转让其所持有的本公司股份③。

上市公司监事将其自身持有或其配偶、父母、子女持有的以及利用他人账户持有的本公司股份在买入后六个月内卖出，或者在卖出后六个月内又买入的，由此所得收益归本公司所有。

上市公司监事转让公司股份的，也不得违反法律、行政法规和国务院证券监督管理机构关于持有期限、卖出时间、卖出数量、卖出方式、信息披露等的其他相关规定，并应当遵守证券交易所的业务规则④。公司章程可以对监事转让其所持有的公司股份作出进一步的限制。

查阅近年对上市公司监事的行政处罚，也多与违反禁止性义务、损害

---

① 《上市公司信息披露管理办法（2021 年修订）》第二十二条、《上市公司监事会工作指引》第三十九条。

② 《上市公司信息披露管理办法（2021 年修订）》第三十三条。

③ 《公司法（2018 年修订）》第一百四十一条，新《公司法》第一百六十条。

④ 《证券法》第三十六条、第四十四条。

公司利益或违反信息披露义务有关。

[案例5-1]

以S股份有限公司监事被处罚为例：2020年5月，S集团公司对S公司向子公司增资事项完成了内部决策，由于S公司尚未向交易所提交并披露信息，此时仍处于内幕信息敏感期，监事曹某作为法定内幕信息知情人，在内幕信息敏感期内，使用他人证券账户，买入公司股份，并于S公司向深圳证券交易所提交的“关于筹划重大事项的提示性公告”公开发布后的四日内全部卖出，获利八万余元。曹某利用内幕信息交易，违反了《证券法》的相关规定，被证监局于2021年12月予以行政处罚，没收全部违法所得并处罚款。

除上述法律法规所要求的基本义务之外，上市公司还可以在与监事签订的合同中进一步明确监事对公司的义务，监事违反法律法规、公司章程和合同约定的责任等内容。

第三节　上市公司监事会组成与职能

一、监事会组成

上市公司设立监事会的，人数应不少于三人，其中职工代表监事的比例不低于三分之一，具体的人数、比例可以在公司章程中进一步明确，但监事会的人员和结构应当确保监事会能够独立有效地履行职责。根据新《公司法》，股份有限公司在董事会中设置由董事组成的审计委员会，行使该法规定的监事会职权的，可以不设监事会或者监事，对于规模较小或者股东人数较少的股份有限公司，则可以仅设一名监事，行使监事会的职权[①]。

① 新《公司法》第一百二十一条、第一百三十三条。

职工代表监事，系公司职工，由职工代表大会或职工大会选举产生，具体的提名、选任程序需由公司章程明确规定。职工代表出任的监事应听取职工对与其利益相关的公司制度和重大事项的意见和建议，并在监事会上充分反映。监事在监事会会议上对经职工代表大会决议过的事项进行表决时，应严格按照职工代表大会的意见表决，维护职工的合法权益。此外，职工代表出任的监事应接受职工的监督，并定期向职工代表大会报告工作。

监事会设主席一人，可以设副主席。监事会主席和副主席由全体监事过半数选举产生。

监事是否必须专职、是否必须为本公司员工，是监事会构成的常见问题。监事分为股东代表监事和职工代表监事。对于股东代表监事，其不必具有公司职工身份，现有法律未强制要求股东监事必须专职以及与公司建立劳动关系。对于职工代表监事，其必须为公司职工，否则即使被公司股东会选举为职工代表监事，该股东会决议也因违反《公司法》而无效。

[案例5－2]

以最高人民法院某项公报案例为例：B公司向所在区人民法院提起诉讼，要求确认C公司于2014年4月通过的有关组成监事会的股东会决议无效，并要求C公司向工商部门申请撤销监事会成员备案登记。

在本案中B公司系C公司的股东，持有后者百分之五十的股权（另一名股东为J公司）。2014年4月，C公司召开股东会，决议设立公司监事会，聘请徐某、孔某为股东代表监事，另一名职工代表监事由魏某担任（魏某系J公司法定代表人），B公司认为魏某与C公司不具有劳动关系，且股东会程序存在瑕疵，其担任公司的职工监事不能实现保护职工权益的目的，本次股东会决议违反了法律强制规定，应属于无效。C公司认为《公司法》未明确要求担任公司的职工监事需要与公司存在劳动关系，事实上，具有劳务关系、兼职关系的也可以担任公司的监事，故B公司的请求没有法律依据，并且C公司也未能提交关于魏某在C公司任职的相关证明。

最终二审法院认为魏某于股东会决议作出时已不再担任C公司执行董事，且未在C公司领取薪水，即与C公司不存在劳动关系，故魏某不具备作为职工代表的资格。职工代表监事应通过职工代表大会、职工大会等形式，从职工代表中民主选举产生。《公司法》第五十一条第二款规定了监事会应包括公司职工代表，说明职工代表资格是成为职工代表监事的前提，本案中魏某并非职工代表，因此不具备担任C公司职工代表监事的资格。另外，《公司法》第五十一条第二款也规定职工代表的比例不得低于三分之一，该比例系《公司法》中的强制性规定，本案中魏某不具备职工代表资格，另外两名监事系股东代表，职工代表比例为零，违反前款规定，故一审法院认定股东会决议中任命魏某为C公司职工代表监事的条款无效，并无不当，二审法院予以支持。

二、监事会职权与职能

根据《公司法》《上市公司治理准则》《上市公司章程指引》和证券交易所相关自律监管指引及行业协会的自律规定，监事会的主要职权包括监督检查权、知情权、质询权、提案权、提名权以及提议召开和出席股东会的权力等。

（一）监督检查权

监督检查权，即监事会有权检查公司财务，监督董事、高级管理人员履职情况及履职行为，在发现违法违规及违反公司章程的情况时，有权向证券监管机构、证券交易所或其他有关部门报告。监督检查权是监事会履行职责最重要的职权，包括以下三个方面的内容。

1. 检查调查职权

监事会发现公司经营情况异常，可以进行调查；必要时，可以聘请会计师事务所等协助其工作，费用由公司承担。

《上市公司章程指引（2023年修正）》《上市公司治理准则（2018年修订）》对监事会的监督检查权作出了原则性规定，而《上市公司监事会工作指引》对监事会的监督检查权进一步细化，监事会应当重点检查监督董事会和高级管理人员的重要财务决策和执行情况，包括合并、分立、解散或者变更公司形式等重大财务决策和执行情况；批准设立分支机构、收购兼并和关联交易等重大财务决策事项；重大财务政策调整；重大资产处置方案；经营计划和投资方案、年度财务预算及决算方案、利润分配方案及弥补亏损方案、增加减少注册资本方案等。

2. 对董事会、高级管理人员履职监督职权

监事会应对董事、高级管理人员执行公司职务的行为进行监督，监督董事、高级管理人员履行职责的合法合规性，及行使公司章程规定的其他职权，维护公司及股东的合法权益。监事会可以要求董事、高级管理人员提交执行职务的报告。董事、高级管理人员应当如实向监事会提供有关情况和资料，不得妨碍监事会行使职权①。

监事会发现董事、高级管理人员违反法律法规、交易所相关规定或者公司章程时，可以采取的措施包括：

（1）向董事会通报或者向股东会报告并及时向公众披露，也可以直接向监管机构报告；

（2）要求董事、高级管理人员对损害公司利益的行为予以纠正；

（3）依程序提出解任建议。

3. 对信息披露的监督职权

监事会对上市公司信息披露的监督职能在《上市公司治理准则》中进行了原则性规定②。《上市公司信息披露管理办法》要求上市公司应当制定完善的信息披露内部制度，监事应当对公司董事、高级管理人员履行信息披露职责的行为进行监督；发现信息披露存在违法违规问题的，应当进行调查并提出处理建议③。《上市公司监事会工作指引》规定监事应当对招股

---

① 《公司法（2018 年修订）》第一百五十条，新《公司法》第八十条、第一百三十一条。

② 《上市公司治理准则》第八十九条。

③ 《上市公司信息披露管理办法（2021 年修订）》第三十条、第三十六条。

书及公告书的真实性负责[①]。此外相关交易所对监事的披露义务进行了更加详细的规定。例如，《上海证券交易所上市公司自律监管指引第1号——规范运作（2023年12月修订）》规定，董事、监事和高级管理人员获悉公司控股股东、实际控制人及其关联人发生《上海证券交易所股票上市规则》第4.5.3条相关情形时，应当及时向公司董事会或者监事会报告，并督促公司按照有关规定履行信息披露义务。公司未及时履行信息披露义务，或者披露内容与实际情况不符的，相关董事、监事和高级管理人员应当立即向交易所报告，否则，监事也可能面临追责。

[案例5－3]

在Y公司信息披露违法违规案中，实际控制人指使上市公司实施财务造假，监事被认为对信息披露违法事项未勤勉尽责被依法追究责任。2019年4月27日，Y公司发布2018年年度报告，在报告期末，公司货币资金余额为33.89亿元，长期借款、短期借款、应付债券余额合计为52.56亿元，报告期内财务费用为4.47亿元。一边账面上“躺着”数十亿元货币资金，一边又为融资支付高额利息。Y公司异常的财务数据，引起了监管部门的注意。2020年4月，证监会依法对Y公司涉嫌信息披露违法违规立案调查，最后调查结果显示Y公司2016至2019年定期报告存在严重虚假记载：一是通过虚构销售业务、虚增销售额等方式虚增利润20余亿元；二是通过伪造银行单据等方式虚增银行存款80余亿元；三是未按规定披露与关联方资金往来300余亿元。2021年10月，中国证监会出具行政处罚决定书，对Y公司处以600万元的罚款及对其19名责任人员（包括2名监事）处以警告、罚款等处罚。

另外，值得注意的是，在监督其他人员信息披露义务履行情况的同时，监事自身的履职情况也是信息披露的一部分。

---

① 《上市公司监事会工作指引》第四十条。

（二）知情权和质询权

知情权，即监事有权了解公司经营情况和重大决策事项。上市公司应当采取措施保障监事的知情权，为监事提供有关公司经营情况和公司重大决策事项的相关资料，为监事正常履行职责提供必要的协助，任何人不得干预、阻挠。监事履行职责所需的有关费用由公司承担[①]。

监事可以通过列席董事会会议，对董事会决议事项提出质询或建议的方式行使知情权[②]。监事会还可以要求董事、高级管理人员、内部及外部审计人员等列席监事会会议，回答所关注的问题[③]。

（三）提案权和提名权

提案权，即监事有权向股东会提出提案。公司召开股东会，董事会、监事会以及单独或者合并持有公司百分之三以上股份的股东，有权向公司提出提案[④]。监事还具有独立董事的提名权[⑤]。

（四）提议、召开和出席股东会

1. 董事会不召集时

股东会由董事会召集，但当董事会不履行或不能履行该职责时，监事会应当及时召集和主持股东会。

2. 股东请求召集时

在单独或者合计持有公司百分之十以上股份的股东向董事会请求召开临时股东会议，但董事会收到提议后十日内未作出书面反馈时，监事会可以根据上述股东的请求召开股东会。股东应当以书面形式向监事会提出请求。

3. 监事会自行召集时

一般情况下，股东会每年召开一次年度会议，但监事会可提议召开临

---

① 《上市公司治理准则》第四十六条、《上市公司监事会工作指引》第十四条等。

② 新《公司法》第七十九条、第一百三十一条，《上市公司章程指引》第一百四十一条等。

③ 《上市公司治理准则》第四十八条等。

④ 新《公司法》第七十八条、第一百三十一条，《上市公司章程指引》第五十四条，《上市公司监事会工作指引》第十七条。

⑤ 《上市公司监事会工作指引》第十九条。

时股东会议。董事会不同意召开临时股东会，或者在收到提议后十日内未作出书面反馈的，监事会可以自行召集和主持。

（五）提起诉讼

董事、高级管理人员违反《公司法》规定损害公司利益的，符合要求的股东可书面请求监事会向人民法院提起诉讼，监事会可依法维护公司的利益。

第四节　上市公司监事会运作规范

一、监事会会议与议事规则

（一）定期会议和临时会议

监事会会议包含定期会议和临时会议。《公司法》要求监事会会议至少每六个月召开一次，具体的召开次数可由公司章程规定。但考虑上市公司的定期报告需要监事会审核，因此在规定监事会会议召开次数时需结合上市公司定期报告的审议次数确定。在定期会议之外，监事可根据需要，提议并及时召开临时会议。除监事提议外，实践中临时会议召开的原因还包括：股东会、董事会会议通过了违反法律法规、监管要求、公司章程的决议以及董事会决议违反股东会决议；董事和高级管理人员的不当行为可能给公司造成重大损害或者在市场中造成恶劣影响；公司、董事、监事、高级管理人员被股东提起诉讼或受到监管部门及其他有权机构处罚[①]。具体的召开条件需在公司章程中予以规定。此外，当商业银行的全体外部监事书面提议召开监事会会议时，监事会应当召开会议。如全体外部监事认为监事会会议议案材料不充分或论证不明确时，可以联名书面提出延期召

① 《上市公司监事会工作指引》第五十四条。

开监事会会议或延期审议有关议案，监事会应当予以采纳[①]。

（二）议事规则

《公司法》等相关法律对监事会议事规则提出了最基本的要求，在此之上，公司可以制定更加详细的规则。这些基本要求包括：监事会决议应当经全体监事过半数通过监事会的表决实行一人一票；监事会所议事项的决定应如实记录，制成会议记录；出席会议的监事应当在会议记录上签名等[②]。

监事会的具体议事规则（包括但不限于议事方式和表决程序）一般由监事会拟定，经股东会批准后列入公司章程或作为章程的附件[③]，章程中监事会会议部分未涉及的程序和规则，可以参考董事会会议的相关规定。

二、会议召开与执行

（一）召开方式

监事会会议应当严格依照规定的程序和规则进行。一般情况下，监事会会议应以现场方式召开，也可以通过视频、电话等方式召开。因紧急情况、不可抗力等特殊情况，部分监事不能现场参会，也无法通过视频或者电话会议的形式参会的，可以通过信函、传真或其他方式签署表决意见，并在会后及时将其对会议所议事项的书面意见和表决意见送达公司，并在会议记录上补充签字。

（二）提议及会议通知

监事会会议召开前的合理期限内，应向各监事发出会议通知。会议议题应在会议通知发出前拟定。

定期会议的会议通知发出前，监事会需向全体监事征集会议提案。为使提案征集责任人更加明确，上市公司可以明确由监事会主席或监事会日

① 《商业银行监事会工作指引》第十九条。
② 新《公司法》第一百三十二条。
③ 《上市公司章程指引》第一百四十七条。

常办事机构进行征集。如该提案与公司员工利益相关，职工监事可以在不违反相关保密要求的前提下征求公司员工的意见。监事提议召开临时会议的，应向监事会主席提交书面提议，或通过监事会日常办事机构提交提议。这些书面提议需载明提议监事的姓名、提议理由、提议会议召开的时间或者时限、地点和方式、提案、提议监事的联系方式和提议日期等。在监事会日常办事机构或者监事会主席收到书面提议后三个工作日内，监事会日常办事机构应发出召开监事会临时会议的通知。监事会日常办事机构怠于发出会议通知的，提议监事可以向证券监管部门报告[①]。

监事会会议召开前，无论是定期会议还是临时会议，均应在规定的期限前（如十个自然日前）将书面会议通知送达至各监事，并提供相应的资料。临时会议可适当缩短期限，紧急情况下可以及时通过口头或者电话等方式发出会议通知。在会议通知发出前，监事会需事先拟定会议议题，监事可提交提案或提议。根据《上市公司章程指引》等相关要求，监事会会议通知通常包含举行会议的日期、地点、会议期限和方式，召开事由及事先拟定的议题，以及发出通知的日期等[②]。

（三）召集和主持

监事会会议应由监事会主席召集和主持，监事会主席不履行或不能履行召集和主持职责的，由监事会副主席召集和主持，如监事会副主席仍不能或拒绝召集和主持，或上市公司未设置监事会副主席的，则由半数以上监事共同推举一名监事，负责召集和主持会议[③]。

（四）出席及关联监事回避

原则上，监事应亲自出席监事会会议，若确实无法亲自出席，应书面委托其他监事代为出席，并就决议事项形成明确意见[④]。为保证监事有效履职，公司可以在章程中规定，监事连续一定次数未能亲自出席或委托其

① 《上市公司监事会工作指引》第五十七条。
② 《上市公司章程指引》第一百四十九条。
③ 新《公司法》第一百三十条。
④ 《上市公司监事会工作指引》第六十一条。

他监事出席监事会会议的，则视为该名监事未能履行其职责，监事会有权建议股东大会或职工代表大会更换人员。此外，监事会也可以要求董事、高级管理人员、内部及外部审计等人员列席监事会会议，回答监事会所关注的问题。

关联监事，在现行法律法规中并无明文定义①，但具有关联关系的监事是否需要回避表决却是上市公司治理中越来越常见的问题。依据《公司法》定义，关联关系是指公司控股股东、实际控制人、董事、监事、高级管理人员与其直接或者间接控制的企业之间的关系，以及可能导致公司利益转移的其他关系。但是，国家控股的企业之间不仅仅因为同受国家控股而具有关联关系。如果参照前述关联关系的定义，关联监事可以理解为与上市公司表决事项存在利害关系可能导致公司利益转移的监事。

对于关联监事是否需要在监事会就特定事项发表意见时回避，以及回避后监事会是否还能形成有效决议，目前实践中并无统一意见及做法，但根据对有关上市公司公告的搜索，可以看到同时存在关联监事回避的案例和关联监事未回避的案例。

[案例5－4]

H公司案例中，H公司章程虽未明确何为关联监事，也未载明关联监事回避规则，但从其监事会决议公告中可以看出，其监事会议事规则包含关联监事回避。例如，H公司召开的第三届监事会第五次会议中，在审议其控股股东避免同业竞争承诺延期的议案时，一名关联监事回避表决；在审议《关于为公司及全体董事、监事和高级管理人员购买责任保险的议案》时，全体监事回避表决，直接提交股东大会审议。

① 现行法律法规仅对关联董事有明文规定，具体散见于新《公司法》第一百三十九条、《上市公司章程指引（2023年修订）》第一百一十九条、《上海证券交易所股票上市规则（2023年8月修订）》第6.3.8条、《上海证券交易所科创板股票上市规则（2023年8月修订）》第7.2.10条、《深圳证券交易所股票上市规则（2023年8月修订）》第6.3.8条、《深圳证券交易所创业板股票上市规则（2023年8月修订）》第7.2.9条以及《北京证券交易所股票上市规则（试行）》第4.1.28条。

（五）表决及会议记录

监事会会议表决实行一人一票，表决方式可以为举手表决、记名投票等。表决意见分为同意、反对和弃权。监事应当从同意、反对和弃权中选择一项，考虑前述关联监事问题的，还应增加回避这一选项，未做选择或者同时选择两个及以上的，主持人可以要求其重新选择，拒不选择的，视为弃权。中途离开会场不回而未做选择的，视为弃权①。监事会决议需经全体监事半数以上表决通过，并经参会监事签字确认，监事应对监事会决议承担相应的责任。部分上市公司也会将该比例规定为三分之二。

根据《上市公司章程指引》及交易所自律规则等监管要求，监事会会议内容应制成书面会议记录，监事有权要求在记录上对其在会议上的发言作出某种说明性记载。出席会议的监事和记录人应当在会议记录上签名，保证记录内容真实、准确和完整，充分反映参会监事对审议事项的意见，没有虚假记载、误导性陈述或者重大遗漏。另外，监事对会议记录有不同意见的，可以在签字时作出书面说明。监事会会议记录作为公司档案至少保存十年，公司可在章程中进一步规定会议记录的保管期限，实践中十五年或二十年也是相对常见的保管期限。

整体而言，上市公司对监事会运作规则和相关程序的自主性相对较高，除法律对监事会运作规范的基本要求、相关监管要求和证券交易所的要求外，其余内容均可以由公司自主制定，但这也造成了实践中对监事履职缺少详细标准，发挥监事的内部监控职能更多依靠公司的自律来实现。建议上市公司应做好相应的规则设计，在不违反法律和相关监管要求的前提下，使监事会运作规范清晰、具体，实现监事及监事会监督职能的有效发挥。

---

① 《上市公司监事会工作指引》第六十一条。

第六章　上市公司高级管理人员

第一节　上市公司高级管理人员任免与义务

一、高级管理人员范围

（一）高级管理人员概述

随着市场经济的蓬勃发展，现代公司制度普遍采用所有权、经营权分离的方式，这一方式弥补了公司所有权者缺乏企业经营能力的缺陷，可以让股东们不需要直接参与到公司的日常经营管理中，而是委托经营能力强的职业经理人进行经营，这类职业经理人就是我们现在所说的高级管理人员。

新《公司法》第二百六十五条对“高级管理人员”进行了界定，“公司高级管理人员是指公司的经理、副经理、财务负责人、上市公司董事会秘书和公司章程规定的其他人员”。其中《公司法》里面所说的“其他人员”包括公司设立的一些高级管理岗位，如销售总监、技术总监、首席运营官、首席技术官等。高级管理人员的岗位安排可以根据公司的实际情况进行设置。

上市公司的高级管理人员是掌握企业方针、制定总战略、负责公司经营管理，并且做出重大决策，确保整个公司按照战略规划顺利运行的中坚力量。由于高级管理人员拥有的是经营权，需要保障企业的营利性和竞争力，保障股东的合法权益，要求其对公司具有忠诚和勤勉的义务。同时，在司法实践中，《公司法》等法律法规规定了高级管理人员的行为要求及相关处罚，高级管理人员的身份确认将是法律责任认定的基础，因此，确认高级管理人员的范围尤为重要。

（二）高级管理人员的认定

在认定工作人员是否属于高级管理人员范围时可以参考以下几方面进行综合考虑：公司章程是否列明了相关工作人员的岗位；股东会决议和董事会决议是否明确了工作人员的身份职位；企业与工作人员签署的劳动合同是否明确了工作人员的岗位，相关工作人员的薪资水平是否达到企业规定的高级管理人员的薪资水平；工作人员签署的各类文件的内容和名义层级。

1. 经理的认定

经理是由公司董事会聘任并且接受董事会的领导和监督，享有经理权力并承担相应责任，主持公司日常经营管理的公司事务负责人。经理的认定是以其是否实际行使了公司负责人的职权来认定的。

上市公司经理的职权，主要体现在处理上市公司的决定性事务，可以包括：设定上市公司的经营计划；主持制订上市公司年度预算决算；召开管理层会议；颁布各部门任务目标并指导各部门工作；制订上市公司利润分配方案；对外签订合同；审批以公司名义发出的文件；对公司的部门层级进行设计划分；制定公司的规章制度；聘用和解雇各级管理人员（经理提名、董事会聘任及解聘的除外）；规定各级管理人员工作职责。

2. 副经理的认定

副经理是公司行政班子的重要组成人员，由总经理提名，董事会负责聘任授权，其辅助经理制定企业战略规划、经营预算计划等政策方针并执行行动方案，以实现公司的长期经营管理目标。

高管人员中的副经理，应该是公司的副总经理而非部门副经理，副经理是经理的直接下属岗位。副经理的认定是以其是否履行了聘任程序，是否实际行使了公司副经理的职权来综合认定的。聘任程序主要体现为由企业董事会进行聘任，同时需要在公司章程中公开列明聘任情况，或者在以公司名义发出的公开正式文件中明确。

3. 财务负责人的认定

财务负责人一般是指公司主管会计工作的负责人（财务总监），负责整个公司财务管理、财务核算、主导规划企业财务战略、筹划税收、健全企业财务制度、调配企业营运资金、控制成本的工作。

关于财务负责人的认定标准主要从两个方面来看，一是任命形式，要求上市公司对外通过公司章程、股东会决议、董事会决议将其登记为财务负责人；二是实际职权，表现为负责保管企业的财产物资包括财务专用章，对外签署或代表公司行使财务职权，可以作出影响公司财务运行的决策，拥有财务审核流程的最终审批权且能在财务凭证上显示。

[案例6－1]

以H公司财务负责人认定为例。H公司的李某声称上一任财务负责人离职后，H公司的财务总监一职处于空缺的状态，自己并非财务负责人。法院根据H公司提供的证据可以证明，李某负责H公司的主要财务工作，负责保管H公司的公章以及财务专用章，且H公司的多张财务审批单的财务部门最终审核人均为李某，国家税务登记系统也有记录H公司的财务负责人是李某。法院认定李某属于H公司的财务负责人，实际拥有财务负责人的职权，属于高级管理人员。

4. 其他人员的认定

《公司法》所指的其他高级管理人员可以包括销售总监、技术总监、首席运营官、首席技术官等，实践中可以根据上市公司的实际情况进行设置。上市公司应该在公司章程和股东会决议、董事会决议以及劳动合同中明确其高级管理人员的身份。

[案例6－2]

D公司没有在公司章程或决议中提到王某是该公司的高级管理人员，但是王某是D公司主要业务的生产负责人。审理案件时，法院发现，2012年至2013年，D公司申请资质证书以及证后的例行监督检查中，王某均作为D公司的负责人代表签署了文件。同时，在王某电脑中也储存了D公司的客户、供应商的“公司更名通知函”，从D公司相关员工的证词也能印证王某是D公司的生产方面负责人的事实。因此，D公司虽不能提供确凿证据证明王某担任该公司的高级管理人员，但是王某掌握了D公司生产经营方面的重要商业信息，所以法院认为王某是D公司的生产负责人，认定其为公司高级管理人员。王某损害公司利益罪名成立，必须要承担相应赔偿责任。

通过上述案例我们可以看出，在认定是否属于公司高级管理人员时，不能仅从其岗位名称作表层判断，更要从其聘任程序、行使权力、承担责任、获取薪酬等方面来综合认定。

二、高级管理人员的任职资格及任免

（一）高级管理人员的任职资格

1. 新《公司法》中对高级管理人员任职资格的规范

新《公司法》第一百七十八条规定：“有下列情形之一的，不得担任公司的董事、监事、高级管理人员：

（1）无民事行为能力或者限制民事行为能力；

（2）因贪污、贿赂、侵占财产、挪用财产或者破坏社会主义市场经济秩序，被判处刑罚，或者因犯罪被剥夺政治权利，执行期满未逾五年，被宣告缓刑的，自缓刑考验期满之日起未逾二年；

（3）担任破产清算的公司、企业的董事或者厂长、经理，对该公司、企业的破产负有个人责任的，自该公司、企业破产清算完结之日起未逾三年；

（4）担任因违法被吊销营业执照、责令关闭的公司、企业的法定代表人，并负有个人责任的，自该公司、企业被吊销营业执照、责令关闭之日起未逾三年；

（5）个人因所负数额较大的债务到期未清偿被人民法院列为失信被执行人。

要注意的是，以上规定中第（2）项中前一项是指未超过五年但是有具体的罪名条件，后一项是指没有超过五年，只要是被剥夺政治权利都属于此范围，而没有具体的规定罪名条件。

第（3）项中的“个人责任”指的是该自然人需要对其公司、企业的破产行为负有行政责任或者刑事责任。

第（5）项中的“个人所负数额较大”指的是个人所负债务超过了其正常的偿还能力。到期没能清偿，说明其有未了结的民事纠纷，可能会给公司带来利益损害，应该禁止此类人员担任高级管理人员的职务。

2. 其他法律法规对高级管理人员任职资格的补充

值得注意的是，不同板块对高级管理人员的任职资格也进行了补充，具体情况如表6－1所示。

表6－1　各板块高级管理人员任职资格情况

板块	不得聘任	审慎聘任
沪主板	（1）《公司法》规定不得担任董事、监事、高级管理人员的情形 （2）被中国证监会采取不得担任上市公司董事、监事、高级管理人员的市场禁入措施，期限尚未届满 （3）被证券交易所公开认定为不适合担任上市公司董事、监事、高级管理人员，期限尚未届满 （4）法律法规、证券交易所规定的其他情形	（1）最近36个月内受到中国证监会行政处罚 （2）最近36个月内受到证券交易所公开谴责或者3次以上通报批评 （3）因涉嫌犯罪被司法机关立案侦查或者涉嫌违法违规被中国证监会立案调查，尚未有明确结论意见 （4）存在重大失信等不良记录
深主板、创业板	（1）《公司法》规定不得担任董事、监事和高级管理人员的情形 （2）被中国证监会采取不得担任上市公司董事、监事和高级管理人员的市场禁入措施，期限尚未届满 （3）被证券交易所公开认定为不适合担任上市公司董事、监事和高级管理人员，期限尚未届满 （4）法律法规、证券交易所规定的其他情形	（1）最近三十六个月内受到中国证监会行政处罚 （2）最近三十六个月内受到证券交易所公开谴责或者三次以上通报批评 （3）因涉嫌犯罪被司法机关立案侦查或者涉嫌违法违规被中国证监会立案调查，尚未有明确结论意见 （4）被中国证监会在证券期货市场违法失信信息公开查询平台公示或者被人民法院纳入失信被执行人名单

续表

板块	不得聘任	审慎聘任
科创板	(1) 根据《公司法》等法律法规及其他有关规定，不得担任董事、监事、高级管理人员的情形 (2) 被中国证监会采取不得担任上市公司董事、监事、高级管理人员的市场禁入措施，期限尚未届满 (3) 被证券交易场所公开认定为不适合担任上市公司董事、监事和高级管理人员，期限尚未届满 (4) 法律法规、本所规定的其他情形	(1) 最近三十六个月内受到中国证监会行政处罚 (2) 最近三十六个月内受到证券交易所公开谴责或者三次以上通报批评 (3) 因涉嫌犯罪被司法机关立案侦查或者涉嫌违法违规被中国证监会立案调查，尚未有明确结论意见 (4) 存在重大失信等不良记录
北交所	(1)《公司法》规定不得担任董事、监事和高级管理人员的情形 (2) 被中国证监会及其派出机构采取证券市场禁入措施或者认定为不适当人选，期限尚未届满 (3) 被证券交易所或者全国股转公司认定其不适合担任公司董事、监事、高级管理人员，期限尚未届满 (4) 中国证监会和证券交易所规定的其他情形	(1) 最近三年内受到中国证监会及其派出机构行政处罚 (2) 最近三年内受到证券交易所或者全国股转公司公开谴责或者三次以上通报批评 (3) 因涉嫌犯罪被司法机关立案侦查或者涉嫌违法违规被中国证监会及其派出机构立案调查，尚未有明确结论意见

其中，“市场禁入”的对象是指违反法律、行政法规或者中国证监会有关规定，情节严重的，被中国证监会采取证券市场禁入的人员。2021 年修订的《证券市场禁入规定》第四条规定：“采取的市场禁入种类包括：(一) 不得从事证券业务、证券服务业务，不得担任证券发行人的董事、监事、高级管理人员；(二) 不得在证券交易场所交易证券。”根据《证券市场禁入规定》第七条的规定，市场禁入的期限最少是三年，最长可以是终身禁入。

另外，“失信被执行人”指的是根据《最高人民法院关于公布失信被执行人名单信息的若干规定》，被执行人未履行法律规定义务，且具有下列情形之一的，人民法院应当将其纳入失信被执行人名单，依法对其进行信用惩戒：有履行能力而拒不履行生效法律文书确定义务的；以伪造证据、暴力、威胁等方法妨碍、抗拒执行的；以虚假诉讼、虚假仲裁或者以隐匿、转移财产等方法规避执行的；违反财产报告制度的；违反限制消费令的；无正当理由拒不履行执行和解协议的。若失信被执行人是所负数额较大的债务到期未清偿的人，根据《公司法》的规定，不能担任上市公司董事、监事、高级管理人员。其他情形被列为失信被执行人的，应按照《上市公司规范运作指引》列为“审慎聘任”范围。

（二）高级管理人员的任免

优秀的高级管理人员能够为企业带来大量的利润和广阔的发展前景，聘请高级管理人员是公司的重要决策，高级管理人员的聘任是公司治理的一个重要组成部分。高级管理人员的聘任分为两种渠道：提拔内部经理人，又称内部聘任；引进外部经理人，又称外部聘任。

1. 聘任流程

新《公司法》第一百二十六条规定：“公司董事会决定聘任或者解聘公司经理及其报酬事项，并根据经理的提名决定聘任或者解聘公司副经理、财务负责人及其报酬事项。”《公司法》中对高级管理人员任期无要求，一般遵循董事任期的要求，每届任期不得超过三年，可连选连任。

上市公司的高级管理人员聘任流程大多在其公司章程中明确，一般来说，当企业高级管理人员中出现需要填补的岗位，即建立相应的选聘工作委员会或选聘工作小组。选聘工作小组通过内部推荐和外部引进的方法，选定公司需要招聘岗位的高级管理人员人选，然后按照相应任职条件对公司人选进行考察。

确定候选人后，进入聘用程序，第一步是资格初审。企业高级管理人员聘用前，会由董事会薪酬与考核委员会以及选聘工作委员会对候选人进行审查，通过面谈等方式鉴定评价相关人员，可以初步了解其语言表达能力、逻辑思维能力以及知识的广度和对问题认识的深度，从而形成初步印象。

第二步是进行工作考核，经过初步审查确认后的候选人，外部引进的高级管理人员候选人，原则上应该经过三个月的公司工作考察后才能正式聘用；内部推荐的高级管理人员候选人可以根据具体情况适当调整工作考察期。考察期满后，由董事会薪酬与考核委员会、选聘工作委员会、总裁以及相关人员对考察对象进行综合评价，评价合格后方可进行提名。

第三步是根据公司章程规定的提名程序、按规则进行披露。具体包括：通知召开董事会薪酬与考核委员会会议，审议新任高级管理人员提名；形成书面材料，提交给董事会进行审议并披露；新任高级管理人员签署声明文件，公司证券部向证券交易所报送相关资料。其中，北交所是通过专用系统报送。

2. 解聘流程

企业决定解聘公司高级管理人员，应该首先解除企业和高级管理人的委任关系，根据《公司法》的规定，依法由董事会作出解聘决议。

其次，作出董事会解聘决议的同时，应根据《劳动法》规定解除企业和高级管理人的劳动关系并终止劳动合同，如此才算是正式完成了高级管理人的解聘流程。如果只解聘其高级管理人的职务，其仍在公司工作的，公司还需与其签署相应的劳动合同。

企业与高级管理人员依法解除劳动关系，应对《公司法》和《劳动法》规定的不同权利义务分别予以确认结清，以防止操作不当被认定为违法解除劳动关系。

（三）董事会秘书的任职资格及任免

1. 董事会秘书的任职资格

董事会秘书的任职资格与前文所述高级管理人员的任职资格大体一致。另外，董事会秘书还应当具备履行其职责所必需的财务、管理、法律专业知识，具有良好的职业道德和个人品德。沪深交易所还要求取得董事会秘书资格证书或董事会秘书培训证明，但目前北交所没有要求任职董事会秘书需持有董事会秘书资格证书或董事会秘书培训证明。

如果董事会秘书存在下列任一情形，将不得担任公司的董事会秘书：

（1）不得担任公司的董事、监事、高级管理人员的任一情形（见本章第一节中“高级管理人员的任职资格”的相关内容）；

（2）本公司现任监事；

（3）未取得证券交易所颁发的董事会秘书资格证书或董事会秘书培训证明（北交所除外）；

（4）最近三年内受到中国证监会的行政处罚；

（5）最近三年内受到证券交易所公开谴责或者三次以上通报批评；

（6）证券交易所认定不适合担任董事会秘书的其他情形。

针对“（3）未取得证券交易所颁发的董事会秘书资格证书或董事会秘书培训证明”的情形，根据上交所和深交所的要求，上市公司聘任的董事会秘书或证券事务代表，都应取得证券交易所颁发的“董事会秘书资格证书或董事会秘书培训证明”。

实践中也有关于上市公司董事会秘书候选人暂未取得董事会秘书资格的案例。

[案例6－3]

2017年1月，J股份有限公司决定聘请汪某为公司的董事会秘书，且保持其原来作为公司财务负责人的岗位。因为汪某尚未取得董事会秘书资格证书，所以，汪某先代行公司董事会秘书的职责，代行时间不超过三个月，待其取得上交所颁发的董事会秘书资格证书后，正式履行公司董事会秘书职责。

[案例6－4]

2021年4月，R股份有限公司聘任黄某为公司董事会秘书，因黄某尚未取得科创板董事会秘书资格证书，在黄某取得科创板董事会秘书资格证书之前，仍由董事长马某代行董事会秘书职责。

在目前的实操中，除了科创板外，其他沪深板块的董事会秘书资格证书或董事会秘书培训证明是通用的。根据法规要求，在未取得董事会秘书资格证书或董事会秘书培训证明之前或董事会秘书空缺期间，董事会应当及时指定一名董事或者高级管理人员代行董事会秘书职责，代行时间不超过三个月；空缺时间超过三个月的，董事长应当代行董事会秘书职责。

2. 董事会秘书的任免

（1）董事会秘书的聘任。董事会秘书聘任程序与前文所述高级管理人员聘任程序大致相同。值得关注的是，上市公司应当在首次公开发行的股票上市后三个月以内，或者原任董事会秘书离职后三个月内聘任已获得董事会秘书资格证书或董事会秘书培训证明的董事会秘书。在董事会正式聘任董事会秘书后，上市公司应当及时公告。另外，沪深交易所还规定公司董事会应当聘任取得董事会秘书资格证书或董事会秘书培训证明的证券事务代表协助董事会秘书履行职责，但北交所并未作出此要求。

（2）董事会秘书的解聘。公司解聘董事会秘书应当具有充分理由，不得无故将其解聘。董事会秘书如有下列情形之一，上市公司应当自相关事实发生之日起一个月内将其解聘：

①具有董事会秘书任职资格中要求不得担任董事会秘书的任何一种情形；

②连续三个月以上不能履行职责的；

③在履行职责时出现重大错误或者疏漏，给公司或者股东造成重大损失的；

④科创板公司，连续三年未参加董事会秘书后续培训的；

⑤违反法律法规、证券交易所相关规定或者公司章程的规定，给公司或者股东造成重大损失的。

科创板、创业板上市公司，被解聘或辞职的董事会秘书，在离职之前，还应接受公司董事会和监事会的离任审查，并在公司监事会的监督下，将有关档案材料、尚未了结的事务、遗留问题，完整移交给继任的董事会秘书。而公司解聘董事会秘书或董事会秘书自愿辞职时，应当及时向证券交易所报告，说明原因并公告。董事会秘书认为受到公司的不当解聘时，有权向证券交易所提交个人陈述报告，说明被公司不当解聘或辞职等相关事项。

（四）财务总监的任职资格及任免

上市公司的财务总监由董事会决定聘任或者解聘，聘任程序以及任职资格参考《公司法》中高级管理人员聘任及任职资格的相关要求。另外，财务总监的任职资格需满足《会计法》中的相关规定，企业所聘任的财务总监应当具备从事会计工作所需要的专业能力，应当具备会计师以上专业技术职务资格或者从事会计工作三年以上。

同时，除新《公司法》第一百七十八条所规定的不得担任上市公司董事、监事、高级管理人员的情形之外，根据《会计法》，提供虚假财务会计报告，做假账，隐匿或者故意销毁会计凭证、会计账簿、财务会计报告，贪污，挪用公款，职务侵占等与会计职务有关的违法行为被依法追究刑事责任的，不得再从事会计工作，也不得再担任上市公司财务总监。

三、高级管理人员的勤勉尽责义务

（一）勤勉尽责义务的含义

1. 勤勉尽责义务的起源

“勤勉尽责”义务最早源于罗马法的“善良家父的勤谨注意”。罗马法中的“勤谨注意”具有丰富的内涵，早期应用于君主，后来随着发展被应用到日常生活和法律应用中。“善良家父的勤谨注意”并非苛刻地要求人们的行为完美无缺，不能犯一点错误，也不是对不作为的放任，而是要求一个理性人在处理事务时具有应有的“谨慎注意，遵循善意”的原则，小心谨慎地做出得当行为。

2. 国外勤勉尽责义务概况

随着社会发展，“勤谨注意”这一定义被广泛应用在公司董事及高级管理人员中，成为许多国家公司法中一个重要评判标准。在全世界范围内，勤勉尽责义务制度以下面几个国家为代表。

（1）法国对董事的勤勉义务要求类似罗马法的“善良家父的勤谨注

意”标准，对董事的过失进行判断时，会将同种场景下拥有同样能力与技能的理性人的行为作为客观评定标准。

（2）日本使用的是“善良管理人注意”标准。日本的公司法中有董事等高级管理人员之间的关系应遵从有关委任的规定。日本的民法典也规定受任人应对公司负有善良管理者的勤勉义务。

（3）美国的职业行为准则提出的是“应有谨慎”。为了促进董事积极地对公司日常事务作出决策，美国对勤勉义务进行了一定程度的放宽，要求公司董事以类似岗位的人在相似情况下“应尽的勤勉谨慎义务标准来执行事务”，当存在商业判断规则的例外时可免除责任。

国外学者认为各国公司法中对公司董事进行行为规范的“注意义务”是以道德作为根本约束的，当一个人在业务处理过程中存在有损他人利益的风险时，就应该遵循道德至上的原则，勤勉尽责地履行工作职责。对于判断公司董事在业务处理中是否履行了勤勉尽责义务，大部分都以客观的勤勉义务标准作为理论基础。但各个国家的情况存在差异，应该根据各国准则规范的标准来判断。

3. 国内勤勉尽责义务概况

勤勉尽责的字面意思即勤奋、尽职尽责、忠于职守、认真工作。我国《公司法》对于公司治理结构的相关规定借鉴了日本的运营模式，采用三角抗衡的结构，“三角”分别是股东会、董事会以及监事会。我国《公司法》同时吸收了英美法系国家对董事等公司高级管理人员的忠实义务和勤勉义务的要求。

随着我国现代公司的发展，董事会的权力日渐扩大，呈现出以“董事会中心主义”为主导的现状。鉴于高级管理人员和股东之间相互矛盾又统一的关系，为保护股东的利益，公司应对高级管理人员的权力加以制约。

对董事会高级管理人员的制约主要有以下三个方面：股东和股东会对高级管理人员的监督和权力制衡；通过设立监事会对高级管理人员的日常经营活动履行监督义务；通过《公司法》的规定，对高级管理人员的行为进行约束，高级管理人员应当履行勤勉尽责的义务。《公司法》对高级管理人员义务也进行了明确规定。

（二）《公司法》体现的勤勉尽责义务

新《公司法》第一百七十九条、一百八十条规定：“董事、监事、高级管理人员应当遵守法律、行政法规和公司章程”“董事、监事、高级管理人员对公司负有忠实义务，应当采取措施避免自身利益与公司利益冲突，不得利用职权牟取不正当利益”。参考法院在相关案例的判决文书中的阐述，“董事对公司负有勤勉尽责义务，其自身利益和公司利益发生冲突时，应当维护公司利益，不得利用董事的地位牺牲公司利益为自己或第三人牟利”。可以看出，勤勉尽责义务的核心在于，要求公司高级管理人员避免个人利益与公司利益的冲突，不得牺牲公司利益谋取私人利益。

新《公司法》第一百八十一条是对第一百七十九条、一百八十条中勤勉尽责义务的延伸，规定了公司高级管理人员不得从事违反勤勉尽责义务的行为。《公司法》第一百八十一条规定：“董事、高级管理人员不得有下列行为：（一）侵占公司财产、挪用公司资金；（二）将公司资金以其个人名义或者以其他个人名义开立账户存储；（三）利用职权贿赂或者收受其他非法收入；（四）接受他人与公司交易的佣金归为己有；（五）擅自披露公司秘密；（六）违反对公司忠实义务的其他行为。”

新《公司法》第一百八十三条规定：“董事、监事、高级管理人员，不得利用职务便利为自己或者他人谋取属于公司的商业机会。但是，有下列情形之一的除外：（一）向董事会或者股东会报告，并按照公司章程的规定经董事会或者股东会决议通过；（二）根据法律、行政法规或者公司章程的规定，公司不能利用该商业机会。”

其中，第一百八十三条所指的商业机会，指的是赢得客户的认同以及获取商业利润的机会。牢牢把握商业机会对企业的发展尤为重要，可以帮助企业在激烈竞争的环境下赢得更多的现金流，提高核心竞争力。高级管理人员自营或者为他人经营与所任职公司同类的业务，会使谋取本公司商业机会的道德风险大大增加，给公司的利益造成损害。因此，高级管理人员从事此类业务应该获得董事会或者股东会同意，否则属于违反勤勉尽责的义务。

新《公司法》第一百八十条，还明确了事实董事（高管）的忠实勤勉责任，要求公司的控股股东、实际控制人不担任公司董事但实际执行公司事务的，也应当对公司负有勤勉尽责义务，为公司的最大利益尽到管理者通常应有的合理注意。

新《公司法》第一百九十二条还规定，公司的控股股东、实际控制人指示董事、高级管理人员从事损害公司或者股东利益的行为的，与该董事、高级管理人员承担连带责任。实践中经常存在公司的控股股东虽然不在公司担任职务，但通过委派董事（高管）而实际控制公司的经营活动，最终却不用承担董事（高管）的岗位责任的情况。此次修订，有利于增强此类"关键少数"的责任意识，进一步规范股东行使权力的行为、填补完善影子董事（高管）的责任体系。

（三）违反勤勉尽责义务的案例

实践中，上市公司高级管理人员违反勤勉尽责义务有以下几个典型案例。

1. 侵夺公司商业机会

[案例6－5]

宋某被X公司聘任为总经理，X公司的主要经营范围为加工销售香肠类制品，由宋某全权负责。在宋某任职期间，与其父亲老宋某及樊某共同设立了S公司，S公司的经营范围包含销售香肠、火腿类制品，且S公司在其一号店网店大量销售X公司生产的香肠类制品，S公司的一号店在销售过程中存在实际获利行为。S公司的另一股东樊某同时作为M公司的法定代表人，M公司在宋某任职X公司总经理期间受托为X公司申请香肠品牌商标注册，但是M公司在香肠品牌商标申请成功后将其占为己有，对X公司造成了经济损失，而宋某并未对M公司该行为提出任何异议或采取任何实际措施。法院基于以上证据，结合一般商事规律、大众认知可以推定宋某利用职务便利为自己及S公司谋取私利，损害了X公司的利益，侵夺X公司商业机会，违反了《公司法》要求的勤勉尽责义务，需要承担相应的赔偿责任。

2. 对信息披露违法负有责任

[案例6-6]

H公司在2017年至2019年存在未按规定及时披露关联方非经营性资金占用、违规担保情况；在2017年至2019年未披露违规使用募集资金情况，中国证监会决定对H公司责令改正，给予警告，并处以60万元罚款；对19名相关责任人员分别给予警告，并分别相应罚款。此外，中国证监会决定对公司实际控制人采取终身证券市场禁入；对时任董事长采取10年证券市场禁入。值得注意的是，H公司被处罚的高级管理人员中有12位提出了申辩意见。对于高级管理人员的申辩，证监局认为：

第一，董事、监事、高级管理人员对公司负有忠实义务和勤勉义务，高级管理人员应当具备履职所需的专业知识，主动了解公司情况，并基于自身的独立判断履行职责，不知情、未参与、不分管、任职时间短、多次提出离职、信赖中介机构意见等均不构成免责事由。

第二，H公司涉及多项信息披露违法行为，持续时间长、涉及金额大。陈某作为董事长、总经理，虽未积极筹划推动，但知悉、同意并放任违法行为的持续发生，对H公司上述违法行为负有主要责任。张某任总经理后主持全面工作并作为主管会计工作负责人在定期报告上签字。

上述案例中部分高级管理人员就是否履行了勤勉尽责义务提出申辩，但是以过往数据来看，被采纳的情况并不多，此案例中高级管理人员提出的申辩意见中“不知情、未参与、任职时间短、信赖中介机构意见”等，是较为常见的申辩意见，但是缺乏说服力。在上市公司日常管理中，高级管理人员应该主动询问、积极履职，关注企业的日常经营，而不可盲目听信上级或其他三方的意见。

3. 视同高级管理人员

[案例6-7]

S公司虚假记载，非名义高级管理人视同高级管理人员受到处罚案例。

首先S公司虚增了主营收入。2014年至2016年，S公司通过虚构种子销售业务分别虚增主营业务收入5405.77万元、2223.6万元、751.4万元。

其次S公司虚构了品种权转让。2015年S公司通过实施无商业实质的品种权转让业务虚增利润2515万元。而证监局查明，上述业务为无商业实质的交易，交易资金均由S公司内部人员安排筹措，经S公司工作人员个人银行账户多次划转后转入其他公司账户，最终以购买品种权的名义转入S公司银行账户。

行政处罚决定书显示，义某时任总经理特别助理，虽未担任S公司董监高职务，但承担S公司部分日常开支管理、资金管理、资金调配等工作，实际履行了S公司高级管理人员职责。

这一案例值得注意之处在于，监管部门在认定个人是否应负责时，并不只看他是否有高管职务，而是看他是否履行了高管职责。案中的义某，岗位为总经理特别助理，但是却拥有实际高级管理人员的权力，因此，应等同高级管理人员受到相应的行政处罚。

在实践中，除了《公司法》明确规范的关于高级管理人员具有竞业禁止、侵夺公司商业机会，侵害公司合法权益的行为以外，如高级管理人员存在未仔细研究、审慎讨论即在违法违规的文件上签字；未尽合理的勤勉尽责义务，导致公司利益受损；应预见的风险而疏于防范，未尽到合理谨慎的注意；未依法制作、保管公司重要文件等行为，也属于违反勤勉尽责义务。

第二节　上市公司董事会秘书履职规范

一、董事会秘书的职责

董事会秘书作为公司的高级管理人员，由董事会聘任并对董事会负责。根据《公司法》和沪深北交易所股票上市规则等法律法规对董事会秘书职责内容的相关规定，董事会秘书的主要职责可以分为以下几个方面。

（一）信息披露

董事会秘书的信息披露职责包括：协调和组织本公司信息披露事项，包括组织制定信息披露事务管理制度、接待来访、答复咨询、联系股东，向投资者提供公司公开披露的资料，保障公司信息披露的及时性、合法性、真实性和完整性；列席涉及信息披露的有关会议；负责信息的保密工作，制定保密措施；内幕信息泄露时，及时采取补救措施加以解释和澄清，并报告证券交易所和中国证监会等。另外，公司有关部门应当向董事会秘书提供信息披露所需要的资料和信息。公司在作出重大决定之前，应当从信息披露角度征询董事会秘书的意见。

（二）投资者关系管理

董事会秘书需要协调公司与证券监管机构、股东及实际控制人、证券服务机构、媒体等之间的信息沟通，担当上市公司和投资者之间的沟通桥梁。另外，董事会秘书要关注媒体报道并主动求证真实情况，督促董事会及时回复证券交易所问询。

（三）股权事务管理

上市公司的股权事务管理由董事会秘书负责，包括：保管公司股东持股资料；办理公司限售股相关事项；督促公司董事、监事、高级管理人员及其他相关人员遵守公司股份买卖相关规定以及其他公司股权管理事项。

（四）协助公司治理

董事会秘书应协助上市公司董事会加强公司治理机制建设，包括：组织筹备上市公司董事会会议和股东会，参加董事会会议、监事会会议、股东会以及高级管理人员相关会议，并负责董事会会议记录工作并签字确认；建立健全上市公司内部控制制度；积极推动上市公司避免同业竞争，减少并规范关联交易事项；积极推动上市公司建立健全激励约束机制；积极推动上市公司承担社会责任等。

（五）资本运作

资本运作是董事会秘书的重要工作内容，包括股权激励、并购重组、再融资等。董事会秘书应协助上市公司董事会制定公司资本市场发展战略，协助筹划或者实施公司资本市场再融资或者并购重组事务。

（六）内幕信息知情人登记入档

上市公司董事会应当保证内幕信息知情人档案真实、准确和完整，董事长为主要责任人。董事会秘书负责办理上市公司内幕信息知情人的登记入档事宜。同时，应当及时更新内幕信息知情人档案信息，内幕信息知情人档案自记录（含更新）之日起至少保存十年。

二、董事会秘书履职案例

董事会秘书在公司信息披露和规范运作过程中扮演着不可或缺的角色，也因其特殊的工作职责需要承担一定的职业风险。下面是一些董事会秘书涉及违法违规的案例。

（一）信息披露违规案例

信息披露违法违规是董事会秘书在履职过程中最常出现的违规情形。2022 年，在董事会秘书受到行政处罚的案件中，因违反信息披露规定的案件数量占比 28.31%。董事会秘书信息披露违法违规行为主要有以下类型：

1. 误导性陈述

[案例 6－8]

Y 公司 2017 年至 2019 年所披露的销售收入中，将下游客户所生产销售的中间产品统计成自己的收入，其实际业务收入金额少于“关注函回复”披露金额，不能客观、准确、完整地反映公司业务的实际情况，夸大了公司该业务的收入、产量、销量和市场地位，存在很大的误导性，中国证监会于 2020 年 9 月对 Y 公司及其相关责任人作出行政处罚；对时任董事会秘书王某给予警告，并处以 15 万元罚款。

2. 重大遗漏

[案例6－9]

2018年12月，D公司召开总裁办公会，决定缩减芯片事业部规模，逐步关闭芯片厂。公司决定关停芯片工厂的决定将对公司的日常经营造成重要的影响，构成重大事件。D公司并没有就该事项发表任何临时公告，更没有在2018年年报中进行披露，从而造成了公司2018年年度报告中存在重大遗漏。2021年9月，证监局对时任D公司执行副总经理、董事会秘书涂某给予警告处罚，并处以20万元罚款。

（二）其他违规案例

除信息披露违规情形外，董事会秘书在履职过程中也可能出现内幕交易、操纵股价等违法违规行为。

1. 内幕交易

[案例6－10]

X公司内幕交易案中，在X公司2017年度利润分配及资本公积转增股本方案内幕信息公开前，时任董事会秘书高某使用李某、刘某名下证券账户合计买入386800股，内幕信息公开后卖出，获利132.06万元（已扣除交易税费）。2020年6月16日，中国证监会依法对相关责任人作出处罚，对时任董事会秘书高某采取7年证券市场禁入措施。

2. 操纵市场

[案例6－11]

M公司操纵市场案中，M公司实际控制人孟某为规避信托损失与担保责任，联合时任董事会秘书杨某利用信息发布的优势地位，通过操控信息发布节奏，让M公司股东胡某增持M公司的股票，操纵股价。2020年11月，中国证监会在“市场禁入决定书”中认定，在操纵M公司股价的过程中，杨某作为董事会秘书，负责具体事务的处理和联络协调各方关系，违法情节严重，对时任董事会秘书杨某采取三年证券市场禁入措施。

上市公司董事会秘书除因为个人专业能力导致的履职违法违规行为外，可能会因为个人利益作出违反职业道德以及职业操守的违法违规行为，还可能会因为董事会、股东以及实际控制人等上级领导的要求，作出违法违规的行为。无论何种原因，董事会秘书都应该遵守自己的职业道德以及职业操守，做到勤勉尽责，坚定立场。

三、单一身份与多重身份的董事会秘书

目前，市场上有很多上市公司的董事会秘书身兼数职，我国监管规则也允许董事会秘书由公司的董事、副总、财务负责人或者其他高级管理人员担任。

（一）单一身份的董事会秘书

单一身份的董事会秘书，顾名思义，就是职责较为单一的董事会秘书。从职业风险的角度来看，单一身份的董事会秘书只专职从事信息披露等事宜，并不需要对董事会会议决策效果、经理层经营绩效等承担责任。相对于多重身份的董事会秘书，单一身份的董事会秘书所需要承担的责任要小得多。但是在上市公司中，单一身份的董事会秘书没有足够的权力参与管理层的信息生产过程，其获取关于企业经营的信息可能不够及时或者有所遗漏，从而影响董事会秘书在进行信息披露工作时所披露信息的完整性和可靠性。此外，当单一身份的董事会秘书缺乏参与公司治理的实际权力时，在一些涉及公司信息披露违规的问题上，很难及时发现并提出异议，更无法履行对公司信息披露相关违法、违规行为的监督和举报职责。目前来说，相当部分单一身份的董事会秘书，发言权较小，难以有效而又独立地获取足够信息并开展工作。

（二）多重身份的董事会秘书

董事会秘书兼有其他高管的身份被称作多重身份的董事会秘书，多重身份的董事会秘书拥有多重身份，能够给董事会秘书带来更大的权力和更

高的地位。多重身份的董事会秘书通过多重职责获得了更多机会参与企业的日常经营活动及战略决策，获取的信息更及时准确，从而能够更好地履行信息披露义务。

1. 董事会秘书兼有董事身份

董事会秘书兼任董事时，具有高级管理人员和董事会成员双重身份。董事的身份使董事会秘书在公司中处于更高的地位，使其具有更大的信息获取权和决策权。

2. 董事会秘书兼有经理层身份

董事会秘书兼有经理层身份一方面能够通过信息获取权的提高，扩宽对经营管理层面相关信息的获取渠道；另一方面还能通过在企业日常经营管理过程中抑制经理层的道德风险行为，为公司披露的信息质量提供保障。

董事会秘书无论是兼有经理层身份还是董事身份都能对上市公司的信息披露质量产生积极的影响。但同时，因为兼具董事会秘书、高管或董事多重身份，其所需要承担的责任也大于其他身份类型的董事会秘书。若出现违法违规行为，多重身份的董事会秘书所受到的处罚可能会重于单一身份的董事会秘书。

四、董事会秘书空缺及代行要求

董事会秘书在上市公司中扮演着重要角色，如果董事会秘书长期空缺，将直接影响公司的信息披露工作。如果在年报期间董事会秘书岗位空缺，缺少了董事会秘书的统筹，可能会增加证券部门编制年报的困难，甚至还会影响信息披露评级。

（一）代行董事会秘书的时间规定

上一任董事会秘书离职，需要三个月内进行补选董事会秘书。在补选之前的空缺时间内，需要指定一名董事或者高级管理人员代行董事会秘书的职责。不同的板块对董事会秘书代行和空缺时间有不同的要求。

由表6-2可知，董事会秘书空缺期间超过三个月的，就需要由董事长或者法定代表人代行，直到聘任新的董事会秘书。沪深主板明确了在六个月内完成董事会秘书的聘任工作，其他板块规则未明确规定董事长/法定代表人代行董事会秘书职责的期限上限。但是，若公司长时间未聘任董事会秘书，证券交易所会特别关注，甚至对公司进行问询。

表6-2　　各板块代行董事会秘书的相关规则

相应板块	董事会秘书空缺期间		具体规则及出处
	三个月内	超过三个月	
沪深主板	指定一名董事或高级管理人员代行（指定代行董事会秘书职责的人员之前，董事长代行）	董事长代行	《深圳证券交易所股票上市规则（2023年8月修订）》4.4.6条和《上海证券交易所股票上市规则（2023年8月修订）》4.4.6条：上市公司董事会秘书空缺期间，董事会应当指定一名董事或者高级管理人员代行董事会秘书的职责并公告，同时尽快确定董事会秘书人选。公司指定代行董事会秘书职责的人员之前，由董事长代行董事会秘书职责。公司董事会秘书空缺时间超过三个月的，董事长应当代行董事会秘书职责，并在六个月内完成董事会秘书的聘任工作
创业板	指定一名董事或高级管理人员代行	董事长代行	《深圳证券交易所创业板股票上市规则（2023年8月修订）》4.2.10条：上市公司原则上应当在首次公开发行股票上市后三个月内或者原任董事会秘书离职后三个月内聘任董事会秘书。董事会秘书空缺期间，董事会应当指定一名董事或者高级管理人员代行董事会秘书的职责，空缺超过三个月的，董事长应当代行董事会秘书职责
科创板	指定一名董事或高级管理人员代行	公司法定代表人代行	《上海证券交易所科创板股票上市规则（2023年8月修订）》4.2.12条：董事会秘书空缺期间，上市公司应当及时指定一名董事或者高级管理人员代行董事会秘书职责。空缺超过三个月的，公司法定代表人应当代行董事会秘书职责
北交所	指定一名董事或高级管理人员代行	董事长代行	《北京证券交易所股票上市规则（试行）》4.2.26条：上市公司应当在原任董事会秘书离职三个月内聘任董事会秘书。董事会秘书空缺期间，董事会应当指定一名董事或者高级管理人员代行董事会秘书职责，并及时公告，同时向交易所报备。公司指定代行人员之前，由董事长代行董事会秘书职责

在董事会秘书空缺超过三个月的情况下，证券交易所关注或问询的问题主要包括以下几个方面：长期未聘任董事会秘书的原因、聘任进展的情况、预计完成聘任的时间；公司如何保障信息披露事务与投资者管理关系的质量以及公司三会运作和内部决策机制的有效运行；董事长或法定代表人长期代行董事会秘书职责是否能够勤勉尽责；拟提高公司信息披露质量的改进措施等。

（二）董事会秘书长期空缺的影响

董事会秘书对于上市公司有着不可或缺的作用，董事会秘书空缺可能会影响信息披露工作考核结果。《深圳证券交易所上市公司自律监管指引第11号——信息披露工作评价》第二十四条规定，在考核期内，董事会秘书空缺累计时间超过三个月，上市公司信息披露工作考核结果不得评为A；第二十五条规定，在考核期内，董事会秘书空缺累计时间超过六个月，上市公司信息披露工作考核结果评为C。目前，北交所无明确规定。

[案例6－12]

2019年6月，Z公司发布关于收到“行政处罚决定书”的公告。因为未在法定期限内披露2017年年度报告及2018年第一季度报告，公司时任董事、总经理、代行董事长、董事会秘书党某被中国证监会给予警告，并处以罚款。公司代行董事会秘书党某在听证和申辩意见中提出其身兼多职不是权力的集中而是无奈被委任。但中国证监会认为无奈兼任及代行职务也并非法定免责事由，其应对Z公司未按期披露定期报告事项承担责任。

由上述实践案例可知，代行职务并非免责事由，被指定人员代行相关职责时与正式人员一样需要承担相应的责任。代行董事长秘书的相关人员如果在处理信息披露业务时不符合规则要求，也要因此承担相应责任，面临监管处罚。

第三节　上市公司财务总监履职规范

一、财务总监的职责

在现代企业管理制度下，财务总监主要负责与财务有关的对外及对内政策，向董事会负责，在总经理的领导下开展日常工作，其主要职责分为以下几个方面：

（一）会计基础建设

会计基础建设是现代企业管理的基础，其中财务总监就承担着重要的统领责任，财务总监的主要工作内容有：

（1）贯彻执行国家财经方针、政策、法规，维护财经纪律，使本公司的财会工作更加规范化、科学化、现代化；

（2）负责建立和完善企业会计核算和财务管理体制，并根据企业的性质、类型、结构等，确定所采用的会计核算方法，实行完善的内部核算办法和控制制度；

（3）根据公司的财务制度审核业务资金运用、费用支出，并承担相应责任；

（4）加强公司的成本费用核算和管理工作，组织成本费用的预测、计划、控制、分析、监督、考核工作，负责增收节支，减少浪费，加强成本费用的日常管理工作，并组织进行经济活动分析，提出改进措施，促进经济效益提高；

（5）定期或不定期地将公司的财务状况分析报告提交给董事会（或由董事会指定的专门委员会指定的董事）和总经理，并提出相关的解决办法；

（6）按照公司章程的要求，及时完成公司财务报表的编制工作，确保其真实性和可信度。

（二）完善企业内控体系

随着公司经营活动中的职能交叉，财务总监参与管理的范围也会随之扩大。财务总监需要将公司战略和财务责任融为一体，并将其职责从财务管理与会计控制扩展到人力资源等方面，具有完善企业内部控制管理体系的职责。主要表现在以下几个方面：

（1）组织制定本企业财务管理、会计核算等规章制度，设计内部会计核算组织形式，建立健全内部控制体系；

（2）组织公司财务部门的业绩评价和管理绩效考核，就财务及所主管工作范围内相应的人员任免、机构变更等事项向总经理提出建议；

（3）以提高经济效益为中心，组织建立科学、完善的内部经济核算体系和经济责任制，利用各种信息对公司的经营活动进行指导、调节。

（三）管理和监督财务工作

财务总监的工作重点还需要对公司财务活动的事前、事中、事后进行管理和监督，其职责主要包括以下几点：

（1）负责公司预算、财务收支计划、信贷计划的制订与执行，实施全面预算管理；协助公司负责人制定和实施经营目标；

（2）组织在公司内部设立多层次的监督机制，对公司的经济活动全过程进行监督与控制。并对各子公司的财务运作和资金流动进行监督；

（3）负责公司资金的运作，组织资金的筹集、回收、使用、监督分析，并按照公司的经营目标编制财务预算；

（4）参与审批公司重大财务决策，包括审核公司财务预、决算方案；审核公司重大经营、投资、融资等项目以及资产重组和债务重组方案；参与拟订公司的利润分配方案和弥补亏损方案；

（5）组织公司及各子公司的财务报告审计工作；

（6）负责协调并保持与投资方、金融机构、工商税务等方面的沟通与联系。

财务总监不仅是公司的财务监督者，还必须具备综合的管理能力。财务总监对公司财务活动的合法性、真实性、有效性等进行监督的同时，还要负责财务计划、成本控制、会计核算、财务分析等具体组织管理工作。财务总监作为企业财务管理方面的最高组织指挥者，在董事会或总经理的授权下，全面负责企业财务方面的工作，在企业战略管理中发挥举足轻重的作用。

二、财务总监履职案例

上市公司董事、监事、高级管理人员和公司相关人员应当支持、配合董事会秘书在信息披露方面的工作。财务总监作为高级管理人员之一，不仅要对公司的经济活动如实记录，还要对公司起到监管作用。如果公司的财务总监不具备专业的职业技能和职业道德，很可能会导致公司会计信息资料失真，从而给管理和决策造成误导。中国证监会及其派出机构 2021 年作出的处罚案例中，有 49 家公司（包括上市公司、拟上市公司、非上市公司）共 65 名财务人员受到了行政处罚，其中，15 名财务人员被市场禁入。根据过往的行政处罚案例情况来看，财务总监比董事会秘书更容易受到处罚，且财务总监受到处罚的力度远大于董事会秘书。

（一）信息披露违法违规案例

信息披露，是指公司将与公司有关的资料，以招股说明书、募集说明书、上市公告书、定期报告、临时报告等方式，向投资者和公众披露的行为。上市公司在股票市场融资过程中，最基本的责任就是不断地向市场公开其运营情况和财务情况。上市公司和董事会应对信息的真实性、准确性、完整性作做出承诺，否则将因违法违规而受到惩处，其中财务总监承担了重要的责任。

1. 虚假记载

[案例 6 – 13]

K 公司年报存在虚假记载案例。K 公司虚增营业收入、利息收入、营业利润，虚增货币资金、固定资产、在建工程、投资性房地产，所披露的

2016 年到 2018 年年报存在虚假记载。庄某作为财务总监，在 2016 年到 2018 年年报上签字并声明，应当对 K 公司披露的定期报告存在虚假记载承担法律责任，是 K 公司信息披露违法行为的其他直接责任人员。中国证监会对财务总监庄某处以 25 万元的罚款并采取 10 年证券市场禁入措施。

财务造假是中国证监会监督管理工作的重点，它严重违反了信息披露规则，严重破坏了市场诚信基础。在涉及财务造假或会计处理不当的案例中，任何以董事、监事或高级管理人员（包括财务总监、董事会秘书）身份签署了定期报告的人员，除非能有充分的证据证明其在编制定期报告的过程中确实已经勤勉尽责，否则将难以免责。

2. 重大遗漏

[案例 6－14]

W 公司未按规定披露控股股东、实际控制人及其关联方非经营性占用资金案例。2017 年到 2019 年，W 公司或其子公司通过支付货款的方式将资金划转至 6 家中间方，通过中间方将资金划转至控股股东 W 集团。上述资金划拨不是基于真实业务发生的，构成控股股东的非经营性资金占用。该资金占用事项由财务总监宋某组织策划并向 W 公司下达指令，W 公司财务负责人张某具体组织实施，为违法行为直接负责的主管人员。证监局对宋某、张某予以警告处罚，并分别处以 30 万元罚款。非经营性占用资金属于重大事项，财务总监宋某未按规定披露相关情况，使企业信息披露过程中存在重大遗漏。

财务总监作为公司财务及资金管理的具体负责人，应当勤勉尽责地对公司日常经营及资金使用予以充分关注，关注公司是否存在被关联人或者潜在关联人挪用资金等侵占公司利益的情形，建立措施有效防范、纠正控股股东通过各种方式占用公司资金的违规行为，如发现异常情形，应当及时提请公司董事会采取相应措施并披露。

（二）其他违法违规案例

除信息披露违法违规之外，财务总监在履职过程中也可能出现其他违反职业操守以及法律法规的情况。

1. 利用他人账户短线交易、内幕交易

[案例6－15]

2017 年 5 月至 2019 年 8 月，原 J 公司的财务总监龙某通过他人证券账户频繁买卖 J 公司股票，前次买入或卖出与后继卖出或买入时间间隔不超过 6 个月，上述股票交易行为构成短线交易、内幕交易，违反了相关规定。深交所对龙某给予通报批评的处分；针对其内幕交易行为，没收违法所得 43.3 万元，并处以 43.3 万元罚款；针对其短线交易行为，给予警告，并处以 4 万元罚款。

短线交易，是指上市公司的董事、监事、高级管理人员及大股东，在法定期间内，对公司上市股票买入后再卖出或卖出后再买入，以谋取不正当利益的行为。上市公司财务总监因其所任职务的特殊性，直接影响公司内部重要的财务决策，知悉公司重大事项，因此，作为内幕信息的知情人，不得利用内部信息进行交易。

2. 未勤勉尽责

[案例6－16]

中国证监会 2021 年 10 月对 Y 公司发布行政处罚决定书，认定 Y 公司在 2016 年至 2019 年定期报告存在虚假记载、重大遗漏，对相关人员予以处罚。

万某先后担任 Y 公司副总经理兼财务总监、总经理。其陈述申辩意见主要如下：(1) 自 2017 年 10 月以后，其虽担任公司董事、总经理一职，但因需要照顾重病家人基本处于半休假状态，因客观原因无法正常履职；(2) 对虚构境内销售业务事项，其没有参与、配合相关事项，客观上也难以发现并掌握虚增收入的情况；(3) 对虚增境外销售收入及利润事项，其未配合实施相关事项，不完全知悉相关情况；(4) 对关联交易不知情，也难以发现。

中国证监会认为，根据相关会议纪要、电子邮件、绩效考核资料及相关人员陈述等证据，万某任总经理期间正常参与了公司的经营管理，了解公司真实生产经营情况，且万某作为时任财务总监、总经理，称对公司系统性财务造假、公司资金被违规划转以致长期巨额亏空等情况不知悉、难以发现，明显有违常理，对其申辩意见不予采纳。

时任财务总监周某陈述申辩意见主要如下：(1) 作为财务总监，其在组织会计核算和编制财务报告的过程中，并未配合实施相关虚增销售业务事项，也不知悉相关情况；(2) 积极参与公司自查工作并及时向公司汇报，促使公司将自查情况上报监管部门，并督促公司积极整改；(3) 一直勤勉尽责，案发后积极配合调查工作。

中国证监会认为，相关会议纪要、销售奖金发放等证据显示，周某知悉公司真实经营情况。同时，其作为财务总监且在证监局核查期间负责资金自查，了解公司真实资金状况。周某作为财务总监，对Y公司系统性财务造假负有直接的主管责任，中国证监会对其申辩意见不予采纳。最终证监会对万某给予警告处罚，并处以300万元的罚款；对周某给予警告处罚，并处以250万元的罚款。

在实践中，大多数申辩难以被采纳。尤其是涉及财务造假或会计处理不当的案例，财务总监如果签署了定期报告，除非能有充分证据表明其在定期报告的编制出具过程中确已勤勉尽责，否则基本难以免责。同时，未配合、不知悉、没参与、休假等，均不能作为免责理由。上市公司财务总监应主动并持续关注上市公司的生产经营情况、财务状况和已经发生或者可能发生的重大事件及其影响，主动调查、获取决策所需要的资料，积极问询，提出质疑，保证上市公司信息披露的真实、准确、完整、及时。在违规事件中，财务总监应在权限范围内充分履行勤勉尽责义务。例如，在违规行为涉及的相关决策中提出反对意见，采取书面函告等措施督促直接责任主体开展相关工作，尽到所应尽的注意义务。另外，发生违规事项后，应积极采取一些补救措施，尽量减小不利影响，并配合监管机构查清事实、落实责任。

三、财务总监空缺及代行要求

当上市公司财务总监离职，暂时没有新的财务总监任职的情况下，可以由他人代行财务总监职责，保障财务工作正常开展。在目前所发布的各规则中，没有明确说明必须要由谁代行财务总监职责。在企业实际操作中，董事长、副董事长、总经理、副总经理、董事会秘书、财务部门管理人员都有代行财务总监职责的情况。代行财务总监履职时，有以下几点需要特别注意：

（一）公司的财务独立性

如果代行人选是公司的控股股东、实际控制人指派的人选等，可能会影响上市公司的财务独立性，同时也可能会被交易问询。下面以实践案例为例进行讲述。

由于实际控制人代为执行财务总监职责，公司在治理结构上存在监管和控制上的缺陷，年审会计师对其内部控制的有效性出具了否定意见。后续证券交易所向公司下发问询函，相关问题及公司回复要点如下：

一是说明财务总监专门岗位人员长期空缺的原因，由董事长长期代行的原因及合理性。

回复要点：公司财务总监突然辞职，寻找与原财务总监各方面专业知识水平相当的人选确定难度很大，且公司薪酬水平不高，决定暂由董事长临时代行其职直至公司选聘新的财务总监。

二是说明财务总监选聘工作的进展情况（如有），同时明确最迟于何时聘任专职财务总监并解决上述内控缺陷相关问题。

回复要点：截至本报告回函日，公司尚未完成聘任专职财务总监事宜，承诺最迟于2021年第三季度完成聘任专职财务总监并解决公司内控制度缺陷相关问题。

三是说明公司是否已就实际控制人兼任财务总监的情形，采取充分有效的措施保证上市公司与控股股东在资产、财务等方面保持独立。

回复要点：虽然公司控股股东执行董事邱某在公司担任董事长并兼任

财务总监一职，但其未在上市公司及其股东单位领取任何报酬，公司完全可以保证上市公司与控股股东在资产、财务等方面保持独立性。

实践中，证券交易所关注或问询的问题主要包括以下几个方面：

（1）财务总监专门岗位人员长期空缺的原因、由实际控制人或股东长期代行的原因及合理性；

（2）截至回函日财务总监选聘工作的进展情况，同时要求公司明确最迟于何时聘任专职财务总监并解决内控缺陷相关问题；

（3）公司是否已就实际控制人兼任财务总监的情形，采取充分有效的措施保证上市公司与控股股东在资产、财务等方面保持独立。

（二）代行财务总监的时间

代行时间过长或者代行的时间段比较敏感（比如财务总监恰好在年报披露阶段离职等情形），都可能会引发监管机构的关注问询。

［案例6－17］

2022年2月，M公司发布《关于对深圳证券交易所关注函回函的公告》，深交所主要问题及公司回复要点如下：

请结合公司信息披露、财务报告数据质量，说明财务总监空缺是否会给公司2021年年报审计、信息披露工作造成不利影响，公司为保证公司治理及经营正常运作已采取及拟采取的措施。

后续补充聘任相关高级管理人员的具体安排及目前进展情况。

可见，证券交易所关注或问询的问题主要包括以下几个方面：说明财务总监空缺是否会给公司年报审计、信息披露工作造成不利影响；公司为保证公司治理及经营正常运作已采取及拟采取的措施；聘任财务总监的具体安排及目前进展情况。

（三）代行人员的财务背景

代行财务总监人员是否具有财务相关背景，也是证券交易所关注的一大要点。

[案例6－18]

2020年4月，Z公司发布《关于深圳证券交易所关注函回复的公告》，深交所主要问题及公司回复要点如下：

公司财务总监于2019年8月离职，离职后由董事会秘书代行财务总监职责至今，请说明财务总监离职以及至今未聘请新财务总监的原因，并结合董事会秘书履历说明其是否能够胜任财务总监职务。

回复要点：(1) 公司一直在寻找有经验、专业能力强的财务管理专业人士担任公司财务总监职务，但公司对任职人选有较高的专业要求，在聘任前需有严格的选聘程序，待履行完全考察程序后，公司将及时履行聘任程序；(2) 公司董事会秘书曾于2009年至2016年全面负责子公司财务管理工作，对公司业务模式等情况较为了解，有一定的财务管理经验，能够胜任财务总监职务。

财务总监作为上市公司的财务负责人，应具备相关的财务背景，代行财务总监人员如果没有相关的财务背景，将有可能会影响部分财务工作以及内部决策的专业性。总而言之，上市公司财务总监职位空缺期间，可由公司财务经理或有财务背景的高管主持财务工作，避免因专业能力不足导致的财务工作失误。另外，上市公司财务总监如果在年报披露之前离职，则应该设置专人与年审会计师事务所进行工作对接，确保及时提供相关资料，保证年审工作有序推进。

第七章　上市公司子公司

第一节　上市公司子公司规范管理

一、上市公司子公司定义

上市公司子公司，按上市公司拥有的控制权划分为控股子公司和参股公司。控股子公司，指上市公司能够控制或者实际控制的公司或者其他主体。此处“控制”的标准包括上市公司持有百分之五十以上的股份，或者能够决定董事会半数以上成员的当选，或者通过协议或其他安排能够达到实际控制的目的等。参股公司，指上市公司持有其股权但未能够控制的公司或者其他主体。上市公司子公司一般特指控股子公司。上市公司控股子公司及相关定义如表 7 – 1 所示。

表 7 – 1　　上市公司控股子公司及相关定义

上市板块	内容	依据
【沪主板】 【科创板】	上市公司控股子公司：指上市公司持有其百分之五十以上的股份，或者能够决定其董事会半数以上成员的当选，或者通过协议或其他安排能够实际控制的公司	《上海证券交易所股票上市规则（2023 年 8 月修订）》第 15.1 条 《上海证券交易所科创板股票上市规则（2023 年 8 月修订）》第 15.1 条

续表

上市板块	内容	依据
【深主板】	上市公司控股子公司：指上市公司能够控制或者实际控制的公司或者其他主体。此处控制，是指投资方拥有对被投资方的权力，通过参与被投资方的相关活动而享有可变回报，并且有能力运用对被投资方的权力影响其回报金额	《深圳证券交易所股票上市规则（2023 年 8 月修订）》第 15.1 条
【创业板】	控制：指有权决定一个企业的财务和经营政策，并能据以从该企业的经营活动中获取利益。有下列情形之一的，为拥有上市公司控制权： （1）为上市公司持股百分之五十以上的控股股东 （2）可以实际支配上市公司股份表决权超过百分之三十 （3）通过实际支配上市公司股份表决权能够决定公司董事会半数以上成员选任 （4）依其可实际支配的上市公司股份表决权足以对公司股东大会的决议产生重大影响 （5）中国证监会或者交易所认定的其他情形 上市公司控股子公司：指上市公司持有其百分之五十以上股份，或者能够决定其董事会半数以上成员组成，或者通过协议或者其他安排能够实际控制的公司	《深圳证券交易所创业板股票上市规则（2023 年 8 月修订）》第 13.1 条
【北交所】	控制，是指有权决定一个企业的财务和经营政策，并能据以从该公司的经营活动中获取利益。有下列情形之一的，为拥有上市公司控制权（有确凿证据表明其不能主导公司相关活动的除外）： （1）为上市公司持股百分之五十以上的控股股东 （2）可以实际支配上市公司股份表决权超过百分之三十 （3）通过实际支配上市公司股份表决权能够决定公司董事会半数以上成员选任 （4）依其可实际支配的上市公司股份表决权足以对公司股东大会的决议产生重大影响 （5）中国证监会或者交易所认定的其他情形 上市公司控股子公司，是指上市公司合并报表范围内的子公司，即持有其百分之五十以上股份，或者能够决定其董事会半数以上成员组成，或者通过协议或其他安排能够实际控制的公司	《北京证券交易所股票上市规则（试行）》第 12.1 条

二、子公司管理控制要求

上市公司应建立健全控股子公司的各项管理制度并有效实施，重点加强对控股子公司财务管理控制。上市公司应当建立健全独立的财务核算体系，具有规范的财务会计制度和对分公司、子公司的财务管理制度。上市公司内部审计部门应当履行相应职责。

上市公司子公司管理控制的监管部门规章、证券交易所业务规则主要如表7－2所示。

表7－2　　上市公司子公司的管理控制要求

序号	要点	主要内容	依据
1	建立子公司投资管控制度，关注子公司重要事项	企业拥有子公司的，应当建立科学的投资管控制度，通过合法有效的形式履行出资人职责，维护出资人权益，重点关注子公司特别是异地、境外子公司的发展战略及年度财务预决算、重大投融资、重大担保、大额资金使用、主要资产处置、重要人事任免、内部控制体系建设等重要事项	【财政部、证监会、审计署、银监会、保监会颁布】 《企业内部控制应用指引第1号——组织架构》《关于印发企业内部控制配套指引的通知》附件（财会〔2010〕11号　2010年4月15日实施）第十条
2	上市公司加强对控股子公司管理控制的重点内容	【沪主板、深主板、创业板】 （1）建立对各控股子公司的控制制度，明确向控股子公司委派的董事、监事及高级管理人员的选任方式和职责权限等 （2）根据上市公司的战略规划，协调控股子公司的经营策略和风险管理策略，督促控股子公司据以制订相关业务经营计划、风险管理程序和内部控制制度 （3）制定控股子公司的业绩考核与激励约束制度 （4）制定控股子公司重大事项的内部报告制度，及时向上市公司报告重大业务事件、重大财务事	《上海证券交易所上市公司自律监管指引第1号——规范运作（2023年12月修订）》第5.16条 《深圳证券交易所上市公司自律监管指引第1号——主板上市公司规范运作（2023年12月修订）》第5.17条

续表 1

序号	要点	主要内容	依据
2	上市公司加强对控股子公司管理控制的重点内容	件以及其他可能对上市公司股票及其衍生品种交易价格或者投资决策（创业板规定）产生较大影响的信息，并严格按照授权规定将重大事件报上市公司董事会审议或者股东大会审议 （5）要求控股子公司及时向上市公司董事会秘书报送其董事会决议、股东大会或股东会决议等重要文件 （6）定期取得并分析各控股子公司的季度或者月度报告，包括营运报告、产销量报表、资产负债表、利润表、现金流量表、向他人提供资金及对外担保报表等，并根据相关规定，委托会计师事务所审计控股子公司的财务报告 （7）对控股子公司内控制度的实施及其检查监督工作进行评价 上市公司存在多级下属企业的，应当对应建立和完善对各级下属企业的管理控制制度 上市公司对分公司和具有重大影响的参股公司的内控制度应当比照上述要求作出安排	《深圳证券交易所上市公司自律监管指引第 2 号——创业板上市公司规范运作（2023 年 12 月修订）》第 5.22 条
3	科创板上市公司对控股子公司的管理控制	【科创板】 上市公司应当注重对控股子公司的管理控制，制定关于控股子公司的控制政策和程序，督促其规范运行 上市公司存在多级下属企业的，应当建立和完善对各级下属企业的管理控制制度	《上海证券交易所科创板上市公司自律监管指引第 1 号——规范运作（2023 年 12 月修订）》第 3.5.3 条
4	北交所上市公司对控股子公司的管理控制	【北交所】 上市公司应当建立健全内部控制制度，公司董事会负责内部控制制度的有效实施 上市公司应当加强对控股子公司的管理控制，制定对控股子公司的控制政策及程序，并督促其充分结合自身业务特征等因素建立内部控制制度	《北交所上市规则（2023 年 8 月修订）》第 4.1.24 条

续表2

序号	要点	主要内容	依据
5	上市公司内部审计部门应当履行的主要职责	【沪主板、科创板、深主板、创业板】 （1）对上市公司各内部机构、控股子公司以及对上市公司具有重大影响的参股公司的内部控制制度的完整性、合理性及其实施的有效性进行检查和评估 （2）对上市公司各内部机构、控股子公司以及对上市公司具有重大影响的参股公司的会计资料及其他有关经济资料，以及所反映的财务收支及有关经济活动的合法性、合规性、真实性和完整性进行审计，包括但不限于财务报告、业绩预告、业绩快报、自愿披露的预测性财务信息等 （3）协助建立健全反舞弊机制，确定反舞弊的重点领域、关键环节和主要内容，并在内部审计过程中关注和检查可能存在的舞弊行为 （4）至少每季度向董事会（深主板规定）或者审计委员会报告一次，内容包括但不限于内部审计计划的执行情况以及内部审计工作中发现的问题	《上海证券交易所上市公司自律监管指引第1号——规范运作（2023年12月修订)》第5.9条 《上海证券交易所科创板上市公司自律监管指引第1号——规范运作（2023年12月修订)》第3.5.5条 《深圳证券交易所上市公司自律监管指引第1号——主板上市公司规范运作（2023年12月修订)》第5.9条 《深圳证券交易所上市公司自律监管指引第2号——创业板上市公司规范运作（2023年12月修订)》第5.15条

三、子公司信息披露要求

上市公司对其控股子公司发生相关规定的重大事件，可能对上市公司证券及其衍生品种交易价格产生较大影响的，应履行信息披露义务。上市公司应制定涉及子公司的《信息披露事务管理和报告制度》、涉及控股子公司内幕信息管理内容的《内幕信息知情人登记管理制度》。上市公司应披露其控股子公司、参股公司经营情况、子公司取得和处置、员工及破产等情况。

上市公司子公司信息披露的监管部门规章、证券交易所业务规则主要如表7-3所示。

表7－3　　上市公司子公司的信息披露要求

序号	要点	主要内容	依据
1	上市公司对其控股子公司、参股公司履行信息披露义务的情形	上市公司控股子公司发生《上市公司信息披露管理办法（2021年修订）》第二十二条规定的重大事件，可能对上市公司证券及其衍生品种交易价格产生较大影响的，上市公司应当履行信息披露义务 上市公司参股公司发生可能对上市公司证券及其衍生品种交易价格产生较大影响的事件的，上市公司应当履行信息披露义务	《上市公司信息披露管理办法（2021年修订）》（证监会令第182号）第二十六条
2	上市公司应当制定涉及子公司的信息披露事务管理和报告制度	上市公司应当制定信息披露事务管理制度。信息披露事务管理制度应当包括涉及子公司的信息披露事务管理和报告制度 上市公司信息披露事务管理制度应当经公司董事会审议通过，报注册地证监局和证券交易所备案	《上市公司信息披露管理办法（2021年修订）》第三十条
3	控股子公司的信息披露事务管理和报告制度的具体要求	【深主板】 上市公司应当在信息披露事务管理制度中明确规定对各部门及分公司、控股子公司的信息披露事务管理和报告制度，明确各部门及分公司、控股子公司重大信息的范围和报告流程 【沪主板】 上市公司信息披露事务管理制度应当明确对控股子公司的信息披露事务管理和报告制度，明确建立控股子公司的定期报告制度、重大信息的临时报告制度以及重大信息的报告流程，明确控股子公司应当报告上市公司的重大信息范围，确保控股子公司发生的应予披露的重大信息及时上报给上市公司信息披露事务管理部门或者董事会秘书 【深主板、沪主板】 上市公司应当要求控股子公司参照上市公司规定建立信息披露事务管理制度 上市公司各部门及分公司、控股子公司的负责人是该单位向上市公司报告信息的第一责任人，应当督促该单位严格执行信息披露事务管理和报告制度，确保应予披露的重大信息及时上报给上市公司信息披露事务管理部门或者董事会秘书	《深圳证券交易所上市公司自律监管指引第5号——信息披露事务管理（2022年修订）》第九条、第十八条 《上海证券交易所上市公司自律监管指引第2号——信息披露事务管理（2022年修订）》第十六条

续表 1

序号	要点	主要内容	依据
4	上市公司内幕信息知情人登记管理制度应当包括对控股子公司内幕信息管理的内容	上市公司内幕信息知情人登记管理制度应当包括对公司下属各部门、分公司、控股子公司及上市公司能够对其实施重大影响的参股公司的内幕信息管理的内容，明确上述主体的内部报告义务、报告程序和有关人员的信息披露职责 内幕信息知情人登记管理制度应当明确内幕信息知情人的保密义务、违反保密规定的责任和通过签订保密协议、禁止内幕交易告知书等必要方式将上述事项告知有关人员等内容	《上市公司监管指引第 5 号——上市公司内幕信息知情人登记管理制度》（证监会公告〔2022〕17 号）第十一条 《深圳证券交易所上市公司自律监管指引第 5 号——信息披露事务管理（2022 年修订）》第三十四条 《上海证券交易所上市公司自律监管指引第 2 号——信息披露事务管理（2022 年修订）》第七条
5	上市公司应对主要控股子公司、参股公司进行经营情况及业绩分析	上市公司应当详细介绍主要子公司的主要业务、注册资本、总资产、净资产、净利润。如来源于单个子公司的净利润或单个参股公司的投资收益对公司净利润影响达到百分之十以上，还应当介绍该公司主营业务收入、主营业务利润等数据。若单个子公司或参股公司的经营业绩同比出现大幅波动，且对公司合并经营业绩造成重大影响，公司应当对其业绩波动情况及其变动原因进行分析 主要子公司或参股公司的经营情况的披露应当参照上市公司管理层讨论与分析的要求 对于与公司主业关联较小的子公司，应当披露持有目的和未来经营计划；对本年度内投资收益占公司净利润比例达百分之五十以上的公司，应当披露投资收益中占比在百分之十以上的股权投资项目 若主要子公司或参股公司的经营业绩未出现大幅波动，但其资产规模、构成或其他主要财务指标出现显著变化，并可能在将来对公司业绩造成影响，也应当对变化情况和原因予以说明 【北交所】 对于参股公司应当重点披露其与公司所从事业务的关联性，并说明持有目的	《公开发行证券的公司信息披露内容与格式准则第 2 号——年度报告的内容与格式（2021 年修订）》（证监会公告〔2021〕15 号）第二十五条、第三十九条

续表2

序号	要点	主要内容	依据
5	披露对子公司的取得和处置情况	上市公司应详细介绍报告期取得和处置子公司的情况，包括取得和处置的方式及对公司整体生产经营和业绩的影响 上市公司应当披露报告期内对子公司的管理控制情况。报告期内因购买新增子公司的，上市公司应当详细说明在资产、人员、财务、机构、业务等方面的整合计划、整合进展、整合中遇到的问题、已采取的解决措施、解决进展以及后续解决计划 【北交所】 上市公司报告期取得和处置子公司导致合并范围变化的，应说明取得和处置的方式及对公司整体生产经营和业绩的影响	《公开发行证券的公司信息披露内容与格式准则第53号——北京证券交易所上市公司年度报告》（证监会公告〔2021〕33号）第二十二条
6	控股子公司员工情况的披露要求	上市公司应当披露母公司和主要子公司的员工情况，包括报告期末在职员工的数量、专业构成（如生产人员、销售人员、技术人员、财务人员、行政人员）、教育程度、员工薪酬政策、培训计划以及需公司承担费用的离退休职工人数 对于劳务外包数量较大的，公司应当披露劳务外包的工时总数和支付的报酬总额	《公开发行证券的公司信息披露内容与格式准则第2号——年度报告的内容与格式（2021年修订）》第三十五条
7	控股子公司或者参股公司破产的披露要求	【沪主板、深主板】 对上市公司经营具有重要影响的子公司或者参股公司发生破产事项，可能对上市公司股票及其衍生品种交易价格产生较大影响的，应当及时履行信息披露义务	《上海证券交易所股票上市规则（2023年8月修订）》第7.5.2条 《深圳证券交易所股票上市规则（2023年8月修订）》第7.5.2条

四、子公司分拆上市要求

2022年1月5日颁布实施的《上市公司分拆规则（试行）》（证监会公告〔2022〕5号）对上市公司子公司的分拆上市进行相关规定，包括上市公司分拆的含义、条件、不得分拆的情形（分上市公司及拟分拆子公司不得存在的两类情形）、分拆应说明并披露的事项、分拆的主要审议程序以及中介机构意见等具体要求，主要内容如表7－4所示：

表7－4　上市公司分拆的要求

序号	要点	主要内容	依据
1	上市公司分拆的含义	上市公司分拆，是指上市公司将部分业务或资产，以其直接或间接控制的子公司的形式，在境内或境外证券市场首次公开发行股票并上市或者实现重组上市的行为	《上市公司分拆规则（试行）》第二条
2	上市公司分拆的条件（同时满足）	（1）上市公司股票境内上市已满三年 （2）上市公司最近三个会计年度连续盈利 （3）上市公司最近三个会计年度扣除按权益享有的拟分拆所属子公司的净利润后，归属于上市公司股东的净利润累计不低于人民币六亿元（净利润以扣除非经常性损益前后孰低值为依据，下同） （4）上市公司最近一个会计年度合并报表中按权益享有的拟分拆所属子公司的净利润不得超过归属于上市公司股东的净利润的百分之五十；上市公司最近一个会计年度合并报表中按权益享有的拟分拆所属子公司的净资产不得超过归属于上市公司股东的净资产的百分之三十	《上市公司分拆规则（试行）》第三条

续表1

序号	要点	主要内容	依据
3	上市公司不得分拆的情形（上市公司不得存在下列情形之一）	（1）资金、资产被控股股东、实际控制人及其关联方占用或者上市公司权益被控股股东、实际控制人及其关联方严重损害 （2）上市公司或其控股股东、实际控制人最近三十六个月内受到过中国证监会的行政处罚 （3）上市公司或其控股股东、实际控制人最近十二个月内受到过证券交易所的公开谴责 （4）上市公司最近一年或一期财务会计报告被注册会计师出具保留意见、否定意见或者无法表示意见的审计报告 （5）上市公司董事、高级管理人员及其关联方持有拟分拆所属子公司股份，合计超过所属子公司分拆上市前总股本的百分之十，但董事、高级管理人员及其关联方通过该上市公司间接持有的除外	《上市公司分拆规则（试行）》第四条
4	上市公司不得分拆的情形（上市公司的拟分拆子公司不得存在下列情形之一）	（1）主要业务或资产是上市公司最近三个会计年度内发行股份及募集资金投向的，但子公司最近三个会计年度使用募集资金合计不超过子公司净资产百分之十的除外（募集资金投向包括上市公司向子公司出资或者提供借款，并以子公司实际收到募集资金作为判断标准。上市公司向子公司提供借款的，子公司使用募集资金金额，可以按照每笔借款使用时间长短加权平均计算） （2）主要业务或资产是上市公司最近三个会计年度内通过重大资产重组购买的 （3）主要业务或资产是上市公司首次公开发行股票并上市时的主要业务或资产 （4）主要从事金融业务的 （5）子公司董事、高级管理人员及其关联方持有拟分拆子公司股份，合计超过该子公司分拆上市前总股本的百分之三十，但董事、高级管理人员及其关联方通过该上市公司间接持有的除外	《上市公司分拆规则（试行）》第五条

续表 2

序号	要点	主要内容	依据
5	上市公司分拆应当充分说明并披露的事项	（1）有利于上市公司突出主业、增强独立性 （2）本次分拆后，上市公司与拟分拆子公司均符合中国证监会、证券交易所关于同业竞争、关联交易的监管要求；分拆到境外上市的，上市公司与拟分拆子公司不存在同业竞争 （3）本次分拆后，上市公司与拟分拆子公司的资产、财务、机构方面相互独立，高级管理人员、财务人员不存在交叉任职 （4）本次分拆后，上市公司与拟分拆子公司在独立性方面不存在其他严重缺陷	《上市公司分拆规则（试行）》第六条
6	上市公司分拆的主要审议程序	上市公司分拆，应当由董事会依法作出决议，并提交股东大会批准 上市公司股东大会就分拆事项作出决议，必须经出席会议的股东所持表决权的三分之二以上通过，且须经出席会议的中小股东所持表决权的三分之二以上通过 上市公司董事、高级管理人员在拟分拆子公司安排持股计划的，该事项应当由独立董事发表独立意见，作为独立议案提交股东大会表决，并须经出席会议的中小股东所持表决权的半数以上通过	《上市公司分拆规则（试行）》第八条、第九条
7	上市公司分拆的中介机构意见	上市公司分拆的，应当聘请符合《证券法》规定的独立财务顾问、律师事务所、会计师事务所等证券服务机构就分拆事项出具意见 独立财务顾问应当具有保荐业务资格，就上市公司分拆是否符合《上市公司分拆规则（试行）》、上市公司披露的相关信息是否存在虚假记载、误导性陈述或者重大遗漏等，进行尽职调查、审慎核查，出具核查意见，并予以公告	《上市公司分拆规则（试行）》第十条

五、子公司尽职调查要求

在证券市场首次公开发行股票成为上市公司，以及上市公司进行再融资、重大资产重组等业务时，均要求保荐机构（保荐人）对（拟）上市公司的控股子公司和重要参股公司开展尽职调查，将（拟）上市公司存续或报告期内注销及转让的控股子公司和重要参股公司纳入核查范围，了解控股子公司和重要参股公司的基本情况、设立及存续是否合法合规、注销及转让的原因及合理性、主要合作方情况、对控股子公司的有效管控情况、财务情况、分红政策及其影响因素等。

关于对（拟）上市公司子公司尽职调查的监管规范主要如表 7－5 所示。

表 7－5　　上市公司子公司的尽职调查要求

序号	要点	主要内容	依据
1	调查控股子公司和重要参股公司的设立及存续、注销及转让等情况	（1）通过调阅各控股子公司、重要参股公司的工商登记资料、内部审批决策文件，访谈相关人员等，核查设立各控股子公司、重要参股公司的商业合理性，各子公司之间的业务关系、发展定位、与发行人主营业务的对应关系，各子公司企业所得税税率是否存在差异，结合各子公司之间的关联交易情况，分析转移定价价格是否公允，是否存在通过子公司之间不公允交易定价规避税负的情况 （2）通过调阅各控股子公司、重要参股公司的工商登记资料、内部审批决策文件、合规证明，访谈相关人员等，核查注销或转让控股子公司、重要参股公司的原因，相关方是否存在违法违规行为，是否构成控股股东、实际控制人的重大违法行为，是否影响发行人董事、高级管理人员的任职资格；已注销控股子公司、重要参股公司的注销程序是否合规；已注销企业注销后资产、人员去向；已转让企业股权受让方的基本情况、转让是否真实、转让价格是否公允、与发行人或发行人的主要客户及供应商是否存在可能导致利益输送的特殊关系 （3）核查境外子公司设立是否履行了境内相关审批程序，设立及运营是否符合当地法律法规；利润分配是否受当地法律法规限制 （4）获取发行人存续及报告期内注销的控股子公司及重要参股公司最近三年及一期的审计报告或财务报表等资料，了解相关主体的财务状况	《证券业务示范实践第 3 号——保荐人尽职调查》（中证协发〔2022〕166 号）第 4.5.7 条

续表1

序号	要点	主要内容	依据
1	调查控股子公司和重要参股公司的设立及存续、注销及转让等情况	取得发行人存续或报告期内注销及转让的控股子公司和重要参股公司的历年市场主体登记资料、最近三年及一期的审计报告或财务报表等资料，调查发行人对其控股子公司的管理控制状况，了解相关主体的成立时间、注册资本、实收资本、注册地和主要生产经营地、股东构成及控制情况、主营业务及其在发行人业务板块中定位、与发行人主营业务的关系、财务状况等	《保荐人尽职调查工作准则（2022年修订）》（证监会公告〔2022〕36号）第十四条
2	调查控股子公司和重要参股公司的主要合作方情况	通过取得发行人控股子公司、重要参股公司的主要合作方相关资料、网络查询等方式了解其基本情况，可以对主要合作方进行访谈，了解合作原因、合作情况、关联关系等 发行人如存在与其控股股东、实际控制人、董事、监事、高级管理人员及其亲属直接或者间接共同设立公司情形，还应了解发行人与上述主体共同设立公司的背景、原因和必要性，发行人出资是否合法合规、出资价格是否公允；如发行人与共同设立的公司存在业务或资金往来的，还应了解关联交易的真实性、合法性、必要性、合理性及公允性；如公司共同投资方为董事、高级管理人员及其近亲属，还应了解是否符合《公司法》相关规定	《证券业务示范实践第3号——保荐人尽职调查》（中证协发〔2022〕166号）第4.5.7条
		核查重要子公司少数股东与发行人是否存在其他利益关系	《保荐人尽职调查工作准则（2022年修订）》第七十条
3	调查对控股子公司有效管控情况	关注发行人与从外部并购的控股子公司是否存在业绩对赌及相关业绩承诺的实现情况，发行人能否对外部并购的子公司进行有效管控，控股子公司的内部控制是否健全，是否与母公司内部控制存在较大差异等，以防范子公司的舞弊风险	《证券业务示范实践第3号——保荐人尽职调查》（中证协发〔2022〕166号）第4.5.7条

续表2

序号	要点	主要内容	依据
4	调查控股子公司分红政策及其受影响情况	调查发行人所在行业的发展涉及的主要国家政策，包括财政、金融、税收、土地使用、产业政策、行业管理、环境保护等，调查发行人主要产品和业务涉及的主要国际贸易条件和政策，调查主要境外子公司的分红政策，分析国内和国际政策环境的变化情况，评价其对发行人所处行业是否有重大影响	《保荐人尽职调查工作准则（2022年修订）》第九条
		发行人为控股型公司的，应当核查主要控股子公司的章程和财务管理制度中利润分配条款内容，以及能否有效保证发行人未来具备现金分红能力；发行人利润分配能力是否受外汇管制、注册地法规政策要求、债务合同约束、盈利水平、期末未弥补亏损等方面限制，相关因素对利润分配的具体影响、解决或改善措施	《保荐人尽职调查工作准则（2022年修订）》第七十一条
		对于发行人母公司报表未分配利润为负、不具备现金分红能力，但合并报表未分配利润为大额正数的，发行人应说明公司及子公司章程中与分红相关的条款内容、子公司未向母公司分红的原因及合理性，以及子公司未来有无向母公司分红的具体计划	《监管规则适用指引——发行类第7号》第7-2条
5	获取财务报告及相关财务资料	对纳入合并范围的重要控股子公司的财务状况应履行充分审慎的核查程序 对参股公司，应获取最近一年及一期的财务报告及审计报告（如有）	《保荐人尽职调查工作准则（2022年修订）》第三十一条

续表3

序号	要点	主要内容	依据
6	工作底稿一般应当包括的内容（与子公司相关）	保荐机构根据实际情况，对发行人及其子公司、发行人的控股股东或实际控制人及其子公司等的董事、监事、高级管理人员以及其他人员进行访谈的访谈记录	《证券发行上市保荐业务工作底稿指引（2022年修订）》（证监会公告〔2022〕35号）第六条、第七条
	对子公司单独编制工作底稿的要求	发行人子公司对发行人业务经营或财务状况有重大影响的，保荐机构可根据重要性和合理性原则对该子公司单独编制工作底稿	

六、子公司其他规范管理要求

关于上市公司子公司的其他规范管理要求，包括子公司具有独立法人资格、上市公司子公司的禁止性行为、免于履行程序及披露义务的交易情形、募集资金投资项目通过上市公司子公司实施的相关规定等。相关的监管部门规章、证券交易所业务规则主要如表7－6所示。

表7－6　　上市公司子公司的其他规范管理要求

序号	要点	主要内容	依据
1	子公司具有法人资格，依法独立承担民事责任	公司可以设立子公司 子公司具有法人资格，依法独立承担民事责任 公司可以设立分公司 分公司不具有法人资格，其民事责任由公司承担	新《公司法》第十三条
2	公司可以向其他企业投资	主要内容：公司可以向其他企业投资 法律规定公司不得成为对所投资企业的债务承担连带责任的出资人的，从其规定	新《公司法》第十四条

续表 1

序号	要点	主要内容	依据
3	对取得公司或者其母公司股份提供资助的规定	公司不得为他人取得本公司或者其母公司的股份提供赠与、借款、担保以及其他财务资助，公司实施员工持股计划的除外 为公司利益，经股东会决议，或者董事会按照公司章程或者股东会的授权作出决议，公司可以为他人取得本公司或者其母公司的股份提供财务资助，但财务资助的累计总额不得超过已发行股本总额的百分之十。董事会作出决议应当经全体董事的三分之二以上通过 违反前两款规定，给公司造成损失的，负有责任的董事、监事、高级管理人员应当承担赔偿责任 上市公司或其子公司（包括附属企业）不得以赠与、垫资、担保、补偿或贷款等形式，对购买或者拟购买上市公司股份的人提供任何资助	新《公司法》第一百六十三条 《上市公司章程指引（2022 年修订）》（证监会公告〔2022〕2 号）第二十一条
4	上市公司控股子公司不得取得该上市公司发行的股份	上市公司控股子公司不得取得该上市公司的股份 上市公司控股子公司因公司合并、质权行使等原因持有上市公司股份的，不得行使所持股份对应的表决权，并应当及时处分相关上市公司股份 【沪主板、科创板、深主板、创业板】 上市公司控股子公司不得取得该上市公司发行的股份。确因特殊原因持有股份的，应当在一年内消除该情形。前述情形消除前，上市公司控股子公司不得行使所持股份对应的表决权 【北交所】 上市公司控股子公司不得取得该上市公司的股份。确因特殊原因持有股份的，应当在一年内依法消除该情形。前述情形消除前，相关子公司不得行使所持股份对应的表决权，且该部分股份不计入出席股东大会有表决权的股份总数	新《公司法》第一百四十一条 《上海证券交易所股票上市规则（2023 年 8 月修订）》第 3. 4. 15 条 《上海证券交易所科创板股票上市规则（2023 年 8 月修订）》第 4. 3. 17 条 《深圳证券交易所股票上市规则（2023 年 8 月修订）》第 3. 4. 15 条 《深圳证券交易所创业板股票上市规则（2023 年 8 月修订）》第 2. 3. 12 条 《北京证券交易所股票上市规则》第 4. 1. 12 条

续表2

序号	要点	主要内容	依据
5	免于按照应当披露规定审议及披露的情形	【沪主板、深主板、创业板】 上市公司与其合并报表范围内的控股子公司、控制的其他主体发生的或者上述控股子公司、控制的其他主体之间发生的交易，可以免于按照应当披露的交易规定披露和履行相应程序，中国证监会或者交易所另有规定的除外 【北交所】 上市公司与其控股子公司发生的或者上述控股子公司之间发生的交易，除另有规定或者损害股东合法权益的以外，免于按照应当披露的交易规定披露或审议	《上海证券交易所股票上市规则（2023年8月修订）》第6.1.22条 《深圳证券交易所股票上市规则（2023年8月修订）》第6.1.21条 《深圳证券交易所创业板股票上市规则（2023年8月修订）》第7.1.17条 《北京证券交易所股票上市规则（试行）》第7.1.19条
6	关于募投项目实施方式，创业板上市公司和中介机构的信息披露或核查要求	（1）为了保证发行人能够对募投项目实施进行有效控制，原则上要求实施主体为母公司或其拥有控制权的子公司。但是，以下两种情形除外： ①拟通过参股公司实施募投项目的，需同时满足下列要求：上市公司基于历史原因一直通过该参股公司开展主营业务；上市公司能够对募集资金进行有效监管；上市公司能够参与该参股公司的重大事项经营决策；该参股公司有切实可行的分红方案 ②国家法律法规或政策另有规定的 （2）通过新设非全资控股子公司或参股公司实施募投项目的，保荐机构及发行人律师应当关注与其他股东合作原因、其他股东实力及商业合理性，并就其他股东是否属于关联方、双方出资比例、子公司法人治理结构、设立后发行人是否拥有控制权等进行核查并发表意见 （3）通过非全资控股子公司或参股公司实施募投项目的，应当说明中小股东或其他股东是否同比例增资或提供贷款，同时需明确增资价格和借款的主要条款（贷款利率）。保荐机构及发行人律师应当结合上述情况核查是否存在损害上市公司利益的情形并发表意见 （4）发行人通过与控股股东、实际控制人、董事、监事、高级管理人员及其亲属共同出资设立的公司实施募投项目的，发行人和中介机构应当披露或核查以下事项：	《监管规则适用指引——发行类第6号》第6条至第8条

续表3

序号	要点	主要内容	依据
6	关于募投项目实施方式，创业板上市公司和中介机构的信息披露或核查要求	①发行人应当披露该公司的基本情况，共同设立公司的原因、背景、必要性和合规性、相关利益冲突的防范措施；通过该公司实施募投项目的原因、必要性和合理性 ②共同投资行为是否履行了关联交易的相关程序及其合法合规性 ③保荐机构及发行人律师应当核查并对上述事项及公司是否符合新《公司法》第一百八十一条至第一百八十六条的规定、相关防范措施的有效性发表意见	
7	募集资金投资项目通过上市公司子公司实施	【沪主板、科创板、深主板、创业板】 募集资金投资项目通过上市公司的子公司或者上市公司控制的其他企业实施的，上市公司应当确保该子公司或者受控制的其他企业遵守募集资金管理的相关规定 【深主板、科创板、创业板】 上市公司通过控股子公司实施募集资金投资项目的，应当由上市公司、实施募集资金投资项目的控股子公司、商业银行和保荐人或独立财务顾问共同签署三方协议，上市公司及其控股子公司应当视为共同一方 【北交所】 签署《募集资金专户三方监管协议》，如果募集资金投资项目由上市公司直接实施，则上市公司为协议一方；如果由上市公司子公司或者控制的其他企业实施，则上市公司、上市公司子公司或者控制的其他企业为协议共同一方	《上海证券交易所上市公司自律监管指引第1号——规范运作（2023年12月修订）》第6.3.2条 《上海证券交易所科创板上市公司自律监管指引第1号——规范运作（2023年12月修订）》第5.2.2条、第5.5.5条 《深圳证券交易所上市公司自律监管指引第1号——主板上市公司规范运作（2023年12月修订）》第6.3.2条、第6.3.7条 《深圳证券交易所上市公司自律监管指引第2号——创业板上市公司规范运作（2023年12月修订）》第6.1.4条、第6.2.2条 《北京证券交易所上市公司证券发行业务办理指南第2号——向特定对象发行股票》（北证公告〔2023〕23号，2023年2月17日实施）附件5

续表4

序号	要点	主要内容	依据
8	视同上市公司募集资金用途变更的情形（存在之一即变更）	【科创板】 （1）取消或者终止原募投项目，实施新项目或补充流动资金 （2）变更募投项目实施主体，但上市公司及其全资或者控股子公司之间变更的除外 （3）变更募投项目实施方式 （4）上交所认定的其他情形 【创业板、北交所】 （1）取消或者终止原募投项目，实施新项目 （2）变更募投项目实施主体（实施主体在上市公司及其全资子公司之间变更的除外） （3）变更募投项目实施方式 （4）交易所认定为募资用途变更的其他情形	《上海证券交易所科创板上市公司自律监管指引第1号——规范运作（2023年12月修订）》第5.4.1条 《深圳证券交易所上市公司自律监管指引第2号——创业板上市公司规范运作（2023年12月修订）》第6.3.14条 《北京证券交易所股票上市规则（试行）》第2.3.4条

第二节　上市公司子公司违规典型案例分析

一、子公司失控问题

（一）子公司法人代表不予配合导致公司失控

[案例7－1]

1. 基本情况

2022年6月1日，X公司发出通知要求收回所有子公司的所有印章印鉴、证照证书等资料。在2022年6月3日、2022年6月6日发出再次通知后，仍有包括E公司在内的多家子公司未配合交回印章印鉴、证照证书等资料。2022年6月6日，X公司作出股东决定，变更上述子公司的执行董事暨法定代表人，在完成工商变更登记后，大部分子公司已处于X公司控制之下。但是，E公司确定无法正常办理工商变更，X公司作出E公司失控的判断。

E公司是X公司通过全资子公司W公司全资控制的孙公司。E公司成立于2020年，注册资本4000万元，主营煤炭贸易，原执行董事、法定代表人宋某，现任执行董事、法定代表人朱某（未完成工商变更）。

2022年6月6日，W公司新任法定代表人朱某代表W公司作出股东决定，免去E公司时任执行董事宋某的职务，聘任朱某为执行董事，并根据公司章程的规定，变更E公司法定代表人为朱某。

2022年6月8日，X公司向宋某发送律师函，说明W公司已于2022年6月6日作出股东决定，免去其执行董事职务，聘任朱某为子公司执行董事。因此，自上述日期起，宋某已不再是E公司法定代表人，无权代表E公司从事任何民事活动，也无权占有公司印章印鉴和证照证书。公司要求宋某立即向X公司及新任执行董事返还E公司所有印章印鉴和证照证书，保障E公司的合法权益，否则X公司及E公司将保留一切追究其法律责任的权利。

2022年6月13日，X公司发出《关于重申加强公司内部控制的通知》，重申E公司现阶段的唯一工作为配合完成公司于2022年6月1日、6月3日、6月6日发出的《关于加强公司内部控制的通知》等系列内容，其他所有业务继续中止，待上述通知中的系列内容完成后，才能开展其他业务。

2022年6月14日，X公司向宋某发出书面通知，重申配合公司完成此前系列通知内容要求，办妥相关变更交接手续，在交接完成前防控相关风险，要求其严格按照股东要求执行，否则由其个人承担公司相关损失。

2022年6月28日，X公司及W公司开始着手E公司工商变更登记事宜，包括营业执照作废申报、公章登报挂失、与E公司当地工商登记部门沟通在没有原执行董事配合的情况下，进行公司执行董事暨法定代表人变更登记的具体操作等。

2022年7月14日，X公司核查子公司报表发现，2022年6月28日E公司收到货款400万元，同一天被全额转出支付，未经公司相关程序审批。公司于2022年7月15日向宋某发送律师函，说明自2022年6月6日起，宋某已不再担任E公司法定代表人、执行董事，在未经授权的情况下，其无权代表E公司从事任何民事活动，也无权占有E公司印章印鉴和证照证书。经律师函催告后，宋某仍未向X公司及新任执行董事返还E公司所有印章印鉴和证照证书。对于其在2022年6月28日，未经审批流程擅自操作转款，已构成无权代理，严重侵害了公司利益。要求宋某立即向X公司及新任执行董事返还E公司所有印章印鉴和证照证书。另就其无权代理侵害公司利益事项，X公司及子公司对其无权代理行为不予追认，并将保留一切追究其法律责任的权利。

2022年7月18日，为保障公司资金安全，X公司向E公司客户发出暂停支付货款的通知。

2022年9月8日，X公司向宋某发送书面通知，重申要求其返还E公司证照证书、印章印鉴，配合完成工商变更，停止E公司一切活动，并对其无权代理侵害公司利益的行为保留追究其法律责任的权利。

鉴于宋某对股东W公司、间接控股股东X公司的所有决定及律师函均不予回应，且X公司通过多种渠道多次联系E公司注册所在地E地处理工商变更事宜，E地相关部门始终以E公司未能获得原法定代表人配合或无法在相应文件上加盖已挂失公章为由，对公司合法合规变更工商登记的申请不予受理，实质上阻碍公司收回E公司的控制权。由此，公司作出E公司失控的判断。

2. 案例分析

根据《公司法（2018年修订）》，在股东会层面，E公司属于“一人有限责任公司”，不设股东会，股东作出相关决定时，采用书面形式并由股东签名即可；在董事会层面，E公司属于股东人数较少或者规模较小的有限责任公司，因此仅设置一名执行董事（同时兼任公司的法人代表），不设董事会。如果子公司的执行董事与母公司利益产生冲突，就可能形成子公司失控的问题。

根据《公司登记管理条例》[①]，公司申请变更登记，应当向公司登记机关提交公司法定代表人签署的变更登记申请书，因此，上市公司想要更换E公司的法定代表人，但原法定代表人却不予配合，导致子公司所在地（E地）相关部门对公司变更工商登记的申请不予受理，进而带来子公司失控的风险。新《公司法》第三十五条，明确规定“公司变更法定代表人的，变更登记申请书由变更后的法定代表人签署”，可以有效解决该案例中更换法定代表人时原法定代表人不予配合造成的问题。

（二）激进并购扩张导致多家子公司失控

[案例7－2]

1. 基本情况

2022年4月，R公司在2021年年报中披露，因对未来期间经营管理未能达成一致，自2021年1月1日始，对G公司及其子公司、T公司及其子公司、B有限责任公司及其子公司不再纳入合并范围；2021年10月1日始，对Z公司及其子公司不再纳入合并范围。

根据上市公司公告，R公司基于集团战略扩张需要，于2016年至2018年，先后收购了G公司、T公司、Z公司、B公司等多家公司及其子公司。收购后，R公司向上述子公司委派了执行董事、法定代表人、财务负责人，实现非同一控制企业合并，并投入借款资金支持，以帮助子公司扩张当地市场。但是，2021年上述子公司均发生了风险事件，出于谨慎性原则，上市公司不再将其纳入合并报表范围。具体的风险事件如下：

（1）T公司

2021年公司基于T公司的业绩情况及公司整体资金管理制度要求，拟收回部分对T公司的借款，关于借款归还时间、利息计算等事项，R公司与T公司少数股东出现分歧。

---

① 2022年3月1日起被《市场主体登记管理条例》取代。

为保证公司对T公司借款的回收，R公司于2021年2月1日对T公司借款返还提起诉前财产保全申请，2021年2月2日收到财产保全裁定书，完成财产保全措施，并继续与T公司少数股东沟通后续处置方案。2021年2月19日，为加强对T公司的管理，R公司召开T公司股东会，审议批准更换公司此前委派到T公司的执行董事和法定代表人，但T公司少数股东不配合在股东会决议上签字盖章，并申请主管工商局冻结T公司工商登记变更，导致公司更换T公司执行董事和法定代表人无法办理工商登记手续。

此后，R公司进一步核查发现，T公司2021年的SAP业务管理系统中部分经营数据异常，业绩出现大幅下滑，公司责令其整改，但一个月内无有效整改行为，公司随即要求对T公司进行内审，T公司不予配合。

（2）B公司

2021年，R公司基于B公司的业绩情况及公司整体资金管理制度要求，拟收回部分对B公司的借款，关于借款归还时间、利息计算等事项，R公司与B公司少数股东出现分歧。为保证公司对B公司借款的回收，公司于2021年2月提起借款返还诉前财产保全申请，2021年3月1日收到财产保全告知书，完成财产保全措施，并继续与B公司少数股东沟通后续处置方案。公司进一步核查发现，B公司少数股东李某存在私刻公章、职务侵占等行为，公司于2021年3月26日到所在地派出所报案，2021年5月25日少数股东李某因涉嫌职务侵占被公安机关刑事立案。核查同时发现，B公司2021年的SAP业务管理系统中部分经营数据异常，业务出现大幅下滑，公司责令其整改，但一个月内无有效整改行为，公司随即要求对B公司进行内审，B公司不予配合。

（3）G公司

2021年初，为加强对G公司的管理，公司要求G公司上线SAP系统，但G公司迟迟未予执行。同时，公司基于G公司的业绩情况及公司整体资金管理制度要求，拟收回部分对G公司的借款，对于借款归还时间、利息计算等事项，与G公司少数股东出现分歧。为保证公司对G公司借款的回收，公司于2021年2月提起借款返还诉前财产保全申请，2021年3月15日收到财产保全告知书，完成财产保全措施，并继续与G公司少数股东沟通后续处置方案。此后，公司进一步核查发现，G公司2021年业绩出现大幅下滑，公司要求对G公司进行内审，G公司不予配合。

（4）Z公司

2021年9月起，Z公司的三家子公司强行卸载公司智能印章管理设备，同时，公司发现自2021年10月起，Z公司SAP业务管理系统中部分经营数据异常，业绩出现大幅下滑，公司责令其整改，但无有效整改行为，公司随即要求对Z公司及其子公司进行内审，Z公司及其子公司不予以配合。

基于上述情况，管理层认为，R公司委派至上述子公司的管理人员已无法控制其财务和经营政策，自争议事项发生后子公司的业务流失、业绩持续下滑，且上市公司与子公司的少数股东已发生根本分歧，无法实现集团战略及合作共赢目的。综合考虑上述因素，上市公司决定继续通过诉讼方式，要求子公司退还借款及要求少数股东退还股权转让款。同时，出于谨慎性原则，上市公司不再将上述子公司纳入合并报表范围。

2. 案例分析

R公司子公司失控，主要与其激进的战略有关。根据公开资料，R公司2004年成立、2011年上市，核心业务是对规模以上医院及基础医疗市场药品和医疗器械配送服务。为了维持业务高速增长，2015年，R公司制订了三年完成全国30个省（自治区、直辖市）设立控股公司、完成全国市场覆盖的战略规划。计划在全国30个省（自治区、直辖市）采取以控股收购医疗器械公司为主、收购药品经营公司为辅的扩张政策。

自2015年确立并购扩张策略后，R公司收入呈现大幅上涨，2016年至2018年营业收入分别为156.19亿元、232.94亿元、339.19亿元，同比增速分别为60.19%、49.14%、45.61%。收入大幅增长的背后是大量并购扩张并表的子公司。根据公告显示，2015年至2018年，公司收购并表公司合计约达175家，其中最高峰2017年的并购新增83家，大约平均4

天买一家新公司；2015 年至 2018 年股权成本合计约 53.4 亿元。

具体来看，R 公司采取的是“并购 + 合伙人”资本运作策略，具体步骤归纳为三步：第一步，控股杠杆，在并购时采取上市公司控股 51%，原经营团队控股 49% 的方式，而不是全资控股；第二步，股权对价分期支付杠杆，通过对赌协议，股权按照业绩完成度分期支付；第三步，利用上市公司背景功能，通过质押、抵押、担保、保理等方式给予并购标的资金渠道支持，做大公司规模，从而又进一步拓宽公司融资渠道，本质上通过层层杠杆循环换取经营规模发展。

激进的并购扩张战略为 R 公司的公司治理带来了巨大挑战，并进而导致新收购子公司出现商誉减值、违法违规以及子公司失控等一系列风险事件。

（三）上市公司与子公司少数股东的纠纷导致失控

[案例 7 – 3]

1. 基本情况

2022 年 4 月，K 公司发布公告表示，因上市公司控股子公司 TX 公司、TS 公司（以下合称“T 公司”）管理层违反公司对控股子公司管理规章制度的规定，违反 T 公司章程的规定，拒绝履行 T 公司董事会做出的决议，拒绝配合公司聘请的 L 会计师事务所开展 2021 年度审计工作，拒绝提供 T 公司 2021 年度财务账册等重要信息，导致公司 2021 年度财务报告被会计师出具了无法表示意见的审计报告，违反了《深圳证券交易所股票上市规则》的相关规定，导致上市公司股票交易被深圳证券交易所实施退市风险警示。此外，因会计师出具了无法表示意见的内部控制审计报告，上市公司股票交易被深圳证券交易所实施其他风险警示。

2018 年 6 月，K 公司投资 55375 万元，分别取得 TX 公司和 TS 公司各 62% 的股权，并自 2018 年 9 月起将 TX 公司和 TS 公司纳入合并财务报表范围。收购完成后，TX 公司和 TS 公司分别设立董事会，由七名董事组成，其中上市公司委任的董事四名，另三名董事为 T 公司少数股东彭某、李某、苗某。根据投资协议书的约定，李某和苗某分别担任T公司总经理和负责研发生产的副总经理，继续负责T公司的日常经营管理。公司通过T公司股东会和董事会，并根据上市公司规范运作指引、公司的控股子公司管理规章制度对T公司实施管理控制。

K公司于2021年12月和2022年1月分别发布公告，披露了公司控股子公司TX公司和TS公司拒绝配合公司预审会计报表以及后续的审计工作，上市公司主导T公司的经营和财务活动存在困难，暂不能排除公司已失去对T公司控制的可能性。

上市公司董事会、管理层和年审会计师事务所曾多次向T公司发函或者通过其他方式联系T公司管理层，要求对T公司2021年度财务会计报告进行审计，希望T公司管理层能够配合相关审计工作，但是均遭到了T公司管理层的消极应对甚至明确拒绝。

由于T公司管理层拒绝配合年审会计师事务所对T公司的审计工作，导致T公司2021年度财务会计报告审计工作无法正常开展。上市公司对T公司的控制权受到影响，无法取得T公司的财务资料，无法掌握T公司的实际经营情况、资产状况及面临的风险等信息，对T公司的管理控制无法得到T公司管理层的执行。上市公司已暂时失去对控股子公司TX公司和TS公司的控制。

2. 案例分析

K公司失去对T公司的控制，主要源于并购纠纷引发的矛盾。2018年6月，上市公司分别取得TX公司和TS公司62%的股权，并同时与交易对方约定，K公司将在2021年度以T公司2020年度净利润情况相应计算的股价完成对剩余38%的股权收购，最终完成100%的股权整体收购，剩余股权的估值以下两者孰高为准：（1）90000万元；（2）标的公司2020年度经审计的扣除非经常性损益后的净利润×25倍。

受新冠疫情影响，T公司以PCR技术为代表的分子诊断业务迎来了爆发式增长。2021年，彭某、李某、苗某和X公司等T公司的四名少数股东要求K公司按照2018年签署的“投资协议书”向其支付剩余38%的股权转让价款约105.04亿元。但是，K公司以新冠疫情属于2018年签订合同时无法预见的、不属于商业风险的重大变化为由，希望与T公司的少数股东进一步磋商。上市公司与子公司的少数股东在剩余股权的交易价格上出现了较大分歧，进而发展成为仲裁和诉讼案件。子公司的管理层不再配合上市公司的审计工作，导致K公司失去对子公司的控制，并被交易所实施退市风险警示。

综上所述，K公司收购T公司控股权时，未考虑到子公司未来业绩可能爆发式增长的可能性，收购条款设置不周全，导致上市公司与子公司少数股东和管理层产生纠纷，进而产生了子公司失控的风险。

二、子公司的内部控制薄弱问题

（一）子公司应收账款逾期导致上市公司巨额损失

[案例7-4]

1. 基本情况

D公司持股40%的控股子公司T公司成立于2015年，主要生产、销售专网通信产品。T公司主要采取的销售模式是由客户预先支付10%的预付款，其余款项在订单完成和交付后按约定分期支付。随着T公司业务发展，上市公司对其加大了资金支持。但自2021年4月末起，上市公司陆续发现T公司应收账款普遍逾期，经催讨，其客户均发生不同程度的欠款行为，回款停滞。

截至风险事件发生时，T公司的应收账款超过80亿元，账面存货余额超过20亿元。此外，上市公司为T公司提供的股东借款总额超过70亿元，如最终T公司丧失偿债能力，股东借款可能存在重大坏账损失的风险。截至2020年年末，上市公司对T公司的股东权益账面值为5.26亿元，若T公司出现应收账款无法收回、存货无法变现等重大损失，将导致母公司权益投资全额损失，从而减少公司归母净利润5.26亿元；另加上因T公司可能无法偿还公司向其提供的股东借款77.66亿元，在上述极端情况下，最终可能对公司的归母净利润造成约 83 亿元的损失（即对 T 公司的股东权益损失和股东借款损失）。

在风险事件发生之前，作为控股子公司的 T 公司很少出现在 D 公司的公告中，仅在定期报告中显示上市公司对其投资金额为 2 亿元，持股比例为 40%，纳入合并报表范围。T 公司的第二大股东 X 公司，持股 28.5%；J 公司、F 公司、S 公司各持股 8.5%；N 公司持股 6%。X 公司和 N 公司的实际控制人是隋某，二者合计持股 34.5%，已经与 D 公司持股比例相差不大。T 公司的 9 名主要管理人员中，只有董事长陈某具有 D 公司背景，监事梅某来自 D 公司审计部，除这 2 人外，其余人员都与 D 公司无直接关系。

2. 案例分析

在控制权存疑的情况下，D 公司为子公司提供了约 78 亿元的巨额借款，并为子公司的对外借款出具安慰函或流动性支持函，最终给上市公司带来巨额损失。2021 年 7 月 5 日，D 公司收到中国证监会对公司的“调查通知书”，因上市公司涉嫌信息披露违法违规，根据《证券法》的有关规定，中国证监会决定对公司进行立案调查，目前调查仍在进行中。相关风险事件为上市公司带来了行政处罚风险和投资者诉讼风险。

（二）子公司财务负责人职务侵占问题

[案例 7 - 5]

1. 基本情况

2021 年 3 月，S 公司发布关于控股子公司员工侵害子公司利益并涉嫌违法犯罪的公告，披露上市公司在财务内控自查中，发现控股子公司 T 公司财务负责人李某，存在侵占银行汇票的行为，并涉嫌违法犯罪。发现李某犯罪线索后，上市公司第一时间向当地公安机关报案，公安机关当即对李某采取羁押手段。经公安机关初步认定，犯罪嫌疑人李某职务侵占行为涉案金额共计 6900 余万元人民币，已涉嫌重大职务犯罪，并已提请批捕。根据嫌疑人的资产追偿情况，上市公司初步预计造成 T 公司净资产损失约

1800万元人民币。该事件发生后，交易所随即出具关注函，要求上市公司就相关事项作出详细说明。

2. 案例分析

S公司2010年通过收购60%股权成为T公司的母公司，2014年进一步增持到80%。上市公司的内部风险控制分布在各个部门，审计、财务、法务等部门往往重点对母公司进行相应的风险识别、风险估测、风险评价和风险控制等，但针对异地分子公司及控股子公司，管控力度和精细程度方面均相对薄弱。在本案件中，犯罪嫌疑人李某通过职务便利窃取出纳U盾和密码，实施票据侵占，私自背书转让，侵占公司利益，构成职务犯罪，暴露出T公司在财务内控中内部控制制度执行不到位、监督不严格的问题，也暴露出公司对子公司管理存在缺陷的问题。

三、子公司信息披露不当问题

（一）子公司收到补偿款的信息披露违规

[案例7-6]

1. 基本情况

D公司全资子公司C公司位于某地的房屋（仓库）被当地住房保障和房屋管理局征收，双方于2018年5月签订了“国有土地上非居住房屋征收与补偿协议”，协议确认C公司应获得房屋征收补偿款38496978.00元。C公司已于2018年6月收到上述补偿款。

D公司2017年实现归属于母公司股东净利润4347.68万元，该资产处置预计产生收益金额约为3417万元（未经审计），已达到信息披露标准，但上市公司迟至2018年11月27日才披露上述重大事项，也未按规定履行相关审议程序。后经监管督促，公司于2018年12月11日补充履行董事会审议程序，同时公告称该资产处置预计产生的收益金额占公司2017年经审计净利润的50%以上，且绝对金额超过500万元，达到股东大会审议标准，并将其提交股东大会审议。

2. 案例分析

D公司的子公司房屋征收补偿构成出售资产事项，对上市公司业绩影响重大，公司未予以及时披露，并未按规定履行股东大会审议程序，违反了《上海证券交易所股票上市规则》第2.1条、第2.3条、第7.3条、第9.3条等有关规定。公司时任董事会秘书黄某作为信息披露事务的具体负责人，未勤勉尽责，对公司的违规行为负有责任，违反了《上海证券交易所股票上市规则》第2.2条、第3.1.4条、第3.2.2条的规定以及在“董事、高级管理人员声明及承诺书”中作出的承诺。

（二）子公司对外投资的信息披露违规

[案例7-7]

1. 基本情况

Y公司下属子公司X投资有限公司分别于2016年9月26日和10月8日作为有限合伙人认缴出资4000万元和400万元，与P基金管理有限公司共同设立M股权投资合伙企业（有限合伙）和N投资合伙企业（有限合伙）。根据公司内部规程，与公司主营业务不相关的单项对外投资金额在500万元以上的，应当提交董事会审议，但公司未按规定履行决策程序。此外，根据相关规定，上市公司与私募基金发生合作投资事项，应当披露合作投资事项的具体模式、主要内容、相关关联关系和利益安排等信息，充分揭示风险，但公司未按照相关规则履行信息披露义务。

2. 案例分析

上市公司业绩预告不准确且未及时更正、设立合伙企业未经决策且未披露等行为违反了《上海证券交易所股票上市规则》第2.1条、第2.3条、第2.6条、第11.3.3条和《上海证券交易所上市公司与私募基金合作投资事项信息披露业务指引》等有关规定。

时任董事长彭某作为公司主要负责人和信息披露第一责任人，时任董事兼总经理李某作为公司经营管理主要人员，时任独立董事兼审计委员会召集人刘某作为财务会计事项的主要督导人员，时任副总经理兼财务总监马某作为财务负责人，时任副总经理兼董事会秘书张某作为信息披露事务具体负责人，均未能勤勉尽责，对公司的第一项违规行为负有相应责任；时任副总经理兼董事会秘书张某同时也对公司的第二项违规行为负有责任。上述责任人违反了《上海证券交易所股票上市规则》第2.2条、第3.1.4条、第3.1.5条、第3.2.2条的规定及其在董事(监事、高级管理人员)声明及承诺书中作出的承诺。

鉴于上述违规事实和情节，上海证券交易所对Y公司和时任董事长彭某、时任董事兼总经理李某、时任独立董事兼审计委员会召集人刘某、时任副总经理兼财务总监马某、时任副总经理兼董事会秘书张某予以通报批评。

（三）子公司对外担保的信息披露违规

[案例7-8]

1. 基本情况

2018年6月，Y公司控股股东T公司向某银行贷款4752万元，Y公司控股子公司Q公司以5000万元存单质押方式为控股股东T公司上述贷款提供了担保。上述关联担保占公司2017年经审计净资产的1.78%，但上市公司未将该关联担保事项提交股东大会审议，并迟至2019年4月才在2018年年度报告中披露上述事项。控股股东T公司已于2019年3月归还了贷款本息并解除担保。

Y公司控股子公司为关联方提供担保未按规定履行股东大会决策程序，且未及时履行信息披露义务。上市公司、时任实际控制人、董事长、时任财务总监、时任董事会秘书被上交所予以通报批评。

2. 案例分析

根据《上海证券交易所股票上市规则》第10.2.6条，上市公司控股子公司为关联人提供担保，不论数额大小，均应当在董事会审议通过后及时披露，并提交股东大会审议。同时，上市公司控股子公司对外提供担保，应根据各板块股票上市规则以及《关于规范上市公司与关联方资金往来及上市公司对外担保若干问题的通知》中的要求履行审议程序及信息披露义务。

（四）子公司签订重大合同的信息披露违规

［案例7-9］

1. 基本情况

2020年9月26日，Y公司全资子公司J公司与F公司签订“商品房买卖合同”，J公司将其开发的甲商铺出售给F公司，合同总金额为6529.73万元，当月确认营业利润为1696.95万元，占上市公司最近一个会计年度（2019年度）经审计归属于上市公司股东净利润（绝对值）的18.30%。

2020年11月25日，J公司与B公司签订“商品房买卖合同”，J公司将其开发的乙商铺出售给B公司，合同总金额为2689万元，当月确认营业利润为956.59万元，占上市公司最近一个会计年度（2019年度）经审计归属于上市公司股东净利润（绝对值）的10.32%。关于上述事项上市公司均未通过临时公告及时履行信息披露义务，直至2021年4月29日在2020年年度报告中才披露了相关信息。

2. 案例分析

Y公司的上述行为违反了《上市公司信息披露管理办法》第三十条第一款、第二款第三项和第三十三条第一款的规定，S证监局对上市公司采取了出具警示函的监管措施。同时，上市公司时任董事长、总经理、董事会秘书在履职过程中未勤勉尽责，对Y公司上述行为负有主要责任，违反了《上市公司信息披露管理办法》第三条、第三十八条和第四十条的规定，同时受到证监局出具警示函的监管措施。

（五）子公司收到政府补助的信息披露违规

［案例7-10］

1. 基本情况

2022年7月15日，H公司披露《关于获得政府补助的公告》称，全资子公司C公司于2022年6月28日收到单笔与收益相关的政府补助

2314.45万元，占公司最近一个会计年度经审计归属于上市公司股东净利润的12.51%。

2. 案例分析

根据《上市公司信息披露管理办法》第三条、第二十二条，“信息披露义务人应当及时依法履行信息披露义务”，“发生可能对上市公司证券及其衍生品种交易价格产生较大影响的重大事件，投资者尚未得知时，上市公司应当立即披露，说明事件的起因、目前的状态和可能产生的影响”。

证监局认定，C公司未及时披露上述政府补助事项，违反了《上市公司信息披露管理办法》第三条、第二十二条的相关规定。白某作为公司董事会秘书，胡某作为公司财务总监，未按照《上市公司信息披露管理办法》第四条的规定履行勤勉尽责义务，对公司上述违规行为负有主要责任，因此决定采取出具警示函的行政监管措施。

四、子公司财务信息失实问题

（一）子公司财务造假案例

[案例7-11]

1. 基本情况

2015年9月，S公司披露《发行股份及支付现金购买资产并募集配套资金之非公开发行股票发行情况报告书暨新增股份上市报告书》，拟通过发行股份及支付现金的方式购买Z公司73.31%的股权、F公司100%的股权和D公司100%的股权。

S公司以发行股份购买资产的方式，向王某等7名股东发行人民币普通股2479.77万股，购买其合计持有的Z公司73.31%的股权，交易完成后，S公司持有Z公司100%的股权。本次重大资产重组事项于2015年8月完成了股份工商变更登记手续，至此，S公司将Z公司纳入2015年合并会计报表。

同时，S公司与Z公司的5名自然人股东王某等签订了“发行股份购买资产的利润预测补偿协议”，约定在2015年至2017年业绩对赌期内，各年度分别实现经审计的净利润4000万元、4500万元、5500万元。

根据中国证监会立案调查结果，2016年至2018年，Z公司通过虚开主营产品销售发票、虚假销售原材料，未及时入账原材料等方式，虚增营业收入、虚减营业成本、虚增利润总额，导致S公司2016年年度报告、2017年年度报告、2018年年度报告共虚增营业收入43694.08万元、虚减营业成本22347.83万元，虚增利润总额65408.44万元，存在虚假记载。2020年4月，S公司披露《关于前期会计差错更正及追溯调整的公告》，更正前期会计差错及追溯调整相关财务数据，并对2016年至2018年年度报告的相关内容作出修订。

2. 案例分析

2022年9月，S公司收到中国证监会出具的行政处罚决定书。根据当事人违法行为的事实、性质、情节与社会危害程度，证监会认为，S公司2016年至2018年年度报告存在虚假记载，违反了2005年《证券法》第六十三条的规定，构成了2005年《证券法》第一百九十三条第一款所述情形，决定对S公司给予警告，并处以60万元罚款；对王某和郭某予以警告，并分别处以30万元罚款；对高某、乔某、许某和王某给予警告，并分别处以10万元罚款。

上市公司并购重组收购的子公司，往往存在高估值、高溢价、高商誉的“三高”问题，在重组方业绩承诺无法完成的情形下，交易对手方有较强的动机粉饰财务报表，通过财务造假的方式完成业绩承诺。子公司实施的财务造假行为，不仅会给上市公司带来直接的监管处罚，而且上市公司因证券虚假陈述责任，后续还将面临股票投资者申请赔偿投资损失的风险。

（二）子公司财务造假案例

[案例7－12]

1. 基本情况

2016年12月，N公司披露《N公司发行股份及支付现金购买资产并募集配套资金暨关联交易报告书（草案）》（以下简称《交易报告书（草案）》），拟以发行股份及支付现金的方式购买F公司100%的股权。2017年7月，交易双方完成了F公司100%的股权过户及工商变更登记手续，资产重组完成。N公司于2017年8月将F公司纳入合并财务报表。

2014年7月至2018年3月，F公司通过虚增出口代理服务费、境外代采业务等交易的收入和利润的方式，合计虚增营业收入348217.81万元，相应虚增营业利润43613.43万元。其中，2014年虚增营业收入3627.41万元，相应虚增营业利润3627.41万元，占F公司当期披露营业利润的84.50%；2015年虚增营业收入9114.41万元，相应虚增营业利润9114.41万元，占F公司当期披露营业利润的71.96%；2016年1月至9月虚增营业收入3678.45万元，相应虚增营业利润3678.45万元，占F公司当期披露营业利润的75.64%；2017年虚增收入107040.43万元，相应虚增营业利润10121.87万元，占N公司当期披露营业利润的56.54%；2018年第一季度虚增收入119809万元，相应虚增营业利润6359.16万元，占N公司当期披露营业利润的108.72%。

除收入和利润造假外，F公司因经营不善，形成对K公司、Y公司、P公司共计31653.62万元的应收款项无法收回。F公司未计提坏账准备，而是将上述坏账转为F公司对其关联公司的虚假应收款项，由此在2016年9月30日虚增应收款项31653.62万元，在2017年和2018年第一季度虚增应收款项31653.62万元，导致N公司披露的“审计报告及财务报表”、2017年年度报告和2018年第一季度报告存在虚假记载。

F公司的财务造假行为贯穿重大资产重组前后。重大资产重组阶段，F公司向N公司提供了含有上述虚假信息的财务报表，导致N公司2016年12月13日披露的“审计报告及财务报表”和《交易报告书（草案）》、2017年7月15日披露的《交易报告书（修订稿）》存在虚假记载；重大资产重组完成后，F公司的财务造假行为仍在继续，导致N公司披露的2017年年度报告存在虚假记载和重大遗漏，2018年第一季度报告存在虚假记载。

2. 案例分析

2021年1月，N公司及相关当事人收到中国证监会下发的“行政处罚决定书”。针对重大资产重组阶段F公司的信息披露违法行为，根据当事人违法行为的事实、性质、情节与社会危害程度，依据2005年《证券法》第一百九十三条第一款的规定，中国证监会决定：对F公司有限公司给予警告，并处以60万元罚款；对李某、杨某、刘某给予警告，并分别处以30万元罚款；对徐某、秦某给予警告，并分别处以20万元罚款；对林某给予警告，并处以10万元罚款。

针对重大资产重组完成后N公司的信息披露违法行为，根据当事人违法行为的事实、性质、情节与社会危害程度，依据2005年《证券法》第一百九十三条第一款的规定，中国证监会决定：对N公司股份有限公司给予警告，并处以30万元罚款；对李某、杨某、刘某给予警告，并分别处以30万元罚款；对徐某、秦某给予警告，并分别处以20万元罚款；对宋某、宋某、罗某、陈某、陈某给予警告，并分别处以3万元罚款。

并购前，F公司通过财务造假，欺骗N公司以21.6亿元的虚高价格收购子公司；并购后，进一步骗得N公司增资2亿元并提供银行授信担保额度22.7亿元。F公司作为N公司收购而来的子公司，给上市公司带来了巨大的声誉和资金损失，因涉嫌合同诈骗罪，子公司原实控人李某最终被法院判处无期徒刑。

第八章　上市公司关联方

第一节　上市公司控股股东及实际控制人

一、控股股东及实际控制人的定义

根据《上市公司收购管理办法》第八十四条，有下列情形之一的，为拥有上市公司控制权：

（1）投资者为上市公司持股百分之五十以上的控股股东；

（2）投资者可以实际支配上市公司股份表决权超过百分之三十；

（3）投资者通过实际支配上市公司股份表决权能够决定公司董事会半数以上成员选任；

（4）投资者依其可实际支配的上市公司股份表决权足以对公司股东大会的决议产生重大影响；

（5）中国证监会认定的其他情形。

根据《公司法（2018 年修订）》第二百一十六条，实际控制人指虽不是公司的股东，但通过投资关系、协议或者其他安排，能够实际支配公司行为的人。另外，根据新《公司法》第二百六十五条第（三）项，实际控制人，是指通过投资关系、协议或者其他安排，能够实际支配公司行为的人。相较于《公司法（2018 年修订）》，新《公司法》，对于实际控制人的定义删去了“虽不是公司的股东”的表述。

二、控股股东及实际控制人的主要权利

上市公司应当完善股东大会运作机制，平等对待全体股东，保障股东依法享有的知情权、查阅权、资产收益权、质询权、建议权、股东大会召集权、提案权、表决权等权利，积极为股东行使权利提供便利，切实保障股东特别是中小股东的合法权益。作为控股股东或实际控制人，有关主体享有的主要权利如表 8 - 1 所示。

表 8 - 1　　控股股东和实际控制人的主要权利

序号	主要权利	内容	依据
1	知情权和查阅权	股东有权查阅、复制公司章程、股东名册、股东会会议记录、董事会会议决议、监事会会议决议和财务会计报告。股东可以要求查阅公司会计账簿、会计凭证。股东要求查阅公司会计账簿、会计凭证的，应当向公司提出书面请求，说明目的。公司有合理根据认为股东查阅会计账簿、会计凭证有不正当目的，可能损害公司合法利益的，可以拒绝提供查阅，并应当自股东提出书面请求之日起十五日内书面答复股东并说明理由。公司拒绝提供查阅的，股东可以向人民法院提起诉讼 股东查阅前款规定的材料，可以委托会计师事务所、律师事务所等中介机构进行 股东及其委托的会计师事务所、律师事务所等中介机构查阅、复制有关材料，应当遵守有关保护国家秘密、商业秘密、个人隐私、个人信息等法律、行政法规的规定 股东要求查阅、复制公司全资子公司相关材料的，适用前四款的规定	新《公司法》第五十七条
2	资产收益权	股东有权按照持有的股份比例分取红利（公司章程规定不按持股比例分配的除外），有权转让资产获得资本利得，有权获得公司的剩余财产分配收益	新《公司法》第四条、第一百五十七条、第二百三十六条
3	质询权	股东拥有在股东大会上进行质询的权利，公司董事、监事、高级管理人员应就股东的质询作出解释和说明；并且，股东的质询意见或建议以及相应的答复或说明都需要被记载在股东大会会议记录中	新《公司法》第一百一十条、第一百八十七条

续表

序号	主要权利	内容	依据
4	建议权	股东有权对公司的经营提出建议	新《公司法》第一百一十条
5	召集权	单独或者合计持有公司百分之十以上股份的普通股股东（含表决权恢复的优先股股东）有权向董事会请求召开临时股东会 董事会不同意召开临时股东大会，或者在收到请求后十日内未作出反馈的，单独或者合计持有公司百分之十以上股份的普通股股东（含表决权恢复的优先股股东）有权向监事会提议召开临时股东会 监事会未在规定期限内发出股东会通知的，视为监事会不召集和主持股东会，连续九十日以上单独或者合计持有公司百分之十以上股份的普通股股东（含表决权恢复的优先股股东）可以自行召集和主持	新《公司法》第一百一十四条
6	提案权	单独或者合计持有公司百分之三以上股份的普通股股东（含表决权恢复的优先股股东），可以在股东会召开十日前提出临时提案并书面提交召集人	新《公司法》第一百一十五条
7	表决权	股东出席股东会会议，所持每一股份有一表决权 公司持有的本公司股份没有表决权 股东会作出决议，应当经出席会议的股东所持表决权过半数通过 股东会作出修改公司章程、增加或者减少注册资本的决议，以及公司合并、分立、解散或者变更公司形式的决议，必须经出席会议的股东所持表决权的三分之二以上通过	新《公司法》第一百一十六条
8	独立董事提名权	单独或者合并持有上市公司已发行股份百分之一以上的股东可以提出独立董事候选人	《上市公司独立董事管理办法》第九条

三、控股股东及实际控制人的义务

（一）保持上市公司独立性的义务

控股股东、实际控制人应当维护上市公司的独立性，采取切实措施保障公司资产完整、人员独立、财务独立、机构独立和业务独立，具体如表8－2所示。

表 8－2　上市公司独立性的具体要求

保持独立的义务	主要内容	依据
资产完整	【原则性要求】 控股股东投入上市公司的资产应当独立完整、权属清晰 控股股东、实际控制人及其关联方不得占用、支配上市公司资产	《上市公司治理准则》第七十条
	【沪主板】 控股股东、实际控制人应当维护上市公司资产完整，不得通过以下方式影响公司资产的完整性： (1) 与生产型公司共用和生产经营有关的生产系统、辅助生产系统及配套设施 (2) 与非生产型公司共用和经营有关的业务体系及相关资产 (3) 以显失公平的方式与公司共用商标、专利、非专利技术等 (4) 以无偿或者以明显不公平的条件占有、使用、收益或者处分公司的资产 (5) 未按照法律规定及合同约定及时办理投入或者转让给公司资产的过户手续 (6) 法律法规、本交易相关规定或者认定的其他情形	《上海证券交易所上市公司自律监管指引第 1 号——规范运作（2023 年 12 月修订）》4.2.2 条
	【深主板】 控股股东、实际控制人及其关联人不得通过下列任何方式影响上市公司资产完整： (1) 与公司共用主要机器设备、厂房、专利、非专利技术等 (2) 与公司共用原材料采购和产品销售系统 (3) 有关法律法规及本所认定的其他情形	《深圳证券交易所上市公司自律监管指引第 1 号——主板上市公司规范运作（2023 年 12 月修订）》4.2.8 条
	【科创板】 控股股东、实际控制人应当维护科创公司资产完整，不得通过以下方式影响科创公司资产的完整性： (1) 与生产型科创公司共用和生产经营有关的生产系统、辅助生产系统及配套设施 (2) 与非生产型科创公司共用和经营有关的业务体系及相关资产 (3) 以显失公平的方式与科创公司共用商标、专利、非专利技术等 (4) 以无偿或明显不公平的条件占有、使用、收益或者处分科创公司的资产 (5) 未按照法律规定及合同约定及时办理投入或者转让给科创公司资产的过户手续 (6) 有关法律法规规定或者认定的其他情形	《上海证券交易所科创板上市公司自律监管指引第 1 号——规范运作（2023 年 12 月修订）》2.2.2 条

续表1

保持独立的义务	主要内容	依据
资产完整	【创业板】 控股股东、实际控制人及其关联人不得通过下列任何方式影响上市公司资产完整： （1）与公司共用主要机器设备、厂房、专利、非专利技术等 （2）与公司共用原材料采购和产品销售系统 （3）有关法律法规及交易所认定的其他情形	《深圳证券交易所上市公司自律监管指引第2号——创业板上市公司规范运作（2023年12月修订）》4.2.8条
	【北交所】 上市公司控股股东、实际控制人应当采取切实措施保证公司资产独立、人员独立、财务独立、机构独立和业务独立，不得通过任何方式影响公司的独立性	《北京证券交易所股票上市规则（试行）》4.3.4条
人员独立	【原则性要求】 上市公司人员应当独立于控股股东。上市公司的高级管理人员在控股股东不得担任除董事、监事以外的其他行政职务。控股股东高级管理人员兼任上市公司董事、监事的，应当保证有足够的时间和精力承担上市公司的工作	《上市公司治理准则》第六十九条
	【沪深主板】 控股股东、实际控制人应当维护上市公司人员独立，不得通过以下方式影响公司人员的独立性： （1）通过行使提案权、表决权等法律法规、交易所相关规定及公司章程规定的股东权利以外的方式，影响公司人事任免或者限制公司董事、监事和高级管理人员或者其他任职的人员履行职责 （2）聘任公司高级管理人员在控股股东、实际控制人或者其控制的企业担任除董事、监事以外的其他行政职务 （3）要求公司人员为其无偿提供服务 （4）向公司高级管理人员支付薪金或者其他报酬（科创板除外） （5）指使公司董事、监事和高级管理人员以及其他在上市公司任职的人员实施损害公司利益的决策或者行为 （6）法律法规、交易所相关规定或者认定的其他情形	《上海证券交易所上市公司自律监管指引第1号——规范运作（2023年12月修订）》4.2.3条、《深圳证券交易所上市公司自律监管指引第1号——主板上市公司规范运作（2023年12月修订）》4.2.2条

续表2

保持独立的义务	主要内容	依据
人员独立	【科创板】 控股股东、实际控制人应当维护科创公司人员独立，不得通过以下方式影响科创公司人员的独立性： (1) 通过行使有关法律法规及科创公司章程规定的股东权利以外的方式，影响科创公司人事任免或者限制科创公司董监高或者其他在科创公司任职的人员履行职责 (2) 任命科创公司总经理、副总经理、财务负责人或者董事会秘书在本公司或本公司控制的企业担任除董事、监事以外的经营管理类职务 (3) 要求科创公司为其无偿提供服务 (4) 指使科创公司董监高以及其他在科创公司任职的人员实施损害科创公司利益的决策或者行为 (5) 有关法律法规规定或认定的其他情形	《上海证券交易所科创板上市公司自律监管指引第1号——规范运作（2023年12月修订）》2.2.3条
	【创业板】 控股股东、实际控制人不得通过下列方式影响上市公司人员独立： (1) 通过行使提案权、表决权等法律法规、交易所相关规定及上市公司章程规定的股东权利以外的方式影响公司人事任免，限制公司董事、监事、高级管理人员以及其他在公司任职的人员履行职责 (2) 聘任公司高级管理人员在控股股东或者其控制的企业担任除董事、监事以外的其他行政职务 (3) 向公司高级管理人员支付薪金或者其他报酬 (4) 无偿要求公司人员为其提供服务 (5) 指使上市公司董事、监事及高级管理人员以及其他在上市公司任职的人员实施损害上市公司利益的决策或者行为 (6) 法律法规及交易所认定的其他情形	《深圳证券交易所上市公司自律监管指引第2号——创业板上市公司规范运作（2023年12月修订）》4.2.2条
	【北交所】 上市公司控股股东、实际控制人应当采取切实措施保证公司资产独立、人员独立、财务独立、机构独立和业务独立，不得通过任何方式影响公司的独立性	《北京证券交易所股票上市规则（试行）》4.3.4条

续表 3

保持独立的义务	主要内容	依据
财务独立	【原则性要求】 上市公司应当依照法律法规和公司章程建立健全财务、会计管理制度，坚持独立核算。控股股东、实际控制人及其关联方应当尊重上市公司财务的独立性，不得干预上市公司的财务、会计活动	《上市公司治理准则》第七十一条
	【沪深主板】 （1）控股股东、实际控制人应当维护上市公司财务独立，不得通过以下方式影响公司财务的独立性： ①与公司共用或者借用公司银行账户等金融类账户，或者将公司资金以任何方式存入控股股东、实际控制人及其关联人控制的账户 ②通过各种方式非经营性占用公司资金 ③要求公司违法违规提供担保 ④将公司财务核算体系纳入控股股东、实际控制人管理系统之内，如共用财务会计核算系统或者控股股东、实际控制人可以通过财务会计核算系统直接查询公司经营情况、财务状况等信息 ⑤要求科创公司为其支付或垫支工资、福利、保险、广告等费用或其他支出（科创板） ⑥法律法规、交易所相关规定或者认定的其他情形 （2）控股股东、实际控制人控制的财务公司为上市公司提供日常金融服务的，应当按照法律法规及交易所相关规定，督促财务公司以及相关各方配合上市公司履行关联交易的决策程序和信息披露义务，监督财务公司规范运作，保证上市公司存储在财务公司资金的安全，不得利用支配地位强制上市公司接受财务公司的服务	《上海证券交易所上市公司自律监管指引第 1 号——规范运作（2023 年 12 月修订）》4.2.4 条和 4.2.5 条 《深圳证券交易所上市公司自律监管指引第 1 号——主板上市公司规范运作（2023 年 12 月修订）》4.2.3 条和 4.2.4 条
	【科创板】 控股股东、实际控制人应当维护科创公司财务独立，不得通过以下方式影响科创公司财务的独立性： （1）与科创公司共用银行账户或者借用科创公司银行账户 （2）通过借款、违规担保等方式非经营性占用科创公司资金 （3）通过财务会计核算系统或者其他管理软件，控制科创公司的财务核算或资金调动 （4）要求科创公司为其支付或垫支工资、福利、保险、广告等费用或其他支出 （5）有关法律法规规定或认定的其他情形	《上海证券交易所科创板上市公司自律监管指引第 1 号——规范运作（2023 年 12 月修订）》2.2.4 条

续表 4

保持独立的义务	主要内容	依据
财务独立	【创业板】 控股股东、实际控制人及其关联人不得通过下列方式影响上市公司财务独立： （1）与公司共用银行账户或者借用公司银行账户等金融类账户，将公司资金以任何方式存入控股股东、实际控制人及其关联人控制的账户 （2）通过各种方式非经营性占用公司资金 （3）要求公司违法违规提供担保 （4）将公司财务核算体系纳入控股股东、实际控制人管理系统之内，如共用财务会计核算系统或者控股股东、实际控制人可以通过财务会计核算系统直接查询公司经营情况、财务状况等信息 （5）相关法律法规及交易所认定的其他情形	《深圳证券交易所上市公司自律监管指引第 2 号——创业板上市公司规范运作（2023 年 12 月修订）》4.2.3 条
	【北交所】 上市公司控股股东、实际控制人应当采取切实措施保证公司资产独立、人员独立、财务独立、机构独立和业务独立，不得通过任何方式影响公司的独立性	《北京证券交易所股票上市规则（试行）》4.3.4 条
机构独立	【原则性要求】 上市公司的董事会、监事会及其他内部机构应当独立运作。控股股东、实际控制人及其内部机构与上市公司及其内部机构之间没有上下级关系	《上市公司治理准则》第七十一条
	【沪深主板】 控股股东、实际控制人应当维护上市公司机构独立，支持公司董事会、监事会、业务经营部门或者其他机构及其人员的独立运作，不得通过行使有关法律法规及公司章程规定的股东权利以外的方式，干预公司机构的设立、调整或者撤销，或者对公司董事会、监事会和其他机构及其人员行使职权进行限制或者施加其他不正当影响	《上海证券交易所上市公司自律监管指引第 1 号——规范运作（2023 年 12 月修订）》4.2.7 条、《深圳证券交易所上市公司自律监管指引第 1 号——主板上市公司规范运作（2023 年 12 月修订）》4.2.9 条

续表 5

保持独立的义务	主要内容	依据
机构独立	【科创板】 控股股东、实际控制人应当维护科创公司机构独立，支持科创公司董事会、监事会、业务经营部门或者其他机构及其人员的独立运作，不得通过行使有关法律法规及科创公司章程规定的股东权利以外的方式，干预科创公司机构的设立、调整或者撤销，或对公司董事会、监事会和其他机构及其人员行使职权进行限制或者施加其他不正当影响	《上海证券交易所科创板上市公司自律监管指引第1号——规范运作（2023年12月修订）》2.2.5条
	【创业板】 控股股东、实际控制人应当维护上市公司机构独立，支持公司董事会、监事会、业务经营部门或者其他机构及其人员的独立运作，不得通过行使提案权、表决权等法律法规、交易所相关规定及公司章程规定的股东权利以外的方式，干预公司机构的设立、调整或者撤销，或者对公司董事会、监事会和其他机构及其人员行使职权进行限制或者施加其他不正当影响	《深圳证券交易所上市公司自律监管指引第2号——创业板上市公司规范运作（2023年12月修订）》4.2.9条
	【北交所】 上市公司控股股东、实际控制人应当采取切实措施保证公司资产独立、人员独立、财务独立、机构独立和业务独立，不得通过任何方式影响公司的独立性	北京证券交易所股票上市规则（试行）》4.3.4条
业务独立	【原则性要求】 上市公司业务应当独立于控股股东、实际控制人 控股股东、实际控制人及其控制的其他单位不应从事与上市公司相同或者相近的业务。控股股东、实际控制人应当采取有效措施避免同业竞争	《上市公司治理准则》第七十三条
	【沪深主板】 （1）控股股东、实际控制人应当维护上市公司业务独立，支持并配合公司建立独立的生产经营模式，不得与公司在业务范围、业务性质、客户对象、产品可替代性等方面存在可能损害公司利益的竞争，不得利用其对公司的控制地位，谋取属于公司的商业机会。控股股东、实际控制人应当采取措施，避免或者消除与公司的同业竞争	

续表6

保持独立的义务	主要内容	依据
	(2) 控股股东、实际控制人应当维护上市公司在生产经营、内部管理、对外投资、对外担保等方面的独立决策，支持并配合上市公司依法履行重大事项的内部决策程序，以行使提案权、表决权等法律法规、交易所相关规定以及公司章程规定的股东权利的方式，通过股东大会依法参与上市公司重大事项的决策 (3) 控股股东、实际控制人与上市公司发生关联交易，应当遵循平等、自愿、等价、有偿的原则，并签署书面协议，不得要求公司与其进行显失公平的关联交易，不得要求公司无偿或者以明显不公平的条件为其提供商品、服务或者其他资产，不得通过任何方式影响公司的独立决策，不得通过欺诈、虚假陈述或者其他不正当行为等方式损害公司和中小股东的合法权益	《上海证券交易所上市公司自律监管指引第1号——规范运作（2023年12月修订）》4.2.8条、4.2.9条、4.2.10条 《深圳证券交易所上市公司自律监管指引第1号——主板上市公司规范运作（2023年12月修订）》4.2.6条、4.2.7条、4.2.10条
业务独立	【科创板】 控股股东、实际控制人应当维护科创公司业务独立，支持并配合科创公司建立独立的生产经营模式，不得与科创公司在业务范围、业务性质、客户对象、产品可替代性等方面存在可能损害科创公司利益的竞争，不得利用其控制地位，谋取属于科创公司的商业机会 控股股东、实际控制人应当维护科创公司在生产经营、内部管理、对外投资、对外担保等方面的独立决策，支持并配合科创公司依法履行重大事项的内部决策程序，以行使提案权、表决权等有关法律法规及科创公司章程规定的股东权利方式，通过股东大会依法参与科创公司重大事项的决策 控股股东、实际控制人与科创公司发生关联交易，应当遵循关联交易程序公平与实质公平的原则，并签署书面协议，不得造成科创公司对其利益的输送	《上海证券交易所科创板上市公司自律监管指引第1号——规范运作（2023年8月修订）》2.2.6条、2.2.7条、6.4.1条
	【创业板】 (1) 控股股东、实际控制人及其控制的其他企业不得通过下列方式影响上市公司业务独立： ①开展对公司构成重大不利影响的同业竞争 ②要求公司与其进行显失公平的关联交易 ③无偿或者以明显不公平的条件要求公司为其提供商品、服务或者其他资产	

续表7

保持独立的义务	主要内容	依据
业务独立	④相关法律法规及交易所认定的其他情形 （2）控股股东、实际控制人不得利用其对上市公司的控制地位，谋取属于公司的商业机会 （3）控股股东、实际控制人应当维护上市公司在生产经营、内部管理、对外投资、对外担保等方面的独立决策，支持并配合上市公司依法履行重大事项的内部决策程序，以行使提案权、表决权等法律法规、交易所相关规定以及公司章程规定的股东权利的方式，通过股东大会依法参与上市公司重大事项的决策 （4）控股股东、实际控制人与上市公司之间进行交易，应当遵循平等、自愿、等价、有偿的原则，不得通过任何方式影响公司的独立决策，不得通过欺诈、虚假陈述或者其他不正当行为等方式损害公司和中小股东的合法权益	《深圳证券交易所上市公司自律监管指引第2号——创业板上市公司规范运作（2023年12月修订）》4.2.6条、4.2.7条、4.2.10条
	【北交所】 上市公司控股股东、实际控制人应当采取切实措施保证公司资产独立、人员独立、财务独立、机构独立和业务独立，不得通过任何方式影响公司的独立性	《北京证券交易所股票上市规则（试行）》4.3.4条

（二）禁止滥用股东权利

控股股东应当遵守法律、行政法规和公司章程，依法行使股东权利，不得滥用股东权利损害公司或者其他股东的利益；不得滥用公司法人独立地位和股东有限责任损害公司债权人的利益。另外，根据新《公司法》第一百八十条第三款，我国已经引入“实质董事”制度，即控股股东、实际控制人可能被认定为董事，进而需要承担对于公司的忠实和勤勉义务，例如禁止通过不正当的关联交易损害公司利益。

1. 资金占用

资金占用是指控股股东、实际控制人及其他关联方直接或者间接地使用上市公司资金。

根据《上市公司监管指引第8号——上市公司资金往来、对外担保的监管要求》第五条规定，上市公司不得以下列方式将资金直接或者间接地提供给控股股东、实际控制人及其他关联方使用：（1）为控股股东、实际控制人及其他关联方垫支工资、福利、保险、广告等费用、承担成本和其他支出；（2）有偿或者无偿地拆借公司的资金（含委托贷款）给控股股东、实际控制人及其他关联方使用，但上市公司参股公司的其他股东同比例提供资金的除外。前述所称“参股公司”，不包括由控股股东、实际控制人控制的公司；（3）委托控股股东、实际控制人及其他关联方进行投资活动；（4）为控股股东、实际控制人及其他关联方开具没有真实交易背景的商业承兑汇票，以及在没有商品和劳务对价情况下或者明显有悖商业逻辑情况下以采购款、资产转让款、预付款等方式提供资金；（5）代控股股东、实际控制人及其他关联方偿还债务；（6）中国证监会认定的其他方式。

资金占用严重影响上市公司正常经营，阻碍公司健康发展。出现严重情形的，还可能导致上市公司股票交易被实施其他风险警示，甚至最终面临破产重整或者退市，严重损害上市公司利益和投资者的合法权益。具体如表 8 – 3 所示。

表 8 – 3　　　　资金占用对上市公司的影响

板块	主要内容	依据
沪主板	上市公司出现以下情形之一的，交易所对其股票实施其他风险警示：公司被控股股东（无控股股东的，则为第一大股东）及其关联人非经营性占用资金，余额达到最近一期经审计净资产绝对值百分之五以上，或者金额超过 1000 万元，未能在一个月内完成清偿或整改	《上海证券交易所股票上市规则（2023 年 8 月修订）》9. 8. 1 条
深主板	上市公司出现下列情形之一的，交易所对其股票交易实施其他风险警示：公司存在资金占用且情形严重 本规则第 9. 8. 1 条第（1）项所述存在资金占用且情形严重，是指上市公司被控股股东或者控股股东关联人占用资金的余额在 1000 万元以上，或者占公司最近一期经审计净资产的百分之五以上，且无可行的解决方案或者虽提出解决方案但预计无法在一个月内解决 公司无控股股东、实际控制人的，被第一大股东或者第一大股东关联人占用资金的，按照本节规定执行	《深圳证券交易所股票上市规则（2023 年 8 月修订）》9. 8. 1 条、9. 8. 2 条

续表

板块	主要内容	依据
创业板	上市公司出现下列情形之一的，交易所对其股票交易实施其他风险警示：公司向控股股东或者其关联人提供资金或者违反规定程序对外提供担保且情形严重的 本规则第9.4条第五项所述“向控股股东或者其关联人提供资金或者违反规定程序对外提供担保且情形严重”，是指上市公司存在下列情形之一且无可行的解决方案或者虽提出解决方案但预计无法在一个月内解决的：上市公司向控股股东或者其关联人提供资金的余额在1000万元以上，或者占上市公司最近一期经审计净资产的百分之五以上 公司无控股股东、实际控制人的，其向第一大股东或者其关联人提供资金，按照本规则规定执行	《深圳证券交易所创业板股票上市规则（2023年8月修订）》9.4条、9.5条

上市公司存在资金占用情形的，中国证监会将根据违规行为性质、情节轻重依法作出行政处罚或者采取行政监管措施。同时，沪深北交易所也会根据自律监管规则对相关责任人实施纪律处分或者采取自律监管措施。具体如表8－4所示。

表8－4　　资金占用纪律处分规定

板块	主要内容	依据
沪主板	上市公司控股股东、实际控制人及其关联方非经营性占用上市公司资金，存在下列情形之一且情节严重的，交易所对上市公司及相关监管对象予以公开谴责： （1）被占用资金发生额一亿元以上 （2）被占用资金发生额占上市公司最近一期经审计净资产百分之十以上 非经营性占用上市公司资金未达到公开谴责标准的，交易所视情形对上市公司及相关监管对象予以通报批评 交易所综合考虑资金占用的发生额、余额、占比、次数、资金性质、持续时间、形成原因、是否归还、对公司持续经营能力的影响等，对上市公司及相关监管对象予以从重或者从轻、减轻、免除实施纪律处分	《上海证券交易所上市公司自律监管指引第10号——纪律处分实施标准》第二十九条

续表

板块	主要内容	依据
深主板、创业板	上市公司控股股东、实际控制人及其关联人非经营性占用上市公司资金，存在下列情形之一且情节严重的，交易所对上市公司及相关责任人、实际占用上市公司资金的实际控制人关联人、实际控制人予以公开谴责： （1）被占用资金日最高余额为1000万元以上 （2）被占用资金日最高余额占以该日为基准的上市公司最近一期经审计净资产绝对值的百分之五以上 上市公司控股股东、实际控制人及其关联人非经营性占用上市公司资金，未达到公开谴责标准的，交易所可以视情形对上市公司及相关当事人予以通报批评 上市公司无控股股东或者实际控制人的，其第一大股东及其最终控制人比照适用本条规定	《深圳证券交易所上市公司自律监管指引第12号——纪律处分实施标准》第二十三条
科创板	监管对象违反本规则的，交易所可以视情节轻重，对其单独或者合并采取监管措施或者实施纪律处分	《上海证券交易所科创板股票上市规则（2023年8月修订）》14.2.1条
北交所	上市公司控股股东、实际控制人及其关联方占用公司资金日最高余额超过1000万元或占比超过公司最近一期经审计净资产比例百分之十的，交易所对上市公司及相关监管对象予以通报批评 存在下列情形之一的，交易所对上市公司及相关监管对象予以公开谴责： （1）资金占用金额巨大，占最近一期经审计净资产比重巨大 （2）资金占用行为对公司造成损失或者导致公司经营困难 （3）资金占用长期持续或多次发生 （4）其他情节严重的情形 上市公司无控股股东或者实际控制人的，其第一大股东及其最终控制人比照适用本条规定	《北京证券交易所上市公司自律监管指引——纪律处分实施标准（试行）》第二十七条

上市公司若存在资金占用问题应及时完成整改，根据《上市公司监管指引第8号——上市公司资金往来、对外担保的监管要求》第二十条、第

二十一条规定，资金占用解决途径如下：

自查：上市公司应对其与控股股东、实际控制人及其他关联方已经发生的资金往来情况进行自查。对于存在资金占用问题的公司，应及时完成整改，维护上市公司和中小股东的利益。

以现金清偿：上市公司被占用的资金原则上应当以现金清偿，严格控制控股股东、实际控制人及其他关联方以非现金资产清偿占用的上市公司资金。

以非现金资产抵债：用于抵偿的资产必须属于上市公司同一业务体系，并有利于增强上市公司独立性和核心竞争力，减少关联交易，不得是尚未投入使用的资产或没有客观明确账面净值的资产。上市公司应当聘请符合《证券法》规定的中介机构对符合以资抵债条件的资产进行评估，审计报告和评估报告应当向社会公告。上市公司关联方以资抵债方案须经股东大会审议批准，关联方股东应当回避投票。

2. 违规担保

根据新《公司法》第十五条，公司向其他企业投资或者为他人提供担保，依照公司章程的规定，由董事会或者股东会决议；公司章程对投资或者担保的总额及单项投资或者担保的数额有限额规定的，不得超过规定的限额。公司为公司股东或者实际控制人提供担保的，必须经股东会决议。前款规定的股东或者受前款规定的实际控制人支配的股东，不得参加前款规定事项的表决。该项表决由出席会议的其他股东所持表决权的过半数通过。

根据沪深北交易所股票上市规则，上市公司为关联人提供担保的，不论数额大小，均应当在董事会审议通过后及时披露，并提交股东大会审议。

上市公司违规担保系上市公司及其控股子公司违反法律法规规定或公司章程规定对外提供担保的行为。

上市公司违规担保的原因往往是大股东或控股股东为了满足自身融资需求等利益安排，利用上市公司为其增信从而间接拆借或侵占上市公司资产。违规担保是控股股东滥用地位和股东权利的表现，其绕过审批决策程序，逃避信息披露义务，直接损害了公司治理结构，破坏了上市公司公共性和独立性。大股东或控股股东利用上市公司增信，让上市公司为其自身需求违规“买单”，致使上市公司三会治理和内部控制机制名存实亡，轻则导致公司市值下降、融资障碍增加，严重的会让上市公司退市或濒临退市。具体如表 8 - 5 所示。

表 8 - 5　　违规担保对上市公司的影响

板块	主要内容	依据
沪主板	上市公司出现以下情形之一的，交易所对其股票实施其他风险警示： 公司违反规定决策程序对外提供担保（担保对象为上市公司合并报表范围内子公司的除外），余额达到最近一期经审计净资产绝对值百分之五以上，或者金额超过 1000 万元，未能在一个月内完成清偿或整改	《上海证券交易所股票上市规则（2023 年 8 月修订）》9. 8. 1 条
深主板	上市公司出现下列情形之一的，交易所对其股票交易实施其他风险警示： 公司违反规定程序对外提供担保且情形严重 本规则第 9. 8. 1 条第（2）项所述违反规定程序对外提供担保且情形严重，是指上市公司违反规定程序对外提供担保的余额（担保对象为上市公司合并报表范围内子公司的除外）在 1000 万元以上，或者占上市公司最近一期经审计净资产的百分之五以上，且无可行的解决方案或者虽提出解决方案但预计无法在一个月内解决	《深圳证券交易所股票上市规则（2023 年 8 月修订）》9. 8. 1 条、9. 8. 2 条
创业板	上市公司出现下列情形之一的，交易所对其股票交易实施其他风险警示：公司向控股股东或者其关联人提供资金或者违反规定程序对外提供担保且情形严重的 本规则第 9. 4 条第五项所述“向控股股东或者其关联人提供资金或者违反规定程序对外提供担保且情形严重”，是指上市公司存在下列情形之一且无可行的解决方案或者虽提出解决方案但预计无法在一个月内解决的：上市公司违反规定程序对外提供担保的余额（担保对象为上市公司合并报表范围内子公司的除外）在 1000 万元以上，或者占上市公司最近一期经审计净资产的百分之五以上	《深圳证券交易所创业板股票上市规则（2023 年 8 月修订）》9. 4 条、9. 5 条

上市公司存在违规担保情形的，证监会将根据违规行为性质、情节轻重依法作出行政处罚或者采取行政监管措施。同时，沪深北交易所也会根据自律监管规则对相关责任人实施纪律处分或者采取自律监管措施。具体如表 8 –6 所示。

表 8 –6　　违规担保纪律处分规定

板块	主要内容	依据
沪主板	上市公司违规对外提供担保，未按规定履行股东大会决策程序且未履行信息披露义务，情节严重的，交易所对上市公司及相关监管对象予以公开谴责 违规担保未达到公开谴责标准的，交易所视情形对上市公司及相关监管对象予以通报批评 存在下列情形之一的，交易所可以视情形从重实施纪律处分： (1) 违规担保金额较大，占最近一期经审计净资产比重较高 (2) 违规担保行为对公司造成损失或者导致公司经营困难 (3) 公司未及时披露担保债务逾期、担保涉诉等进展事项 (4) 其他从重情形 存在下列情形之一的，交易所可以视情形从轻、减轻、免除实施纪律处分： (1) 违规担保期限较短并已解除，未对公司造成损失，且情节较轻 (2) 及时补充履行决策程序及披露义务 (3) 其他从轻、减轻、免除情形	《上海证券交易所上市公司自律监管指引第 10 号——纪律处分实施标准》第三十条
深主板、创业板	上市公司违规对外提供担保，担保余额超过 5000 万元或者占最近一期经审计净资产超过百分之十，情节严重的，交易所对上市公司及相关当事人予以公开谴责 上市公司存在前款违规行为，未达到公开谴责标准的，交易所可以视情形对上市公司及相关当事人予以通报批评	《深圳证券交易所上市公司自律监管指引第 12 号——纪律处分实施标准》第二十六条
科创板	监管对象违反本规则的，交易所可以视情节轻重，对其单独或者合并采取监管措施或者实施纪律处分	《上海证券交易所科创板股票上市规则（2023 年 8 月修订）》14.2.1 条

续表

板块	主要内容	依据
北交所	上市公司及其控股子公司对外实施担保未按规定履行审议程序或信息披露义务，存在下列情形之一的，交易所对相关监管对象予以通报批评： （1）担保余额超过2000万元且占比超过公司最近一期经审计净资产比例百分之二十的 （2）为控股股东、实际控制人及其关联方提供担保，担保余额超过1000万元且占比超过公司最近一期经审计净资产比例百分之十的 存在下列情形之一的，交易所对上市公司及相关监管对象予以公开谴责： （1）违规担保金额巨大，占最近一期经审计净资产比重巨大 （2）违规担保行为对公司造成损失或者导致公司经营困难 （3）公司未及时披露担保债务逾期、担保涉诉等进展事项 （4）其他情节严重的情形 存在下列情形之一的，交易所视情形从轻、减轻或者免予处理： （1）违规担保期限较短并已解除，未对公司造成损失，且情节较轻 （2）及时补充履行决策程序及披露义务 （3）其他从轻、减轻或者免予处理的情形	《北京证券交易所上市公司自律监管指引——纪律处分实施标准（试行）》第二十八条

上市公司若存在违规担保问题应及时完成整改，根据《上市公司监管指引第8号——上市公司资金往来、对外担保的监管要求》第二十条、沪深交易所《规范运作》的相关规定，违规担保解决途径如下：

自查：上市公司应对其与控股股东、实际控制人及其他关联方已经发生的对外担保情况进行自查。对于存在违规担保问题的公司，应及时完成整改，维护上市公司和中小股东的利益。

采取措施解除或改正违规担保行为：上市公司发生违规担保行为的，应当及时披露，并采取合理、有效措施解除或者改正违规担保行为，降低公司损失，维护公司及中小股东的利益，并追究有关人员的责任。

3. 关联交易违规

根据沪深北股票上市规则，上市公司的关联交易是指上市公司、控股子公司及控制的其他主体与上市公司关联人之间发生的转移资源或者义务的事项；上市公司的关联人包括关联法人和关联自然人。

关联交易的发生是正常现象，合理的关联交易能降低交易成本，提高交易效率，体现和关联人的协同效应。但结合市场案例，也存在通过关联交易调节公司利润，或者依靠大量的关联交易来维持运营，或者违规和关联方发生非经营性资金往来等损害上市公司利益的行为。

关联交易一直是监管部门关注的重点，上市公司因关联交易事项违规而受到监管部门处罚或被采取监管措施的情形屡见不鲜，最常见的就是上市公司因未及时履行审议程序及信息披露义务或是对关联方的信息披露不准确而受到处罚。具体如表 8 – 7 所示。

表 8 – 7　　关联交易违规纪律处分规定

板块	主要内容	依据
沪主板	上市公司发生关联交易，未按相关规定履行股东大会审议程序且未及时披露的，交易所对上市公司及相关监管对象予以通报批评 存在下列情形之一的，交易所可以视情形从重实施纪律处分： （1）违规行为导致报告期内公司业绩发生盈亏性质变化 （2）违规行为相关的交易指标，达到重大资产重组标准 （3）未按规定披露关联关系 （4）其他从重情形 控股股东、实际控制人及其关联方违反诚信义务，利用控制地位，违规实施关联交易，损害上市公司利益的，交易所对控股股东、实际控制人及其关联方从重处理 存在下列情形之一的，交易所可以视情形从轻、减轻、免除实施纪律处分： （1）日常关联交易违规 （2）与同一关联人或者交易类别相关的关联交易，连续十二个月内累计达到披露标准，但单一事项未达到披露标准 （3）其他从轻、减轻、免除情形	《上海证券交易所上市公司自律监管指引第10号——纪律处分实施标准》第二十四条
	上市公司控股股东、实际控制人及其关联方等相关人员存在下列违规情形之一，情节严重的，交易所视情形对相关监管对象予以纪律处分： （1）未按规定履行或者配合履行信息披露义务 （2）未配合证券服务机构履行核查或验证工作 （3）通过关联交易、利润分配、资产重组、对外投资等方式损害公司利益 （4）违反诚实信用原则、滥用股东权利的其他违规行为	《上海证券交易所上市公司自律监管指引第10号——纪律处分实施标准》第五十五条

续表1

板块	主要内容	依据
深主板、创业板	上市公司关联交易事项未履行审议程序或未及时披露，涉及交易金额累计超过一亿元且占上市公司最近一期经审计净资产的百分之二十以上，情节严重的，交易所对上市公司及相关责任人予以公开谴责 上市公司未按规定审议及披露关联交易事项，未达到公开谴责标准的，交易所可以视情形对上市公司及相关责任人予以通报批评 上市公司日常关联交易违规的，可以从轻或减轻处分	《深圳证券交易所上市公司自律监管指引第12号——纪律处分实施标准》第十八条
	上市公司董事、监事和高级管理人员、股东或者存托凭证持有人、实际控制人、收购人及其他权益变动主体、重大资产重组、再融资、重大交易、破产事项等有关各方，存在下列规范运作违规情形之一，交易所可以视情形对该当事人予以纪律处分： （1）未能履行法律、行政法规、部门规章、规范性文件、公司章程、交易所业务规则规定的忠实义务和勤勉义务 （2）利用非公允的关联交易、利润分配、资产重组、对外投资等方式损害上市公司利益 （3）作为关联董事或关联股东，在应回避表决时未回避，严重损害上市公司或投资者利益 （4）未能积极配合上市公司工作或交易所的监管工作 （5）连续十二个月内三次以上无故未出席董事会或监事会 （6）独立董事未履行职责，对公司重大事项拒不发表意见 （7）其他违反交易所业务规则、公司章程的情形	《深圳证券交易所上市公司自律监管指引第12号——纪律处分实施标准》第三十五条
科创板	监管对象违反本规则的，交易所可以视情节轻重，对其单独或者合并采取监管措施或者实施纪律处分	《上海证券交易所科创板股票上市规则（2023年8月修订）》14.2.1条
北交所	上市公司及控股子公司发生的关联交易未按规定履行审议程序或信息披露义务，累计金额超过2000万元且占比超过最近一期经审计净资产百分之二十的，交易所对相关监管对象予以通报批评 存在下列情形之一的，交易所对上市公司及相关监管对象予以公开谴责： （1）违规行为导致报告期内公司业绩发生盈亏性质变化 （2）违规行为相关的交易指标达到重大资产重组标准 （3）未按规定披露关联关系 （4）其他情节严重的情形	《北京证券交易所上市公司自律监管指引——纪律处分实施标准（试行）》第二十一条

续表2

板块	主要内容	依据
北交所	控股股东、实际控制人及其关联方违反诚信义务，利用控制地位，违规实施关联交易，损害上市公司利益的，交易所对控股股东、实际控制人及其关联方从重处理 存在下列情形之一的，交易所视情形从轻、减轻或者免予处理： （1）日常关联交易违规 （2）与同一关联人或者交易类别相关的关联交易，连续十二个月内累计达到披露标准，但单一事项未达到披露标准 （3）其他从轻、减轻或者免予处理的情形	

（三）信息披露义务

《上市公司信息披露管理办法》及交易所自律规则规定了控股股东、实际控制人信息披露义务。上市公司的控股股东、实际控制人应积极配合上市公司履行信息披露义务，具体如表8-8所示。

表8-8　　控股股东和实际控制人的信息披露义务

信披类型	主要内容	依据
发生可能对上市公司证券及其衍生品种交易价格产生较大影响的重大事件，投资者尚未得知时，上市公司应当立即披露，说明事件的起因、目前的状态和可能产生的影响	重大事件包括： （1）公司或者其控股股东、实际控制人、董事、监事、高级管理人员受到刑事处罚，涉嫌违法违规被中国证监会立案调查或者受到中国证监会行政处罚，或者受到其他有权机关重大行政处罚 （2）公司的控股股东、实际控制人、董事、监事、高级管理人员涉嫌严重违纪违法或者职务犯罪被纪检监察机关采取留置措施且影响其履行职责 （3）上市公司的控股股东或者实际控制人对重大事件的发生、进展产生较大影响的，应当及时将其知悉的有关情况书面告知上市公司，并配合上市公司履行信息披露义务 注：重大事件具体详见《上市公司信息披露管理办法》第二十二条	《上市公司信息披露管理办法》第二十二条

续表 1

信披类型	主要内容	依据
发生可能对上市公司证券及其衍生品种交易价格产生较大影响的重大事件，投资者尚未得知时，上市公司应当立即披露，说明事件的起因、目前的状态和可能产生的影响	上市公司出现下列重大风险情形之一的，应当及时披露相关情况及对公司的影响： （1）公司涉嫌犯罪被依法立案调查，公司的控股股东、实际控制人、董事、监事和高级管理人员涉嫌犯罪被依法采取强制措施 （2）公司或者其控股股东、实际控制人、董事、监事和高级管理人员受到刑事处罚，涉嫌违法违规被中国证监会立案调查或者受到中国证监会行政处罚，或者受到其他有权机关重大行政处罚 （3）公司的控股股东、实际控制人、董事、监事和高级管理人员涉嫌严重违纪违法或者职务犯罪被纪检监察机关采取留置措施且影响其履行职责	《上海证券交易所股票上市规则（2023 年 8 月修订）》7.7.6 条
	上市公司出现下列使公司面临重大风险情形之一的，应当及时披露相关情况及对公司的影响： （1）公司涉嫌犯罪被依法立案调查，公司的控股股东、实际控制人、董事、监事、高级管理人员涉嫌犯罪被依法采取强制措施 （2）公司或者其控股股东、实际控制人、董事、监事、高级管理人员受到刑事处罚，涉嫌违法违规被中国证监会立案调查或者受到中国证监会行政处罚，或者受到其他有权机关重大行政处罚 （3）公司的控股股东、实际控制人、董事、监事、高级管理人员涉嫌严重违纪违法或者职务犯罪被纪检监察机关采取留置措施且影响其履行职责	《深圳证券交易所股票上市规则（2023 年 8 月修订）》7.7.7 条
上市公司的股东、实际控制人发生以下事件时，应当主动告知上市公司董事会，并配合上市公司履行信息披露义务	（1）持有公司百分之五以上股份的股东或者实际控制人持有股份或者控制公司的情况发生较大变化，公司的实际控制人及其控制的其他企业从事与公司相同或者相似业务的情况发生较大变化 （2）法院裁决禁止控股股东转让其所持股份，任一股东所持公司百分之五以上股份被质押、冻结、司法拍卖、托管、设定信托或者被依法限制表决权等，或者出现被强制过户风险 （3）拟对上市公司进行重大资产或者业务重组 （4）中国证监会规定的其他情形 应当披露的信息依法披露前，相关信息已在媒体上传播或者公司证券及其衍生品种出现交易异常情况的，股东或者实际控制人应当及时、准确地向上市公司作出书面报告，并配合上市公司及时、准确地公告	《上市公司信息披露管理办法》第三十九条

续表 2

信披类型	主要内容	依据
上市公司的股东、实际控制人发生以下事件时，应当主动告知上市公司董事会，并配合上市公司履行信息披露义务	上市公司控股股东、实际控制人应当履行信息披露义务，并保证披露信息的真实、准确、完整、及时、公平，不得有虚假记载、误导性陈述或者重大遗漏。控股股东、实际控制人收到公司问询的，应当及时了解情况并回复，保证回复内容真实、准确和完整 控股股东、实际控制人出现下列情形之一的，应当及时告知公司，并配合公司履行信息披露义务： （1）持有股份或者控制公司的情况发生较大变化，公司的实际控制人及其控制的其他企业从事与公司相同或者相似业务的情况发生较大变化 （2）法院裁决禁止转让其所持股份，所持公司百分之五以上股份被质押、冻结、司法标记、司法拍卖、托管、设定信托或者被依法限制表决权等，或者出现被强制过户风险 （3）拟对公司进行重大资产重组、债务重组或者业务重组 （4）因经营状况恶化进入破产或者解散程序 （5）出现与控股股东、实际控制人有关的传闻，对公司股票及其衍生品种交易价格可能产生较大影响 （6）受到刑事处罚，涉嫌违法违规被中国证监会立案调查或者受到中国证监会行政处罚，或者受到其他有权机关重大行政处罚 （7）涉嫌严重违纪违法或者职务犯罪被纪检监察机关采取留置措施且影响其履行职责 （8）涉嫌犯罪被采取强制措施 （9）其他可能对公司股票及其衍生品种交易价格产生较大影响的情形 前款规定的事项出现重大进展或者变化的，控股股东、实际控制人应当将其知悉的有关情况书面告知公司，并配合公司履行信息披露义务	《上海证券交易所股票上市规则（2023 年 8 月修订）》4.5.3 条
	上市公司控股股东、实际控制人应当履行信息披露义务，并保证所披露信息的真实、准确、完整、及时、公平，不得有虚假记载、误导性陈述或者重大遗漏 公司控股股东、实际控制人出现下列情形之一的，应当及时告知公司，并配合公司履行信息披露义务： （1）所持公司股份涉及本规则第 7.7.9 条所列的事项 （2）公司的实际控制人及其控制的其他主体从事与公司相同或者相似业务的情况发生较大变化 （3）拟对上市公司进行重大资产重组、债务重组或者业务重组 （4）因经营状况恶化进入破产或者解散程序 （5）出现与控股股东、实际控制人有关传闻，对上市公司股票及其衍生品种交易价格可能产生较大影响 （6）其他可能对上市公司股票及其衍生品种交易价格产生较大影响的情形 前款规定的事项出现重大进展或者变化的，控股股东、实际控制人应当将其知悉的有关情况书面告知公司，并配合公司履行信息披露义务 控股股东、实际控制人收到公司问询的，应当及时了解情况并回复，保证回复内容真实、准确和完整	《深圳证券交易所股票上市规则（2023 年 8 月修订）》4.5.4 条

（四）声明与承诺义务（见表 8－9）

表 8－9　　控股股东和实际控制人的声明与承诺义务

要点	主要内容	依据
首次公开发行并上市前或者控制权变更完成后一个月内	控股股东、实际控制人应当按照交易所有关规定签署《控股股东、实际控制人声明及承诺书》，并报送交易所和公司董事会	《上海证券交易所股票上市规则（2023 年 8 月修订）》 《深圳证券交易所股票上市规则（2023 年 8 月修订）》
声明与承诺事项发生重大变化	控股股东、实际控制人应当及时更新并报送交易所和公司董事会	《上海证券交易所股票上市规则（2023 年 8 月修订）》 《深圳证券交易所股票上市规则（2023 年 8 月修订）》
内容和形式要求	【沪深交易所】 控股股东、实际控制人签署《控股股东、实际控制人声明及承诺书》时，应当由律师见证。控股股东、实际控制人应当保证声明事项的真实、准确、完整，不存在虚假记载、误导性陈述或者重大遗漏 【北交所】 上市公司及其股东、实际控制人、关联方、收购人做出的公开承诺应当具体、明确、无歧义、具有可操作性，并符合法律法规和交易所业务规则的要求	《上海证券交易所上市公司自律监管指引第 1 号——规范运作（2023 年 12 月修订）》《深圳证券交易所上市公司自律监管指引第 1 号——主板上市公司规范运作（2023 年 12 月修订）》 《北京证券交易所上市规则（试行）（2023 年 8 月修订）》4. 5. 1 条

四、控股股东及实际控制人的行为规范

控股股东应严格按照法律法规、部门规章、自律规则以及上市公司章程等相关规定，履行相关职责，不得滥用支配地位，给公司或者其他股东造成损失，不得利用其关联关系损害公司利益。具体如表 8－10 所示。

表 8 - 10　控股股东和实际控制人的行为规范

序号	要点	主要内容	沪主板	深主板	科创板	创业板	北交所
1	禁止损害公司或其他股东权益	控股股东、实际控制人及其关联人不得利用关联交易、资产重组、对外投资、担保、利润分配和其他方式直接或者间接侵占上市公司资金、资产，损害公司及其他股东的合法权益	《规范运作》4.3.1 条	《规范运作》4.3.1 条	《规范运作》2.1.3 条	《规范运作》4.3.1 条	《上市规则》4.3.5 条
2	主动赔偿中小投资者	对上市公司违法行为负有责任的控股股东及实际控制人，应当主动、依法将其持有的公司股权及其他资产用于赔偿中小投资者	《规范运作》4.3.2 条	《规范运作》4.3.2 条	—	《规范运作》4.3.2 条	—
3	保护中小投资者权益	控股股东、实际控制人应当充分保护中小股东的提案权、表决权、董事提名权等权利，不得以任何理由限制、阻挠其合法权利的行使	《规范运作》4.3.3 条	《规范运作》4.3.3 条	《规范运作》2.5.1 条和 2.5.2 条	《规范运作》4.3.3 条	—
4	股份交易合规	控股股东、实际控制人及其一致行动人买卖上市公司股份，应当遵守法规和有关声明和承诺，不得以利用他人账户或者向他人提供资金的方式买卖公司股份	《规范运作》4.3.4 条	《规范运作》4.3.4 条	《规范运作》2.4.1 条	《规范运作》4.3.4 条	—
5	确保控制权稳定	控股股东、实际控制人应当维持控制权稳定。确有必要转让上市公司股权导致控制权变动的，应当保证交易公允、公平、合理、具有可行性，不得利用控制权转让炒作股价，不得损害公司和其他股东的合法权益	《规范运作》4.3.5 条	《规范运作》4.3.5 条	—	《规范运作》4.3.5 条	—

续表 1

序号	要点	主要内容	沪主板	深主板	科创板	创业板	北交所
6	转让控制权时应当充分地尽职调查，消除资金占用或违规担保、确保平稳过渡	控股股东、实际控制人转让上市公司控制权之前，应当对拟受让人的主体资格、诚信状况、受让意图、履约能力、是否存在不得转让控制权的情形等情况进行调查，保证交易公允、公平、合理，有利于维护公司和中小股东利益 控股股东、实际控制人及其关联人如存在占用公司资金、要求公司违法违规提供担保等违规情形的，控股股东、实际控制人在转让控制权之前，应将占用资金全部归还、违规担保全部解除；存在未履行承诺情形的，应当采取措施保证承诺履行不受影响 控股股东、实际控制人转让公司控制权时，应当关注、协调新老股东更换，确保上市公司董事会以及公司管理层平稳过渡	《规范运作》4.3.6 条	《规范运作》4.3.6 条	《规范运作》2.4.3 条	《规范运作》4.3.6 条和 4.3.7 条	—
7	向上市公司披露实际控制情况	控股股东、实际控制人应当向上市公司提供实际控制人及其一致行动人的基本情况，配合公司逐级披露公司与实际控制人之间的股权和控制关系	《规范运作》4.3.7 条	《规范运作》4.3.9 条	《规范运作》2.3.4 条	《规范运作》4.3.12 条	—
8	股份交易合规	上市公司持有百分之五以上股份的股东、实际控制人、董事、监事、高级管理人员，以及其他持有发行人首次公开发行前发行的股份或者上市公司向特定对象发行股份的股东，转让其持有的本公司股份的，不得违反法律、行政法规和国务院证券监督管理机构关于持有期限、卖出时间、卖出数量、卖出方式、信息披露等规定，并应当遵守证券交易所的业务规则。同时，控股股东、实际控制人增减持上市公司股份还应符合相关法规要求	《证券法》第三十六条、沪深交易所《上市公司股东及董事、监事、高级管理人员减持股份实施细则》和《股份变动管理》				

续表2

序号	要点	主要内容	沪主板	深主板	科创板	创业板	北交所
9	协助上市公司应对媒体舆情	媒体上出现与控股股东、实际控制人有关的报道或者传闻，且可能对上市公司股票及其衍生品种交易价格产生较大影响的，控股股东、实际控制人应当主动了解真实情况，及时将相关信息告知公司并答复公司的询证	《规范运作》4.3.8条	《规范运作》4.3.10条	《规范运作》2.3.5条	《规范运作》4.3.11条	—
10	建立信息披露管理制度	控股股东、实际控制人应当建立信息披露管理制度，相关制度应至少包含以下内容：涉及上市公司的重大信息的范围；未披露重大信息的报告流程；内幕信息知情人登记制度；未披露重大信息保密措施；对外发布信息的流程；配合公司信息披露工作的程序；相关人员在信息披露事务中的职责与权限；其他信息披露管理制度	《规范运作》4.1.3条	《规范运作》4.3.7条	—	《规范运作》4.3.8条	—
11	遵守保密义务	控股股东、实际控制人对涉及上市公司的未公开重大信息应当采取严格的保密措施。对应当披露的重大信息，应当第一时间通知公司并通过公司对外公平披露，不得提前泄露。一旦出现泄露应当立即通知公司，并督促公司立即公告 控股股东、实际控制人为履行法定职责要求公司提供有关对外投资、财务预算数据、财务决算数据等未披露信息时，应当做好内幕信息知情人的登记备案工作，并承担保密义务	—	《规范运作》4.3.8条	《规范运作》2.3.3条、2.3.6条和2.3.7条	《规范运作》4.3.9条和4.3.10条	《上市规则》4.3.9条
12	及时向交易所更新信息	控股股东、实际控制人应当按照交易所要求如实填报并及时更新关联人信息，保证所提供的信息真实、准确、完整	—	《规范运作》4.3.11条	—	《规范运作》4.3.13条	《上市规则》7.2.3条

续表 3

序号	要点	主要内容	沪主板	深主板	科创板	创业板	北交所
13	配合上市公司信披工作	控股股东、实际控制人应当指定相关部门和人员负责信息披露工作，及时向科创公司告知相关部门和人员的联系信息 控股股东、实际控制人应当配合科创公司的信息披露工作和内幕信息知情人登记工作，不得要求或者协助科创公司隐瞒重要信息 控股股东、实际控制人应当配合科创公司完成与信息披露相关的问询、调查以及查证工作，收到公司书面问询函件的，应当及时向相关各方了解真实情况，在期限内以书面方式答复，并提供有关证明材料，保证相关信息和资料的真实、准确和完整 控股股东、实际控制人发生下列情形之一的，应当在该事件发生当日书面通知科创公司，并配合科创公司的信息披露工作：控制权变动；对科创公司进行重大资产重组或者债务重组；经营状况恶化进入破产或者解散程序；公司实际控制人及其控制的其他企业从事与科创公司相同或者相似业务的情况发生较大变化；涉嫌犯罪被依法采取强制措施；其他可能对科创公司证券及其衍生品种交易价格产生较大影响的事件 前款事件出现重大进展或者变化的，控股股东、实际控制人应当立即将进展或者变化情况、可能产生的影响告知科创公司 前两款规定的事件在依法披露前出现以下情形之一的，控股股东、实际控制人应当立即书面通知科创公司予以公告，并配合科创公司的信息披露工作：该事件难以保密；该事件已经泄漏或者出现市场传闻；科创公司证券及其衍生品种出现异常交易情况	—	—	《规范运作》2.3.1 条和 2.3.2 条	—	—

续表 4

序号	要点	主要内容	沪主板	深主板	科创板	创业板	北交所
14	境内外信披同步	在境内外同时发行证券及其衍生品种的科创公司控股股东、实际控制人，在境外市场披露涉及科创公司的重大信息的，应当同时通过科创公司在境内市场披露	《规范运作》4.1.6 条	—	《规范运作》2.3.8 条	—	—
15	增持的消极条件	控股股东、实际控制人在下列情形下不得增持科创公司股票：科创公司定期报告披露前十日内；科创公司因特殊原因推迟定期报告公告日期的，则自原预约公告日期前十日起到定期报告实际公告之日的期间内；科创公司业绩快报、业绩预告披露前十日内；自知悉可能对科创公司股票交易价格产生较大影响的事件发生或在决策过程中，至该事件依法披露后两个交易日内；控股股东、实际控制人承诺一定期限内不买卖本公司股票且在该期限内；《证券法》第四十四条、第六十三条规定的情形；有关法律法规规定或认定的其他情形	—	—	《规范运作》2.4.2 条	—	—
16	有效履行承诺	控股股东、实际控制人应当采取有效措施保证其做出的承诺能够有效施行，对于存在较大履约风险的承诺事项，控股股东、实际控制人应当提供履约担保。担保人或履约担保标的物发生变化导致无法或可能无法履行担保义务的，控股股东、实际控制人应当及时告知科创公司，并予以披露，同时提供新的履约担保 除另有规定外，控股股东、实际控制人在相关承诺尚未履行完毕前转让所持公司股份的，不得影响相关承诺的履行	—	《上市规则》4.5.3 条，《规范运作》第六章第四节	《规范运作》2.5.3 条	—	—

五、控股股东及实际控制人典型违规案例

（一）资金占用

1. 短期资金占用

[案例8－1]

2021年7月23日，应实际控制人之一陈某的要求，经实际控制人之一、公司董事长兼总经理李某同意并组织实施，H上市公司及子公司S公司向公司第二大股东S合伙企业划拨资金共计1700万元，用于补充代扣代缴陈某前期转让其通过S合伙企业间接持有的H公司股权产生的个人所得税。李某、公司副总经理兼董秘王某、公司财务总监林某在相关付款审批单上签字。2021年7月28日至7月30日，上述资金全部归还。陈某另通过S合伙企业支付0.96万元利息。上述关联人非经营性资金占用情况，公司未履行审议程序、未及时进行临时公告，直至2022年2月19日才予以披露。

2022年12月29日，证监局对H上市公司给予警告，并处以罚款100万元；对李某给予警告，并处以罚款150万元；对陈某处以罚款50万元；对王某、李某给予警告，并分别处以罚款30万元。

2. 共用水（电）表构成资金占用

[案例8－2]

J上市公司的控股股东及实际控制人控制的关联方与上市公司共用水（电）表，由上市公司与供水（电）公司统一结算。J上市公司按关联方使用量以成本价向关联方开具发票并收取款项，形成非经营性资金占用。J上市公司直至2022年4月13日，在2021年年度报告及2021年度非经营性资金占用及其他关联资金往来的情况汇总中才披露相关资金占用情况，并披露称公司已于2022年4月12日收回占用资金及利息。J上市公司为控股股东、实际控制人控制的企业代付款项的事实，构成非经营性资金

占用。

2022年5月18日，上交所对J上市公司、控股股东、实际控制人及其附属企业，以及相关责任人予以监管警示。

3. 实际控制人不合理费用报销

[案例8-3]

2018年至2021年9月底，M上市公司实际控制人关联方、董事长兼总经理曹某通过不合理费用报销占用上市公司资金日最高余额为357.83万元。公司于2022年1月7日披露《关于前期会计差错更正及追溯调整的公告》，就上述非经营性资金占用及孙公司财务管理和会计核算不规范事项对公司《2020年年度报告》和《2021年度三季报报告》的多项财务指标进行了更正，更正前后净利润差异金额为507.99万元。

2022年2月22日，深交所对M上市公司及曹某发出监管函。

4. 控股股东未及时支付业绩补偿款

[案例8-4]

2015年5月，K上市公司向控股股东Y公司的子公司Z公司收购林业资产并签订了“盈利预测补偿协议”。协议约定，如果林业资产在盈利补偿期间未实现承诺的净利润，Z公司应在收到由上市公司提供的承诺年度未实现净利润差额数据之后的10个工作日内，按上市公司要求的支付方式，就净利润差额部分进行支付或冲抵。

2018年6月29日，K上市公司披露年审会计师出具的《收购林业资产业绩承诺实现情况的专项审核报告》，显示2017年度上述林业资产扣非归母净利润为2594.42万元，与当期Z公司承诺的3亿元净利润存在高达约2.74亿元的差额。按上述协议，Z公司应在2018年7月11日之前支付补偿款。

2018年6月4日，Z公司以代K上市公司偿还借款1亿元的方式，部分冲抵上述2.74亿元的应付补偿款。此后Z公司未能继续履行协议，及时将剩余1.74亿元业绩补偿款支付给上市公司。2018年12月28日，公司在《关于对深交所第206号关注函回复的公告》中披露，将上述1.74亿元的应付业绩补偿款自行认为对上市公司的非经营性资金占用。

2019年9月11日，深交所对K上市公司、Z公司等有关当事人予以纪律处分。

（二）违规担保

1. 私刻公章为自己及关联方提供担保

［案例8-5］

2018年，Z上市公司原实控人、法人黄某某因私刻公司公章，导致Z公司背上近15亿元的债务，一度接近破产边缘。黄某某在法院出具的书面材料中指出，Z公司提供的“最高额保证合同”是在没有经过董事会、股东大会批准的情况下私下签订，公章是私刻的，Z公司不知情，该借款也没有用于公司。其本人在入主Z公司之前，为筹集资金向债权人借款。在担任Z公司董事长期间，在受胁迫下，没有经过董事会、股东大会批准，私刻Z公司假公章，在某市以Z公司名义为黄某某本人及其关联公司、关联人员的借款提供了担保。请求法院依法认定该担保合同无效，Z公司不用承担责任。

在违规担保事项发酵后，2018年10月以来，Z公司不断披露重大诉讼进展和银行账户被冻结的公告。截至2019年5月8日，公司银行账户被冻结金额为795.49万元。5月17日，公司再次公告，部分银行账户被冻结，被冻结的资金余额共计111.98万元。因为控制权之争以及相关诉讼，Z公司接连收到深交所发出的7封关注函。同时，因Z公司违规担保涉诉的多起案件法院尚未正式判决且涉案金额巨大，会计师事务所对Z公司2018年度财务报告出具了“带强调事项段的无保留意见”的审计报告。Z公司主体信用评级也遭到下调。2018年7月至8月，Z上市公司时任董事长、实际控制人黄某某以上市公司的名义为自己及关联方的债务违规提供担保，涉及金额为119012万元，占上市公司2017年度经审计净资产的63.09%。

2022年7月8日，深交所对黄某某给予公开谴责的处分。

2. 使用上市公司旧版公章违规对外担保

[案例8-6]

2020年9月8日，证监局对Y上市公司前实控人陈某某及前控股股东YF公司采取出具警示函措施的决定。

证监局在监管中发现以下违规事实：Y上市公司前实际控制人、时任董事长、时任总经理陈某某分别于2016年3月29日、4月10日使用公司旧版公章代表公司与前控股股东YF公司及其陈某某本人一起，为X合伙企业向自然人钟某、陈某两笔合计1.5亿元的借款承担连带保证责任。该对外担保公司未履行审议程序和信息披露义务，陈某某及YF公司对于以上违规行为负有主要责任。

（三）关联交易违规

1. 关联交易未及时审议和披露

[案例8-7]

2014年7月21日、2014年8月8日，SH公司董事会、股东大会分别审议通过了“关于购买理财产品的议案”，同意SH公司使用合计不超过5亿元的自有闲置资金择机购买理财产品，授权董事长行使投资决策权并签署相关合同。2014年7月22日，SH公司披露了《关于购买理财产品的公告》。2014年9月28日，SH公司与ZX信托公司签订了“ZX投资基金集合信托计划T2类信托合同”，约定公司认购该信托计划的T2类信托单位，认购金额共计5亿元。XDF公司系SH公司控股股东ZH科技集团的全资子公司，在此前的9月25日，XDF公司已与ZX信托签订“人民币资金贷款合同”，约定ZX信托向XDF公司发放贷款金额不超过5亿元，贷款总金额以ZX信托为向XDF公司发放贷款而发行的ZX投资基金集合信托计划的T2类信托单位对应的信托资金本金的金额之和为准。2014年12月26

日，SH 公司向 ZX 信托公司账户转账 5 亿元购买信托产品。同日，ZX 账户向 XDF 公司转账 5 亿元发放贷款，XDF 公司又将 5 亿元转账至 ZH 科技集团。2015 年 9 月 7 日，XDF 公司向 ZX 信托公司归还 5 亿元贷款本金，并共支付贷款利息 4461.80 万元和提前还款补偿金 76.39 万元。2015 年 9 月 8 日，ZX 信托向 SH 公司支付 5 亿元信托本金，并共支付信托收益 4283.33 万元，信托本金及收益金额约占公司 2013 年经审计净资产 2.74 亿元的 198.4%。

SH 公司向 ZX 信托购买信托产品的资金用于向 XDF 公司发放贷款，上述事项构成关联交易。但公司未履行审议程序和临时信息披露义务，且未在 2014 年年报、2015 年半年报中完整披露上述关联交易事项。

结合公司其他违规事项，深交所作出以下纪律处分：

（1）对 SH 公司予以公开谴责的处分；

（2）对 SH 公司实际控制人、董事长兼总经理李某给予公开谴责的处分；

（3）对 SH 公司时任董事、副总经理、董事会秘书以及财务总监给予通报批评的处分。

2. 关联关系未及时告知上市公司

[案例 8 - 8]

根据证监局“行政监管措施决定书”查明的事实，张某系上市公司 MZ 集团股份有限公司的实际控制人，梁某属于与其关系密切的家庭成员，是 MZ 公司的关联自然人。2013 年 8 月，梁某控制的 DH 投资有限公司取得 XY 地产公司 100% 的股权；2017 年，梁某将 XY 地产公司 100% 的股权转让给 FY 实业有限公司，并于 2017 年 8 月完成股权过户。据此，2013 年 8 月至 2017 年 8 月及其后 12 个月内，XY 地产属于公司的关联法人。

2018 年 7 月，MZ 公司披露称子公司 FM 有限公司将与 XY 地产公司合作投资地产项目，投资金额不超过 2.1 亿元，并确认本次投资不构成关联交易。2019 年 4 月，MZ 公司召开 2018 年年度股东大会，对 XY 地产合作投资项目进行补充确认，按财务资助履行审批程序和进行信息披露。MZ公司与关联法人XY地产的投资事项构成关联交易，相关交易金额占公司上年经审计净资产的4.12%，但公司未按关联交易的要求履行审议程序及信息披露义务。

2023年2月13日，上交所对MZ公司实际控制人张某予以监管警示。

（四）信息披露

1. 控股股东权益变动未及时告知上市公司

[案例8-9]

2022年9月14日，X上市公司的控股股东、实际控制人邱某某通过上市公司披露的《简式权益变动报告书》显示，自公司2010年6月17日上市起至2022年9月14日，邱某某持有公司股份比例由25.67%下降至14.74%，累计减少10.93%。其中，通过大宗交易、集中竞价等主动方式累计减少的权益变动比例为6.69%，因新增股份上市、可转换公司债券转股等被动方式累计减少的权益变动比例为4.24%。邱某某在拥有权益的股份变动比例累计达到百分之五时，未按照《证券法》《上市公司收购管理办法》等相关规定停止买卖公司股份并及时履行报告、公告义务。

2022年12月14日，深交所对邱某某给予通报批评。

2. 控股股东股份质押未及时告知上市公司

[案例8-10]

2017年6月至2021年11月，T上市公司的控股股东S公司及其一致行动人X公司多次未在所持公司股份质押发生后2日内通知上市公司履行信息披露义务，而是将不同时间发生的多笔质押集中一次通知公司并统一披露，违反了《上市公司股东、董监高减持股份的若干规定》第十二条、《上市公司信息披露管理办法》第二条、《上市公司信息披露管理办法》第三条等规定。

2022年10月24日，证监局决定对S公司、X公司采取出具警示函的行政监管措施。

3. 控股股东签署“差额补足协议”未及时履行披露义务

[案例8－11]

2018年3月，H上市公司控股股东HL公司及实际控制人陈某某、范某某在公司非公开发行股份购买资产并募集配套资金暨关联交易事项进行的过程中，分别与N银行等9名实际出资人或基金委托人签署了“投资协议书”或“差额补足协议”等协议，约定对其实际出资认购的公司股份提供收益保证。

公司控股股东及实际控制人与公司非公开发行股份的认购方签署的上述协议和合同，对投资者投资决策有重大影响，属于非公开发行事项中的重要内容，应当予以披露。但公司控股股东及实际控制人未及时告知并配合上市公司披露上述信息，影响投资者知情权，违反了中国证监会《上市公司证券发行管理办法》（证监会令第30号）第五十二条第二款等相关规定。

2023年2月20日，上交所对HL公司及H公司实际控制人陈某某、范某某给予通报批评。

（五）其他

1. 控股股东在网站先于上市公司披露未公开的重大信息

[案例8－12]

2021年11月20日，QD公司在其官网发布《关于Q上市公司专项调查组第一期调查结果的公告》，对媒体质疑Q上市公司财务造假、虚增资产、资金占用等事项进行了回应。深交所于2021年10月22日就媒体质疑向上市公司发出关注函。QD公司作为Q上市公司间接控股股东，未配合上市公司做好信息披露工作，在其他媒体上先于上市公司披露未公开的重大信息。

2022年2月8日，深交所对QD公司给予通报批评。

2. 控股股东未履行增持承诺

[案例8-13]

2021年6月24日，Z上市公司披露控股股东增持公司股份的公告称，控股股东ZS公司于2021年6月23日通过集中竞价交易系统增持公司股份670000股，占公司总股本的0.08%。公告同时披露，ZS公司拟在未来12个月内，累计增持公司股份（含本次已增持股份）不低于公司已发行总股份的1%。2022年6月23日，公司披露控股股东增持股份计划实施期限届满暨增持结果的公告显示，本次增持计划实施期限届满，ZS公司已累计增持公司股份670000股，占公司总股份的0.08%；未完成增持计划的主要原因是ZS公司及其关联方出现资金流动性问题。

公司控股股东面向全市场披露增持股份计划，是其作出的公开承诺，是市场高度关注的重大事项。公司控股股东ZS公司未按计划履行增持承诺，增持计划的完成率仅为8%，与其前期披露的增持计划不一致。

2022年8月23日，上交所对ZS公司予以通报批评。

3. 控股股东减持不规范

[案例8-14]

2021年5月14日，A上市公司披露减持计划公告称，因持股百分之五以上股东、时任控股股东俞某所持公司股份质押触及违约，俞某将以集中竞价方式被动减持不超过15000000股公司股票，占公司总股本的1.57%。2021年7月8日，A上市公司披露公告称，2021年5月24日至6月5日，因被动平仓，俞某以集中竞价方式累计减持公司股票4979525股，占公司总股本的0.52%，减持金额8081898.48元，上述减持行为发生日距离减持计划披露日不足15个交易日。

2022年8月10日，A上市公司披露《关于公司控股股东被动减持股份的公告》显示，俞某于2022年7月29日、2022年8月2日以集中竞价方式累计减持652738股公司股票，占公司总股本的0.07%，减持金额

1599099.20 元。俞某未对上述减持事项履行预披露义务。

2023 年 2 月 1 日，深交所对俞某发出监管函。

第二节　上市公司关联方

根据新《公司法》第二百六十五条，关联关系是指公司控股股东、实际控制人、董事、监事、高级管理人员与其直接或者间接控制的企业之间的关系，以及可能导致公司利益转移的其他关系。但是，国家控股的企业之间不仅仅因为同受国家控股而具有关联关系。

关联方的界定，对于上市公司而言十分重要，备受监管机构的关注。根据不同法规的出发点及侧重点，现行法律法规关于关联方的界定主要可分为以下四个层面。

一、《上市公司信息披露管理办法》层面

根据《上市公司信息披露管理办法》规定，关联人包括关联法人（或者其他组织）和关联自然人。

（一）关联法人（或者其他组织）

具有以下情形之一的法人（或者其他组织），为上市公司的关联法人（或者其他组织）：

（1）直接或者间接地控制上市公司的法人（或者其他组织）；

（2）由前项所述法人（或者其他组织）直接或者间接控制的除上市公司及其控股子公司以外的法人（或者其他组织）；

（3）关联自然人直接或者间接控制的，或者担任董事、高级管理人员的，除上市公司及其控股子公司以外的法人（或者其他组织）；

（4）持有上市公司百分之五以上股份的法人（或者其他组织）及其一致行动人；

（5）在过去十二个月内或者根据相关协议安排在未来十二月内，存在

上述情形之一的；

（6）中国证监会、证券交易所或者上市公司根据实质重于形式的原则认定的其他与上市公司有特殊关系，可能或者已经造成上市公司对其利益倾斜的法人（或者其他组织）。

（二）关联自然人

具有以下情形之一的自然人，为上市公司的关联自然人：

（1）直接或者间接持有上市公司百分之五以上股份的自然人；

（2）上市公司董事、监事及高级管理人员；

（3）直接或者间接地控制上市公司的法人的董事、监事及高级管理人员；

（4）上述第（1）项、第（2）项所述人士的关系密切的家庭成员，包括配偶、父母、年满十八周岁的子女及其配偶、兄弟姐妹及其配偶，配偶的父母、兄弟姐妹，子女配偶的父母；

（5）在过去十二个月内或者根据相关协议安排在未来十二个月内，存在上述情形之一的；

（6）中国证监会、证券交易所或者上市公司根据实质重于形式的原则认定的其他与上市公司有特殊关系，可能或者已经造成上市公司对其利益倾斜的自然人。

二、企业会计准则层面

根据《企业会计准则第36号——关联方披露》规定，一方控制、共同控制另一方或对另一方施加重大影响，以及两方或两方以上同受一方控制、共同控制或重大影响的，构成关联方。

控制，是指有权决定一个企业的财务和经营政策，并能据以从该企业的经营活动中获取利益。

共同控制，是指按照合同约定对某项经济活动所共有的控制，仅在与该项经济活动相关的重要财务和经营决策需要分享控制权的投资方一致同意时存在。

重大影响，是指对一个企业的财务和经营政策有参与决策的权力，但并不能够控制或者与其他方一起共同控制这些政策的制定。

三、企业所得税法层面

根据《中华人民共和国企业所得税法实施条例》，关联方是指与企业有下列关联关系之一的企业、其他组织或者个人：

（1）在资金、经营、购销等方面存在直接或者间接的控制关系；

（2）直接或者间接地同为第三者控制；

（3）在利益上具有相关联的其他关系。

四、沪深北交易所股票上市规则层面

沪深北交易所股票上市规则将上市公司的关联方分为关联法人与关联自然人。

（一）关联自然人

《股票上市规则》关于上市公司关联自然人的规定如表 8－11 所示。

表 8－11　《股票上市规则》关于上市公司关联自然人的规定

板块	主要内容条款	依据
沪主板	具有以下情形之一的自然人，为上市公司的关联自然人： （1）直接或者间接持有上市公司 5% 以上股份的自然人 （2）上市公司董事、监事和高级管理人员 （3）直接或者间接地控制上市公司的法人（或者其他组织）的董事、监事和高级管理人员 （4）本款第（1）项、第（2）项所述人士的关系密切的家庭成员	《上海证券交易所股票上市规则（2023 年 8 月修订）》6.3.3 条
深主板	具有下列情形之一的自然人，为上市公司的关联自然人： （1）直接或者间接持有上市公司百分之五以上股份的自然人 （2）上市公司董事、监事及高级管理人员 （3）直接或者间接地控制上市公司的法人（或者其他组织）的董事、监事及高级管理人员 （4）本款第（1）项、第（2）项所述人士的关系密切的家庭成员	《深圳证券交易所股票上市规则（2023 年 8 月修订）》6.3.3 条

续表1

板块	主要内容条款	依据
科创板	上市公司的关联人，指具有下列情形之一的自然人、法人或其他组织： ①直接或者间接控制上市公司的自然人、法人或其他组织 ②直接或间接持有上市公司百分之五以上股份的自然人 ③上市公司董事、监事或高级管理人员 ④与本项第①目、第②目和第③目所述关联自然人关系密切的家庭成员，包括配偶、年满18周岁的子女及其配偶、父母及配偶的父母、兄弟姐妹及其配偶、配偶的兄弟姐妹、子女配偶的父母 ⑤直接持有上市公司百分之五以上股份的法人或其他组织 ⑥直接或间接控制上市公司的法人或其他组织的董事、监事、高级管理人员或其他主要负责人 ⑦由本项第①目至第⑥目所列关联法人或关联自然人直接或者间接控制的，或者由前述关联自然人（独立董事除外）担任董事、高级管理人员的法人或其他组织，但上市公司及其控股子公司除外 ⑧间接持有上市公司百分之五以上股份的法人或其他组织 ⑨中国证监会、交易所或者上市公司根据实质重于形式原则认定的其他与上市公司有特殊关系，可能导致上市公司利益对其倾斜的自然人、法人或其他组织	《上海证券交易所科创板股票上市规则（2023年8月修订）》15.1条
创业板	具有下列情形之一的自然人，为上市公司的关联自然人： （1）直接或者间接持有上市公司百分之五以上股份的自然人 （2）上市公司董事、监事及高级管理人员 （3）直接或者间接控制上市公司的法人或者其他组织的董事、监事及高级管理人员 （4）本条第（1）项至第（3）项所述人士的关系密切的家庭成员，包括配偶、父母、配偶的父母、兄弟姐妹及其配偶、年满18周岁的子女及其配偶、配偶的兄弟姐妹和子女配偶的父母 （5）中国证监会、交易所或者上市公司根据实质重于形式的原则认定的其他与上市公司有特殊关系，可能造成上市公司对其利益倾斜的自然人	《深圳证券交易所创业板股票上市规则（2023年8月修订）》7.2.5条

续表2

板块	主要内容条款	依据
北交所	具有以下情形之一的自然人，为上市公司的关联自然人： （1）直接或者间接持有上市公司百分之五以上股份的自然人 （2）上市公司董事、监事及高级管理人员 （3）直接或者间接地控制上市公司的法人的董事、监事及高级管理人员 （4）上述第（1）目、第（2）目所述人士的关系密切的家庭成员，包括配偶、父母、年满18周岁的子女及其配偶、兄弟姐妹及其配偶，配偶的父母、兄弟姐妹，子女配偶的父母（见图8-1） （5）在过去12个月内或者根据相关协议安排在未来12个月内，存在上述情形之一的 中国证监会、交易所或者上市公司根据实质重于形式原则认定的其他与上市公司有特殊关系，可能或者已经造成上市公司对其利益倾斜的自然人	《北京证券交易所股票上市规则（试行）》12.1条

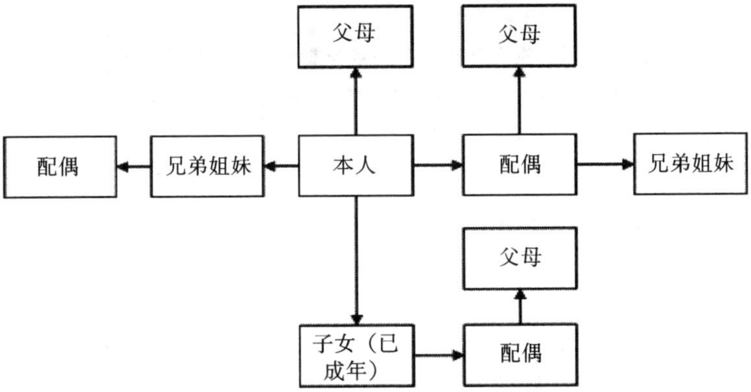

图8-1　关系密切的家庭成员示意图

（二）关联法人

《股票上市规则》关于上市公司关联法人的规定如表8-12所示。

表 8-12　《股票上市规则》关于上市公司关联法人的规定

板块	主要内容	依据
沪主板	具有以下情形之一的法人（或者其他组织），为上市公司的关联法人（或者其他组织）： （1）直接或者间接控制上市公司的法人（或者其他组织） （2）由前项所述法人（或者其他组织）直接或者间接控制的除上市公司、控股子公司及控制的其他主体以外的法人（或者其他组织） （3）关联自然人直接或者间接控制的、或者担任董事（不含同为双方的独立董事）、高级管理人员的，除上市公司、控股子公司及控制的其他主体以外的法人（或者其他组织） （4）持有上市公司5%以上股份的法人（或者其他组织）及其一致行动人	《上海证券交易所股票上市规则（2023年8月修订》6.3.3条
深主板	具有下列情形之一的法人或者其他组织，为上市公司的关联法人（或者其他组织）： （1）直接或者间接地控制上市公司的法人（或者其他组织） （2）由前项所述法人（或者其他组织）直接或者间接控制的除上市公司及其控股子公司以外的法人（或者其他组织） （3）持有上市公司百分之五以上股份的法人（或者其他组织）及其一致行动人 （4）由上市公司关联自然人直接或者间接控制的，或者担任董事（不含同为双方的独立董事）、高级管理人员的，除上市公司及其控股子公司以外的法人（或其他组织）	《深圳证券交易所股票上市规则（2023年8月修订）》6.3.3条
科创板	上市公司的关联人，指具有下列情形之一的自然人、法人或其他组织： ①直接或者间接控制上市公司的自然人、法人或其他组织 ②直接或间接持有上市公司百分之五以上股份的自然人 ③上市公司董事、监事或高级管理人员 ④与本项第①目、第②目和第③目所述关联自然人关系密切的家庭成员，包括配偶、年满18周岁的子女及其配偶、父母及配偶的父母、兄弟姐妹及其配偶、配偶的兄弟姐妹、子女配偶的父母 ⑤直接持有上市公司百分之五以上股份的法人或其他组织 ⑥直接或间接控制上市公司的法人或其他组织的董事、监事、高级管理人员或其他主要负责人	《上海证券交易所科创板股票上市规则（2023年8月修订）》15.1条

续表

板块	主要内容	依据
科创板	⑦由本项第①目至第⑥目所列关联法人或关联自然人直接或者间接控制的，或者由前述关联自然人（独立董事除外）担任董事、高级管理人员的法人或其他组织，但上市公司及其控股子公司除外 ⑧间接持有上市公司百分之五以上股份的法人或其他组织 ⑨中国证监会、交易所或者上市公司根据实质重于形式原则认定的其他与上市公司有特殊关系，可能导致上市公司利益对其倾斜的自然人、法人或其他组织	
创业板	具有下列情形之一的法人或者其他组织，为上市公司的关联法人： （1）直接或者间接控制上市公司的法人或者其他组织 （2）由前项所述法人直接或者间接控制的除上市公司及其控股子公司以外的法人或者其他组织 （3）由本规则第 7. 2. 5 条所列上市公司的关联自然人直接或者间接控制的，或者担任董事（独立董事除外）、高级管理人员的，除上市公司及其控股子公司以外的法人或者其他组织 （4）持有上市公司百分之五以上股份的法人或者一致行动人 （5）中国证监会、交易所或者上市公司根据实质重于形式的原则认定的其他与上市公司有特殊关系，可能造成上市公司对其利益倾斜的法人或者其他组织	《深圳证券交易所创业板股票上市规则（2023 年 8 月修订）》7. 2. 3 条
北交所	具有以下情形之一的法人或其他组织，为上市公司的关联法人： （1）直接或者间接控制上市公司的法人或其他组织 （2）由前项所述法人直接或者间接控制的除上市公司及其控股子公司以外的法人或其他组织 （3）关联自然人直接或者间接控制的、或者担任董事、高级管理人员的，除上市公司及其控股子公司以外的法人或其他组织 （4）直接或者间接持有上市公司百分之五以上股份的法人或其他组织 （5）在过去十二个月内或者根据相关协议安排在未来十二个月内，存在上述情形之一的 （6）中国证监会、交易所或者上市公司根据实质重于形式的原则认定的其他与公司有特殊关系，可能或者已经造成上市公司对其利益倾斜的法人或其他组织	《北京证券交易所股票上市规则（试行）》12. 1 条

（三）特殊关联人类型

1. 历史关联人与潜在关联人

根据沪深北交易所股票上市规则规定，具有以下情形之一的法人或其他组织或者自然人，视同上市公司的关联人：

（1）根据与上市公司或者其关联人签署的协议或者作出的安排，在协议或者安排生效后，或在未来十二个月内，将具有股票上市规则相应条款规定的情形之一；

（2）过去十二个月内，曾经具有股票上市规则相应条款规定的情形之一。

上市公司发生合并财务报表范围变化、董监高选任及离任等事项时，应及时判断是否存在新增关联方或尚未消除关联关系等情况，确认上市公司及其子公司与该关联方之间是否存在正在执行中或将要执行的交易事项，并按沪深北交易所股票上市规则中的相关规定履行信息披露及审议程序。

2. 国有企业关联人的特殊规定

与上市公司受同一国有资产管理机构控制的，不因此而形成关联关系，但表 8－13 所示为例外情形。

表 8－13　与上市公司受同一国有资产管理机构控制而形成关联关系的情形

板块	除外情形（即形成关联关系的情形）
沪主板	该法人（或者其他组织）的法定代表人、董事长、总经理或者半数以上的董事兼任上市公司董事、监事或者高级管理人员的
深主板	该法人（或者其他组织）的法定代表人、董事长、总经理或者半数以上的董事兼任上市公司董事、监事或者高级管理人员的
科创板	该法人或其他组织的法定代表人、总经理、负责人或者半数以上董事兼任上市公司董事、监事或者高级管理人员的
创业板	该法人的董事长、经理或者半数以上的董事属于上市公司董事、监事及高级管理人员的
北交所	该法人或其他组织的董事长、经理或者半数以上的董事兼任上市公司董事、监事或高级管理人员的

3. 实质重于形式原则认定的关联方

根据沪深北交易所股票上市规则，关联方的认定有兜底条款——实质重于形式原则，即“中国证监会、本所或者上市公司根据实质重于形式的原则，认定其他与上市公司有特殊关系、可能或者已经造成上市公司对其利益倾斜的自然人、法人（或者其他组织），为上市公司的关联人”。之所以存在兜底条款，是因为关联交易是财务造假和利益输送的常用手段，上市公司应当按照规则要求履行披露义务和审议程序，确保这些交易不会损害上市公司及投资者的利益。

[案例8－15]

Z公司2020年下半年与A公司、G公司、F公司、Q有限公司4家公司签订购销合同，上述4家供应商向Z公司销售的设备、材料均采购Z公司关联方H公司，并且相关设备、材料在流转过程中未经过上述4家供应商。结合合同内容、货款支付情况、货物流转情况，按照实质重于形式的原则，上述交易实质上是Z公司与H之间进行的关联交易。但Z公司未履行相关内部审议程序也未对外披露。Z公司上述行为违反了当时有效的《上市公司信息披露管理办法》（证监会令第40号）第二条、第四十八条的有关规定。

2023年2月3日，证监局决定对Z公司采取责令改正行政监管措施。

五、企业会计准则与股票上市规则的适用

沪深北交易所股票上市规则与企业会计准则中对于关联方的界定有很大的不同。股票上市规则重在决策程序和事前披露，目的是防止关联交易损害上市公司和中小股东利益，而企业会计准则重在财务核算与事后披露，以便反映一个完整会计主体的财务信息。

股票上市规则与《企业会计准则第36号——关联方披露》对关联方界定的对比如表8－14所示。

表 8－14　　股票上市规则与企业会计准则关联方界定对比

股票上市规则	企业会计准则第 36 号
直接或间接持有上市公司百分之五以上股份的自然人（科创板：包括直接或者间接控制上市公司的自然人，及其关系密切的家庭成员）	该企业的主要投资者个人
上市公司董事、监事及高级管理人员	该企业的关键管理人员
沪深主板：直接或间接控制上市公司的法人或其他组织的董事、监事及高级管理人员 科创板：直接或间接控制上市公司的法人或其他组织的董事、监事、高级管理人员或其他主要负责人 创业板：直接或者间接控制上市公司的法人或者其他组织的董事、监事及高级管理人员，及其关系密切的家庭成员 北交所：直接或者间接地控制上市公司的法人的董事、监事及高级管理人员	母公司的关键管理人员
直接或间接持有上市公司百分之五以上股份的自然人、上市公司董事、监事及高级管理人员关系密切的家庭成员	该企业的主要投资者个人、该企业的关键管理人员、母公司的关键管理人员关系密切的家庭成员
中国证监会、交易所或者上市公司根据实质重于形式的原则认定的其他与上市公司有特殊关系，可能或者已经（科创板、创业板：可能）造成上市公司对其利益倾斜的自然人	—
直接或间接控制上市公司的法人或其他组织	该企业的母公司
由直接或间接控制上市公司的法人或其他组织（科创板：还包括直接持有上市公司百分之五以上股份的法人或其他组织）直接或间接控制的，除上市公司、控股子公司（沪主板：及控制的其他主体）以外的法人或其他组织	与该企业受同一母公司控制的其他企业
由前述关联自然人直接或间接控制的、或者担任董事（不含同为双方的独立董事）、高级管理人员的，除上市公司、控股子公司（沪主板：及控制的其他主体）以外的法人或其他组织	该企业主要投资者个人、关键管理人员或与其关系密切的家庭成员控制、共同控制或施加重大影响的其他企业
持有上市公司百分之五以上股份的法人或其他组织及其一致行动人（科创板、北交所：不含一致行动人）	对该企业实施共同控制或施加重大影响的投资方

续表

股票上市规则	企业会计准则第36号
中国证监会、交易所或者上市公司根据实质重于形式的原则认定的其他与上市公司有特殊关系，可能或者已经（科创板、创业板：可能）造成上市公司对其利益倾斜的法人或者其他组织	—
过去十二个月内，曾经具有上述规定情形之一的，或因与上市公司或者其关联人签署协议或者作出安排，在协议或者安排生效后，或者在未来十二个月内，具有上述规定情形之一的	—
—	该企业的子公司、合营企业、联营企业

2007年1月，中国证监会有关部门负责人在就《上市公司信息披露管理办法》发布的"答记者问"中回答：中国证监会对关联人的定义主要是从上市公司监管角度出发。近年来，上市公司主要股东、实际控制人以及董事、监事、高级管理人员基于其对上市公司的控制地位或重大影响侵犯上市公司利益的现象较为突出。因此，中国证监会监管和规范的关联方是指能够控制上市公司或影响上市公司的决策而损害上市公司利益的各方，在这里不包括上市公司的子公司、合营企业、联营企业。

在实际操作中，上市公司需要注意的是，在关联交易发生时，上市公司应按照沪深北交易所股票上市规则对该交易事项进行审议并披露，而在出具财务报告时，应按照企业会计准则中所界定的关联方对关联交易进行披露。

第三节　上市公司关联交易

一、关联交易的定义及主要类型

上市公司的关联交易是指上市公司或者其控股子公司及控制的其他主体与上市公司关联人之间发生的转移资源或者义务的事项。上市公司关联交易的主要类型见表8－15。

表 8－15　　　　　上市公司关联交易的主要类型

<table>
<tr><th>沪主板</th><th>深主板</th><th>科创板</th><th>创业板</th><th>北交所</th></tr>
<tr><td colspan="5">购买或出售资产</td></tr>
<tr><td colspan="2">对外投资（含委托理财、对子公司投资等）</td><td>对外投资（购买银行理财产品的除外）</td><td>对外投资（含委托理财、对子公司投资等，设立或者增资全资子公司除外）</td><td>对外投资（含委托理财、对子公司投资等，设立或者增资全资子公司及购买银行理财产品除外）</td></tr>
<tr><td>提供财务资助（含有息或者无息借款、委托贷款等）</td><td>提供财务资助（含委托贷款等）</td><td>提供财务资助</td><td>提供财务资助（含委托贷款）</td><td>提供财务资助</td></tr>
<tr><td colspan="2">提供担保（含对控股子公司担保等）</td><td>提供担保</td><td colspan="2">提供担保（指上市公司为他人提供的担保，含对控股子公司的担保）</td></tr>
<tr><td colspan="5">租入或者租出资产</td></tr>
<tr><td colspan="3">委托或者受托管理资产和业务</td><td colspan="2">签订管理方面的合同（含委托经营、受托经营等）</td></tr>
<tr><td colspan="5">赠与或者受赠资产</td></tr>
<tr><td colspan="5">债权、债务重组</td></tr>
<tr><td colspan="5">签订许可使用协议</td></tr>
<tr><td colspan="3">转让或者受让研发项目</td><td colspan="2">研究与开发项目的转移</td></tr>
<tr><td colspan="2">放弃权利（含放弃优先购买权、优先认缴出资权等）</td><td>—</td><td>放弃权利（含放弃优先购买权、优先认缴出资权等）</td><td>放弃权利</td></tr>
<tr><td colspan="5">购买原材料、燃料、动力</td></tr>
<tr><td colspan="5">销售产品、商品</td></tr>
<tr><td colspan="5">提供或者接受劳务</td></tr>
<tr><td colspan="5">委托或者受托销售</td></tr>
<tr><td colspan="3">存贷款业务</td><td>—</td><td>—</td></tr>
<tr><td colspan="2">与关联人共同投资</td><td>—</td><td>关联双方共同投资</td><td>—</td></tr>
<tr><td colspan="5">其他通过约定可能引致资源或者义务转移的事项</td></tr>
</table>

二、关联交易的披露及审议标准

（一）关联交易

上市公司关联交易披露及审议标准见表8－16。

表8－16　　上市公司关联交易披露及审议标准

标准	沪主板	深主板	科创板	创业板	北交所
披露标准	（1）与关联自然人发生的交易：大于等于30万元 （2）与关联法人（或者其他组织）发生的交易：大于等于300万元，且大于等于最近一期经审计净资产绝对值0.5% 注：提供担保除外	（1）与关联自然人发生的交易：大于30万元 （2）与关联法人（或者其他组织）发生的交易：大于300万元，且大于最近一期经审计净资产绝对值0.5% 注：提供担保除外	（1）与关联自然人发生的交易：大于等于30万元 （2）与关联法人发生的交易：大于300万元，且大于等于最近一期经审计总资产或市值0.1% 注：提供担保除外	（1）与关联自然人发生的交易：大于30万元 （2）与关联法人发生的交易：大于300万元，且大于等于最近一期经审计净资产绝对值0.5% 注：关联担保、提供财务资助除外	（1）与关联自然人发生的交易：大于等于30万元 （2）与关联法人发生的交易：大于300万元，且大于等于最近一期经审计总资产0.2% 注：提供担保除外
股东大会审议标准	交易金额大于等于3000万元，且大于等于最近一期经审计净资产绝对值5% 注：提供担保除外	交易金额大于3000万元，且大于最近一期经审计净资产绝对值5% 注：提供担保除外	交易金额大于3000万元，且大于等于最近一期经审计总资产或市值1% 注：提供担保除外	交易金额大于3000万元，且大于等于最近一期经审计净资产绝对值5% 注：提供担保除外	交易金额大于3000万元，且大于等于最近一期经审计总资产2% 注：提供担保除外

1. 累计计算原则

上市公司在连续十二个月内发生的以下关联交易，应当按照累计计算的原则分别适用以上披露及股东大会审议标准的规定：

（1）与同一关联人进行的交易；

（2）与不同关联人进行的与同一交易标的相关的交易。

深交所主板、创业板、沪主板：上述同一关联人包括与该关联人受同一主体控制或者相互存在股权控制关系的其他关联人。

科创板、北交所：上述同一关联人，包括与该关联人受同一实际控制人控制，或者存在股权控制关系，或者由同一自然人担任董事或高级管理人员的法人或其他组织。

2. 清零原则及披露要求

（1）上市公司应分别累计披露和提交股东大会审议标准的金额。对于已披露但未履行股东大会审议程序的关联交易事项，仍应纳入股东大会累计计算范围内。已经披露或股东大会审议的不再纳入各自累计计算范围。

（2）上市公司关联交易因适用连续十二个月累计计算原则，达到披露或应当提交股东大会审议的，可以仅将本次关联交易事项按照相关要求披露或提交股东大会审议，对于前期发生的，在公告中予以简单说明即可。

3. 关联交易事项审计或评估要求

根据股票上市规则的规定，以下关联交易情形，上市公司还应当披露审计报告或者评估报告：

（1）达到股东大会审议标准；

（2）虽未达到前款规定的标准，中国证监会、沪深交易所根据审慎原则要求公司提交股东大会审议的；

（3）上市公司依据其公司章程或其他规定，以及自愿提交股东大会审议的。

4. 其他注意事项

（1）溢价购买资产。上市公司向关联人购买资产，按照规定须提交股东大会审议且成交价格相比交易标的账面值溢价超过百分之百的，如交易对方未提供在一定期限内交易标的盈利担保、补偿承诺或者交易标的回购承诺，上市公司应当说明具体原因，是否采取相关保障措施，是否有利于保护上市公司利益和中小股东合法权益（本条不适用科创板）。

（2）交易导致的关联方资金占用。上市公司因购买或者出售资产可能导致交易完成后上市公司控股股东、实际控制人及其他关联人对上市公司形成非经营性资金占用的，应当在公告中明确合理的解决方案，并在相关交易实施完成前解决。

（3）放弃权利。根据上交所相关规定，上市公司关联人单方面向上市公司控制或者参股的企业增资或者减资，涉及有关放弃权利情形的，应当适用放弃权利的相关规定。不涉及放弃权利情形，但可能对上市公司的财务状况、经营成果构成重大影响或者导致上市公司与该主体的关联关系发生变化的，上市公司应当及时披露。

根据深交所相关规定，上市公司关联人单方面向上市公司控制的企业增资或者减资，应当以关联人增资或者减资发生额作为计算标准，适用股票上市规则关联交易的相关规定。涉及有关放弃权利情形的，还应当适用放弃权利的相关规定。上市公司关联人单方面向上市公司参股企业增资，或者上市公司关联人单方面受让上市公司拥有权益主体的其他股东的股权或者投资份额等，构成关联共同投资，涉及有关放弃权利情形的，应当适用放弃权利的相关规定；不涉及放弃权利情形，但可能对上市公司的财务状况、经营成果构成重大影响或者导致上市公司与该主体的关联关系发生变化的，上市公司应当及时披露。

（4）与关联方共同对外投资的金额判定。上市公司与关联人共同投资，向共同投资的企业增资、减资时，应当以上市公司的投资、增资、减资金额作为计算标准，适用股票上市规则的相关规定。

上市公司通过增资、购买非关联人投资份额而形成与关联人共同投资或者增加投资份额的，应当以上市公司的增资、购买投资份额的发生额作为计算标准，适用股票上市规则关联交易的相关规定（本条不适用上交所）。

（二）日常关联交易

按照沪深北交易所的规则规定，对于日常发生的关联交易，上市公司可通过分类方式对上市公司当年将发生的多项日常关联交易总金额进行合理预计，依据预计总额提交董事会或者股东大会审议及披露，提升上市公司决策效率。具体如表8－17所示。

表 8－17　　上市公司日常关联交易披露及审议标准

沪主板	深主板	科创板、创业板	北交所
(1) 已经股东大会或者董事会审议通过且正在执行的日常关联交易协议，如果执行过程中主要条款未发生重大变化的，公司应当在年度报告和半年度报告中按要求披露各协议的实际履行情况，并说明是否符合协议的规定；如果协议在执行过程中主要条款发生重大变化或者协议期满需要续签的，公司应当将新修订或者续签的日常关联交易协议，根据协议涉及的总交易金额提交董事会或者股东大会审议，协议没有具体总交易金额的，应当提交股东大会审议 (2) 首次发生的日常关联交易，公司应当根据协议涉及的总交易金额，履行审议程序并及时披露；协议没有具体总交易金额的，应当提交股东大会审议；如果协议在履行过程中主要条款发生重大变化或者协议期满需要续签的，按照本款前述规定处理 (3) 公司可以按类别合理预计当年度日常关联交易金额，履行审议程序并披露；实际执行超出预计金额的，应当按照超出金额重新履行审议程序并披露 (4) 公司年度报告和半年度报告应当分类汇总披露日常关联交易的实际履行情况 (5) 公司与关联人签订的日常关联交易协议期限超过三年的，应当每三年根据相关规定重新履行相关审议程序和披露义务	(1) 首次发生的日常关联交易，公司应当根据协议涉及的交易金额，履行审议程序并及时披露；协议没有具体交易金额的，应当提交股东大会审议 (2) 实际执行时协议主要条款发生重大变化或者协议期满需要续签的，应当根据新修订或者续签协议涉及交易金额为准，履行审议程序并及时披露 (3) 对于每年发生的数量众多的日常关联交易，因需要经常订立新的日常关联交易协议而难以按照本款第一项规定将每份协议提交董事会或者股东大会审议的，公司可以按类别合理预计日常关联交易年度金额，履行审议程序并及时披露；实际执行超出预计金额的，应当以超出金额为准及时履行审议程序并披露 (4) 公司与关联人签订的日常关联交易协议期限超过三年的，应当每三年重新履行相关审议程序并披露 (5) 公司应当在年度报告和半年度报告中分类汇总披露日常关联交易的实际履行情况	(1) 上市公司可以按类别合理预计日常关联交易年度金额，履行审议程序并披露；实际执行超出预计金额的，应当按照超出金额重新履行审议程序并披露 (2) 上市公司年度报告和半年度报告应当分类汇总披露日常关联交易 (3) 上市公司与关联人签订的日常关联交易协议期限超过三年的，应当每三年重新履行相关审议程序和披露义务	(1) 对于每年与关联方发生的日常性关联交易，上市公司可以在披露上一年度报告之前，对本年度将发生的关联交易总金额进行合理预计，根据预计金额分别适用相关规定提交董事会或者股东大会审议 (2) 对于预计范围内的关联交易，公司应当在年度报告和中期报告中予以分类，列表披露执行情况并说明交易的公允性 (3) 实际执行超出预计金额的，上市公司应当就超出金额所涉及事项履行相应审议程序并披露

预计执行要求（不适用北交所）：

（1）上市公司根据股票上市规则的相关规定对日常关联交易进行预计，应当区分交易对方、交易类型等分别进行预计。关联人数量众多，上市公司难以披露全部关联人信息的，在充分说明原因的情况下可以简化披露，其中预计与单一法人主体发生交易金额达到股票上市规则规定披露标准的，应当单独列示关联人信息及预计交易金额，其他法人主体可以以同一控制为口径合并列示上述信息。

（2）上市公司对日常关联交易进行预计，在适用关于实际执行超出预计金额的规定时，以同一控制下的各个关联人与上市公司实际发生的各类关联交易合计金额与对应的预计总金额进行比较。非同一控制下的不同关联人与上市公司的关联交易金额不合并计算。

（3）上市公司委托关联人销售公司生产或者经营的各种产品、商品，或者受关联人委托代为销售其生产或者经营的各种产品、商品的，除采取买断式委托方式的情形外，可以按照合同期内应当支付或者收取的委托代理费为标准适用股票上市规则的相关规定。

（三）关联财务公司

1. 审议标准（见表8－18）

表8－18　财务公司关联交易审议标准

审议要求	沪主板、深主板、创业板、科创板
审议标准	（1）上市公司与存在关联关系的财务公司发生存款、贷款等金融业务，应当以存款本金额度及利息、贷款利息金额等的较高者为标准适用股票上市规则的相关规定 （2）上市公司控股的财务公司与关联人发生存款、贷款等金融业务，应当以存款利息、贷款本金额度及利息金额等的较高者为标准，适用股票上市规则的相关规定 注：发生上述情形时，上市公司应根据资金流入/流出上市公司的方向进行判断，即若资金流出上市公司，应以本息合计作为审议金额；若资金流入上市公司，应以利息金额作为审议金额

续表

审议要求	沪主板、深主板、创业板、科创板
审议议案	上市公司在审议财务公司关联交易议案本身时，还应同时审议以下议案： （1）上市公司与关联人发生涉及财务公司的关联交易应当签订金融服务协议，并作为单独议案提交董事会或者股东大会审议并披露 （2）上市公司与存在关联关系的财务公司签署金融服务协议，应当在资金存放于财务公司前取得并审阅财务公司经审计的年度财务报告，对财务公司的经营资质、业务和风险状况进行评估，出具风险评估报告，并作为单独议案提交董事会审议并披露 （3）上市公司与关联人发生涉及财务公司的关联交易，应当制订以保障资金安全性为目标的风险处置预案，分析可能出现的影响上市公司资金安全的风险，针对相关风险提出解决措施及资金保全方案并明确相应责任人，作为单独议案提交董事会审议并披露
其他审议情形	（1）金融服务协议超过三年的，应当每三年重新履行审议程序和信息披露义务 （2）如财务公司在协议期间发生有关风险情形，且上市公司拟继续在下一年度开展相关金融业务的，上市公司与关联人应当重新签订下一年度金融服务协议，充分说明继续开展相关金融业务的主要考虑及保障措施，并履行股东大会审议程序

注：科创板尚未对财务公司关联交易审议标准及具体披露要求作出明确规定。

2. 披露要求（见表 8－19）

表 8－19　　财务公司关联交易披露要求

披露要求	沪主板、深主板、创业板、科创板
首次披露	（1）上市公司与存在关联关系的财务公司发生存款、贷款等金融业务的，应当以存款本金额度及利息、贷款利息金额中孰高为标准适用股票上市规则关联交易的相关规定 （2）上市公司控股的财务公司与关联人发生存款、贷款等金融业务的，应当以存款利息、贷款本金额度及利息金额中孰高为标准适用股票上市规则的相关规定
每半年持续披露	上市公司应当在定期报告中持续披露涉及财务公司的关联交易情况，每半年取得并审阅财务公司的财务报告，出具风险持续评估报告，并与半年度报告、年度报告同步披露

续表

披露要求	沪主板、深主板、创业板、科创板
每年度披露	（1）上市公司与关联人签订金融服务协议约定每年度各类金融业务规模，应当在协议期间内的每个年度及时披露预计业务情况 （2）上市公司应当在定期报告中持续披露涉及财务公司的关联交易情况，每半年取得并审阅财务公司的财务报告，出具风险持续评估报告，并与半年度报告、年度报告同步披露 （3）为上市公司提供审计服务的会计师事务所应当每年度提交涉及财务公司关联交易的存款、贷款等金融业务的专项说明，按照存款、贷款等不同金融业务类别，分别统计每年度的发生额、余额，并与年度报告同步披露 （4）保荐人、独立财务顾问在持续督导期间应当每年度对金融服务协议条款的完备性、协议的执行情况、风险控制措施和风险处置预案的执行情况，以及上市公司对上述情况的信息披露的真实性进行专项核查，并与年度报告同步披露 （5）独立董事应当结合会计师事务所等中介机构的专项说明，就涉及财务公司的关联交易事项是否公平、上市公司资金独立性、安全性以及是否存在被关联人占用的风险、是否损害上市公司利益等发表明确意见，并与年度报告同步披露
出现风险情形	关联交易存续期间，上市公司应当指派专门机构和人员对存放于财务公司的资金风险状况进行动态评估和监督。如出现风险处置预案确定的风险情形，上市公司应当及时予以披露，并积极采取措施保障上市公司利益。财务公司等关联人应当及时书面告知上市公司，并配合上市公司履行信息披露义务

注：北交所未对财务公司关联交易审议标准及具体披露要求做出明确规定，但上市公司与存在关联关系的财务公司、公司控股的财务公司与关联方之间存在存款、贷款、授信或其他金融业务的，应当至少在中期报告和年度报告披露以下内容：每日最高存款限额、存款利率范围、期初余额、发生额、期末余额；贷款额度、贷款利率范围、期初余额、发生额、期末余额；授信总额、其他金融业务额度及实际发生额等情况。

（四）接受关联方无偿担保或资助（见表8-20）

表8-20　　接受关联方无偿担保或资助的豁免条款

沪主板	深主板	科创板	创业板	北交所
《股票上市规则》第6.3.18条 上市公司与关联人发生的下列交易，可以免于按照关联交易的方式审议和披露： （1）上市公司单方面获得利益且不支付对价、不附任何义务的交易，包括受赠现金资产、获得债务减免、无偿接受担保和财务资助等 ……	《股票上市规则》第6.3.10条 上市公司与关联人发生的下列交易，应当按照本节规定履行关联交易信息披露义务以及本章第一节的规定履行审议程序，并可以向交易所申请豁免按照本规则第6.3.7条的规定提交股东大会审议： …… （2）上市公司单方面获得利益且不支付对价、不附任何义务的交易，包括受赠现金资产、获得债务减免等 …… （4）关联人向上市公司提供资金，利率不高于贷款市场报价利率，且上市公司无相应担保	《股票上市规则》第7.2.11条 上市公司与关联人发生的下列交易，可以免予按照关联交易的方式审议和披露： …… （5）上市公司单方面获得利益的交易，包括受赠现金资产、获得债务减免、接受担保和资助等 …… （7）关联人向上市公司提供资金，利率水平不高于中国人民银行规定的同期贷款基准利率，且上市公司对该项财务资助无相应担保 ……	《股票上市规则》第7.2.17条 上市公司与关联人发生的下列交易，可以豁免按照第7.2.8条的规定提交股东大会审议： …… （2）上市公司单方面获得利益的交易，包括受赠现金资产、获得债务减免、接受担保和资助等 …… （4）关联人向上市公司提供资金，利率不高于中国人民银行规定的同期贷款利率标准 ……	《股票上市规则》第7.2.10条 上市公司与关联方进行下列关联交易时，可以免予按照关联交易的方式进行审议和披露： …… （5）上市公司单方面获得利益的交易，包括受赠现金资产、获得债务减免、接受担保和资助等 …… （7）关联方向上市公司提供资金，利率水平不高于中国人民银行规定的同期贷款基准利率，且上市公司对该项财务资助无相应担保的

对于上市公司接受关联方无偿担保、接受无偿/低于市场利率财务资助等单方明显获益行为，沪深交易所仅豁免了按照关联交易方式审议披露，或者豁免股东大会审议。但对于是否应提交公司董事会审议，上市公司仍应遵守公司章程和董事会议事规则等公司内部制度要求。

（五）向关联方提供财务资助（见表8－21）

表8－21　　　　向关联方提供财务资助的披露及审议标准

沪主板	深主板	科创板	创业板	北交所
上市公司不得为《股票上市规则》第6.3.3条规定的关联人提供财务资助，但向非由上市公司控股股东、实际控制人控制的关联参股公司提供财务资助，且该参股公司的其他股东按出资比例提供同等条件财务资助的情形除外 公司向前款规定的关联参股公司提供财务资助的，除应当经全体非关联董事的过半数审议通过外，还应当经出席董事会会议的非关联董事的三分之二以上董事审议通过，并提交股东大会审议	上市公司不得为《股票上市规则》第6.3.3条规定的关联人提供财务资助，但向关联参股公司（不包括由上市公司控股股东、实际控制人及其关联人控制的主体）提供财务资助，且该参股公司的其他股东按出资比例提供同等条件财务资助的情形除外 公司向前款规定的关联参股公司提供财务资助的，除应当经全体非关联董事的过半数审议通过外，还应当经出席董事会会议的非关联董事的三分之二以上董事审议通过，并提交股东大会审议 本条所称关联参股公司，是指由上市公司参股且属于《股票上市规则》第6.3.3条规定的上市公司的关联法人（或者其他组织）	上市公司应当审慎向关联方提供财务资助或委托理财；确有必要的，应当以发生额作为披露的计算标准，在连续十二个月内累计计算，适用《股票上市规则》第7.2.3条或者第7.2.4条 已经按照第7.2.3条或者第7.2.4条履行相关义务的，不再纳入相关的累计计算范围	上市公司不得为《股票上市规则》规定的关联法人、关联自然人提供资金等财务资助。公司的关联参股公司（不包括上市公司控股股东、实际控制人及其关联人控制的主体）的其他股东按出资比例提供同等条件的财务资助的，上市公司可以向该关联参股公司提供财务资助，应当经全体非关联董事的过半数审议通过，还应当经出席董事会会议的非关联董事的三分之二以上董事审议通过，并提交股东大会审议 已按照《股票上市规则》第7.2.7条或者第7.2.8条的规定履行相关义务的，不再纳入相关的累计计算范围 本条所称关联参股公司，是指由上市公司参股且属于《股票上市规则》规定的上市公司的关联法人	上市公司不得为董事、监事、高级管理人员、控股股东、实际控制人及其控制的企业等关联方提供资金等财务资助

（六）向关联方提供担保

上市公司为关联人提供担保的，不论数额大小，均应当在董事会审议通过后及时披露，并提交股东大会审议。

提交董事会审议时，除应当经全体非关联董事的过半数审议通过外，还应当经出席董事会会议的非关联董事的三分之二以上董事审议同意并作出决议。

公司为控股股东、实际控制人及其关联人提供担保的，控股股东、实际控制人及其关联人应当提供反担保。

公司因交易或者关联交易导致被担保方成为公司的关联人，在实施该交易或者关联交易的同时，应当就存续的关联担保履行相应审议程序和信息披露义务。董事会或者股东大会未审议通过前述关联担保事项的，交易各方应当采取提前终止担保等有效措施。

三、关联交易的豁免情形

针对特定情形下的关联交易，由于其交易价格的公允性，交易程序的公平、公开性，交易所豁免了上市公司部分关联交易的审议和披露义务（见表8－22）。

表8－22　关联交易的豁免情形

豁免事项	沪主板	深主板	科创板	创业板	北交所
可以申请豁免股东大会	上市公司与关联人共同出资设立公司，上市公司出资额达到《股票上市规则》第6.3.7条第一款规定的标准，如果所有出资	上市公司与关联人发生的下列交易，应当按照《股票上市规则》第六章第三节规定履行关联交易信息披露义务以及第六章第一节		上市公司与关联人发生的下列交易，可以豁免按照《股票上市规则》第7.2.8条的规定提交股东大会审议：	—

续表1

豁免事项	沪主板	深主板	科创板	创业板	北交所
可以申请豁免股东大会	方均全部以现金出资，且按照出资额比例确定各方在所设立公司的股权比例的，可以豁免适用提交股东大会审议的规定	重大交易的规定履行审议程序，并可以向交易所申请豁免按照《股票上市规则》第6.3.7条的规定提交股东大会审议： （1）面向不特定对象的公开招标、公开拍卖或者挂牌的（不含邀标等受限方式），但招标、拍卖等难以形成公允价格的除外 （2）上市公司单方面获得利益且不支付对价、不附任何义务的交易，包括受赠现金资产、获得债务减免等 （3）关联交易定价由国家规定 （4）关联人向上市公司提供资金，利率不高于贷款市场报价利率，且上市公司无相应担保		（1）上市公司参与面向不特定对象的公开招标、公开拍卖的（不含邀标等受限方式） （2）上市公司单方面获得利益的交易，包括受赠现金资产、获得债务减免、接受担保和资助等 （3）关联交易定价为国家规定的 （4）关联人向上市公司提供资金，利率不高于中国人民银行规定的同期贷款利率标准 （5）上市公司按与非关联人同等交易条件，向董事、监事、高级管理人员提供产品和服务的	—

续表 2

豁免事项	沪主板	深主板	科创板	创业板	北交所
免于按照关联交易履行相关义务	上市公司与关联人发生的下列交易，可以免于按照关联交易的方式审议和披露： （1）上市公司单方面获得利益且不支付对价、不附任何义务的交易，包括受赠现金资产、获得债务减免、无偿接受担保和财务资助等 （2）关联人向上市公司提供资金，利率水平不高于贷款市场报价利率，且上市公司无须提供担保 （3）一方以现金方式认购另一方公开发行的股票、公司债券或企业债券、可转换公司债券或者其他衍生品种 （4）一方作为承销团成员承销另一	上市公司与关联人发生的下列交易，可以免于按照《股票上市规则》第六章第三节规定履行相关义务，但属于第六章第一节重大交易规定的应当履行披露义务和审议程序情形的仍应履行相关义务： （1）一方以现金方式认购另一方公开发行的股票及其衍生品种、公司债券或者企业债券，但提前确定的发行对象包含关联人的除外 （2）一方作为承销团成员承销另一方公开发行的股票及其衍生品种、公司债券或者企业债券	上市公司与关联人发生的下列交易，可以免予按照关联交易的方式审议和披露： （1）一方以现金方式认购另一方公开发行的股票、公司债券或企业债券、可转换公司债券或者其他衍生品种 （2）一方作为承销团成员承销另一方公开发行的股票、公司债券或企业债券、可转换公司债券或者其他衍生品种 （3）一方依据另一方股东大会决议领取股息、红利或者薪酬 （4）一方参与另一方公开招标或者拍卖，但是招标或者拍卖难以形成公允价格的除外	上市公司与关联人发生的下列交易，可以免予按照关联交易的方式履行相关义务： （1）一方以现金方式认购另一方公开发行的股票、公司债券或者企业债券、可转换公司债券或者其他衍生品种 （2）一方作为承销团成员承销另一方公开发行的股票、公司债券或者企业债券、可转换公司债券或者其他衍生品种 （3）一方依据另一方股东大会决议领取股息、红利或者薪酬 （4）交易所认定的其他交易	上市公司与关联方进行下列关联交易时，可以免予按照关联交易的方式进行审议和披露： （1）一方以现金方式认购另一方公开发行的股票、公司债券或者企业债券、可转换公司债券或者其他衍生品种 （2）一方作为承销团成员承销另一方公开发行股票、公司债券或者企业债券、可转换公司债券或者其他衍生品种 （3）一方依据另一方股东大会决议领取股息、红利或者报酬 （4）一方参与另一方公开招标或者拍卖，但是招标或者拍卖难以

续表3

豁免事项	沪主板	深主板	科创板	创业板	北交所
免于按照关联交易履行相关义务	方公开发行的股票、公司债券或企业债券、可转换公司债券或者其他衍生品种 （5）一方依据另一方股东大会决议领取股息、红利或者报酬 （6）一方参与另一方公开招标、拍卖等，但是招标、拍卖等难以形成公允价格的除外 （7）上市公司按与非关联人同等交易条件，向《股票上市规则》第6.3.3条第三款第（2）项至第（4）项规定的关联自然人提供产品和服务 （8）关联交易定价为国家规定 （9）交易所认定的其他交易	（3）一方依据另一方股东大会决议领取股息、红利或者报酬 （4）上市公司按与非关联人同等交易条件，向《股票上市规则》第6.3.3条第三款第（2）项至第（4）项规定的关联自然人提供产品和服务 （5）交易所认定的其他情形	（5）上市公司单方面获得利益的交易，包括受赠现金资产、获得债务减免、接受担保和资助等 （6）关联交易定价为国家规定 （7）关联人向上市公司提供资金，利率水平不高于中国人民银行规定的同期贷款基准利率，且上市公司对该项财务资助无相应担保 （8）上市公司按与非关联人同等交易条件，向董事、监事、高级管理人员提供产品和服务 （9）交易所认定的其他交易		形成公允价格的除外 （5）上市公司单方面获得利益的交易，包括受赠现金资产、获得债务减免、接受担保和资助等 （6）关联交易定价为国家规定的 （7）关联方向上市公司提供资金，利率水平不高于中国人民银行规定的同期贷款基准利率，且上市公司对该项财务资助无相应担保的 （8）上市公司按与非关联方同等交易条件，向董事、监事、高级管理人员提供产品和服务的 （9）中国证监会、交易所认定的其他交易

续表 4

豁免事项	沪主板	深主板	科创板	创业板	北交所
豁免审计或评估	（1）《股票上市规则》第 6.3.17 条规定的日常关联交易可以不进行审计或者评估 （2）上市公司及其关联人向上市公司控制的关联共同投资企业以同等对价同比例现金增资，达到应当提交股东大会审议标准的，可免于按照《股票上市规则》的相关规定进行审计或者评估	公司与关联人发生下列情形之一的交易时，可以免于审计或者评估： （1）《股票上市规则》第 6.3.19 条规定的日常关联交易 （2）与关联人等各方均以现金出资，且按照出资比例确定各方在所投资主体的权益比例 （3）上市公司及其关联人向上市公司控制的关联共同投资企业以同等对价同比例现金增资，达到应当提交股东大会审议标准的 （4）交易所规定的其他情形	与日常经营相关的关联交易可免于审计或者评估	（1）与日常经营相关的关联交易可免于审计或者评估 （2）上市公司及其关联人向上市公司控制的关联共同投资企业以同等对价同比例现金增资，达到应当提交股东大会审议标准的，可免于按照《股票上市规则》的相关规定进行审计或者评估	与日常经营相关的关联交易可免于审计或者评估

续表5

豁免事项	沪主板	深主板	科创板	创业板	北交所
免于履行关联交易审议程序，但仍应充分披露	—	上市公司因合并报表范围发生变更等情形导致新增关联人的，在相关情形发生前与该关联人已签订协议且正在履行的交易事项，应当在相关公告中予以充分披露，并可免于履行《股票上市规则》规定的关联交易相关审议程序，不适用关联交易连续十二个月累计计算原则 上市公司因合并报表范围发生变更等情形导致形成关联担保的不适用前款规定	—	上市公司因合并报表范围发生变更等情形导致新增关联人的，在相关情形发生前与该关联人已签订协议且正在履行的交易事项，应当在相关公告中予以充分披露，并可免于履行《股票上市规则》规定的关联交易相关审议程序，不适用关联交易连续十二个月累计计算原则 上市公司因合并报表范围发生变更等情形导致形成关联担保的不适用前款规定	—

续表6

豁免事项	沪主板	深主板	科创板	创业板	北交所
申请豁免披露或履行相关义务	上市公司及相关信息披露义务人拟披露的信息被依法认定为国家秘密，按照《股票上市规则》披露或者履行相关义务可能导致其违反法律法规或者危害国家安全的，可以按照交易所相关规定豁免披露 上市公司及相关信息披露义务人拟披露的信息属于商业秘密、商业敏感信息，按照《股票上市规则》披露或者履行相关义务可能引致不当竞争、损害公司及投资者利益或者误导投资者的，可以按照交易所相关规定暂缓或者豁免披露该信息	上市公司及相关信息披露义务人拟披露的信息被依法认定为国家秘密等，及时披露或者履行相关义务可能危害国家安全、损害公司利益或者导致违反法律法规的，可以免于按照交易所有关规定披露或者履行相关义务 公司及相关信息披露义务人拟披露的信息属于商业秘密等，及时披露或者履行相关义务可能引致不正当竞争、损害公司利益或者导致违反法律法规的，可以暂缓或者免于按照交易所有关规定披露或者履行相关义务	上市公司和相关信息披露义务人拟披露的信息属于商业秘密、商业敏感信息，按照《股票上市规则》披露或者履行相关义务可能引致不当竞争、损害公司及投资者利益或者误导投资者的，可以按照交易所相关规定暂缓或者豁免披露该信息 拟披露的信息被依法认定为国家秘密，按《股票上市规则》披露或者履行相关义务可能导致其违反境内法律法规或危害国家安全的，可以按照交易所相关规定豁免披露	上市公司及相关信息披露义务人拟披露的信息属于国家秘密、商业秘密等情形，按照《股票上市规则》披露或者履行相关义务可能导致其违反境内外法律法规、引致不当竞争、损害公司及投资者利益或者误导投资者的，可以按照交易所相关规定豁免披露	上市公司及相关信息披露义务人拟披露的信息属于商业秘密、商业敏感信息，按照《股票上市规则》披露或者履行相关义务可能引致不当竞争、损害公司及投资者利益或者误导投资者的，可以按照交易所相关规定暂缓或者豁免披露该信息 拟披露的信息被依法认定为国家秘密，按《股票上市规则》披露或者履行相关义务可能导致其违反法律法规或危害国家安全的，可以按照交易所相关规定豁免披露

第四节　上市公司关联交易监管

一、监管标准

（一）行政处罚及行政监管措施

1. 中国证监会及其派出机构的立案调查和行政处罚

根据《证券期货违法行为行政处罚办法》第六条，中国证监会及其派出机构发现自然人、法人或者其他组织涉嫌违反证券期货法律、法规和规章，符合下列条件，且不存在依法不予行政处罚等情形的，应当立案：

（1）有明确的违法行为主体；

（2）有证明违法事实的证据；

（3）法律、法规、规章规定有明确的行政处罚法律责任；

（4）尚未超过二年行政处罚时效。涉及金融安全且有危害后果的，尚未超过五年行政处罚时效。

当证监会及其派出机构立案、调查并终结调查后，可以根据案件的不同情况，分别作出如下决定：

（1）确有应受行政处罚的违法行为的，根据情节轻重及具体情况，作出行政处罚决定；

（2）违法行为轻微，依法可以不予行政处罚的，不予行政处罚；

（3）违法事实不能成立的，不予行政处罚；

（4）违法行为涉嫌犯罪的，依法移送司法机关。

另外，根据2021年国务院发布的《证券期货行政执法当事人承诺制度实施办法》和2022年中国证监会发布的《证券期货行政执法当事人承诺制度实施规定》，涉嫌关联交易违法违规的行为人，在不符合以下消极的构成要件的情况下，可以申请适用证券期货行政执法当事人承诺制度：

（1）当事人因证券期货犯罪被判处刑罚，自刑罚执行完毕之日起未逾三年，或者因证券期货违法行为受到行政处罚，自行政处罚执行完毕之日起未逾一年；

（2）当事人涉嫌证券期货犯罪，依法应当移送司法机关处理；

（3）当事人涉嫌证券期货违法行为情节严重、社会影响恶劣；

（4）当事人已提出适用行政执法当事人承诺的申请但未被受理，或者其申请已被受理但其作出的承诺未获得国务院证券监督管理机构认可，没有新事实、新理由，就同一案件再次提出申请；

（5）当事人因自身原因未履行或者未完全履行经国务院证券监督管理机构认可的承诺，就同一案件再次提出申请；

（6）国务院证券监督管理机构基于审慎监管原则认为不适用行政执法当事人承诺的其他情形。

2. 证监会及其派出机构的行政监管措施

区别于行政处罚，行政监管措施属于非行政处罚性的监管措施，中国证监会在《关于进一步完善中国证券监督管理委员会行政处罚体制的通知》中提到："行政处罚委员会认为违法行为不成立或虽构成违法但依法不予处罚，应当采取非行政处罚性监管措施的，由法律部根据行政处罚委员会的审理意见交由有关部室处理。"另外，在实施行政处罚的同时可以实施行政监管措施，在实施行政监管措施的同时也可以同时实施自律管理措施和纪律处分，上述监管手段之间并不冲突。

根据现行有效的《证券期货市场监督管理措施实施办法（试行）》，可适用于上市公司控股股东、上市公司董监高及相关中介机构等主体的行政监管措施共有九种，具体如表8－23所示。

表8－23　可适用于上市公司及其董监高的行政监管措施

序号	行政监管措施	具体内容
1	责令改正	要求当事人停止违法行为或者限期改正，提交书面报告的监督管理措施
2	监管谈话	要求当事人在指定的时间、地点接受谈话，督促其停止或者纠正违法行为的监督管理措施

续表

序号	行政监管措施	具体内容
3	出具警示函	将有关风险状况或者违法违规事实书面告知当事人，警示其关注经营风险，要求其及时补救的监督管理措施
4	责令公开说明	实施机构责令信息披露前后矛盾、违背公开承诺，或者有其他失信行为的当事人，就特定事项公开向社会作出说明或者解释的监督管理措施
5	责令参加培训	要求当事人参加指定机构组织的专业培训，敦促其提高守法意识、提升职业操守和执业能力的监督管理措施
6	责令定期报告	责令治理结构存在重大缺陷，经营管理存在重大风险，上市公司并购、重大资产重组中存在违法行为以及严重失信的当事人，在一定期限内持续按要求提供书面报告的监督管理措施
7	认定为不适当人选	认定证券公司、基金公司、期货公司、上市公司以及上市公司股东、实际控制人、收购人的董事、监事、高级管理人员或者其他人员，发行人、保荐人、询价对象、证券服务机构、基金代销机构、资产托管机构的高级管理人员或者其他人员，在一定期限内不适合担任相应职务或者实际履行上述职责的监督管理措施
8	暂不受理与行政许可有关的文件	在一定期限内不受理发行人、上市公司、收购人、证券公司及其从业人员、证券服务机构及其从业人员等报送的行政许可申请文件的监督管理措施
9	限制股东权利或者责令转让股权	限制上市公司的收购人形式表决权等

（二）证券交易所自律监管措施和纪律处分

参考《上海证券交易所纪律处分和监管措施实施办法（2022年8月修订)》《深圳证券交易所自律监管措施和纪律处分实施办法（2022年2月修订)》《北京证券交易所上市公司自律监管指引——纪律处分实施标准(试行)》《上海证券交易所上市公司自律监管指引第10号——纪律处分实施标准》《深圳证券交易所上市公司自律监管指引第12号——纪律处分实施标准》，本部分对沪深北交易所涉及关联交易的自律监管措施和纪律处分归纳如表8－24所示。

表 8－24 沪深北交易所涉及关联交易的自律监管措施和纪律处分

具体措施	沪主板、科创板	深主板、创业板	北交所
公开谴责	违规行为达到通报批评标准，且同时存在可以从重实施纪律处分情形的，交易所可以视情形对上市公司及相关监管对象予以公开谴责	关联交易未审议或未及时披露，交易金额累计超过一亿元且占最近一期经审计净资产的百分之二十以上，情节严重的，对上市公司及相关责任人公开谴责	存在下列情形之一的，交易所对上市公司及相关监管对象予以公开谴责： （1）违规行为导致报告期内公司业绩发生盈亏性质变化 （2）违规行为相关的交易指标达到重大资产重组标准 （3）未按规定披露关联关系 （4）其他情节严重的情形
通报批评	关联交易未审议且未及时披露，对上市公司及相关监管对象予以通报批评	关联交易未审议且未及时披露，未达到公开谴责标准的，可以视情况对上市公司及相关责任人通报批评	上市公司及控股子公司发生的关联交易未按规定履行审议程序或信息披露义务，累计金额超过 2000 万元且占比超过最近一期经审计净资产百分之二十的，交易所对相关监管对象予以通报批评
可以从重	（1）违规行为导致报告期内公司业绩发生盈亏性质变化 （2）违规行为相关的交易指标，达到重大资产重组标准 （3）未按规定披露关联关系 （4）控股股东、实际控制人及其关联方违反诚信义务，利用控制地位，违规实施关联交易，损害上市公司利益的，对控股股东、实际控制人及其关联方从重处理	（1）违规行为导致证券或者证券衍生品种交易发生异常波动、非正常停牌或交易状态变更等 （2）违规行为对市场造成恶劣影响 （3）影响上市公司再融资、股权激励等的实施条件，或影响公司证券及其衍生品种的上市条件 （4）违规金额或占相关财务数据的比重巨大 （5）违规行为长期持续 （6）最近十二个月内曾因同类违规行为被中国证监会行政处罚，或被交易所实施自律监管措施或者纪律处分 （7）干扰、阻碍调查或者拒不配合本所采取相关措施	控股股东、实际控制人及其关联方违反诚信义务，利用控制地位，违规实施关联交易，损害上市公司利益的，交易所对控股股东、实际控制人及其关联方从重处理

续表

具体措施	沪主板、科创板	深主板、创业板	北交所
可以从轻或减轻	(1) 日常关联交易违规 (2) 与同一关联人或者交易类别相关的关联交易，连续十二个月内累计达到披露标准，但单一事项未达到披露标准	日常关联交易违规	存在下列情形之一的，交易所视情形从轻、减轻或者免予处理： (1) 日常关联交易违规 (2) 与同一关联人或者交易类别相关的关联交易，连续十二个月内累计达到披露标准，但单一事项未达到披露标准 (3) 其他从轻、减轻或者免予处理的情形

二、关联交易违规典型案例

(一) 关联方认定违规

1. 对关联方的信息披露不准确

[案例8－16]

因引入新股东，Q公司自2019年12月不再将原全资子公司Y公司纳入合并报表范围。但是，即使在出表后，Y公司业务经营仍高度依赖Q公司，Q公司人员参与Y公司公章的使用审批、控制和使用其相关银行账户，参与其账务处理及年报审计评估工作，Q公司仍为Y公司的主要实缴出资方。以上情形，表明了Q公司对Y公司的经营、财务等方面具有较大影响，应认定Y公司为公司关联方。但是，Q公司自2019年12月起未将Y公司认定为关联方，相关临时报告和定期报告披露的关联方信息不准确、不完整。

2022年1月11日，深交所对Q公司出具了监管函。

2. 未识别和披露关联方

[案例8－17]

2020年3月，K公司披露了《关于追加确认2019年度日常关联交易及预计2020年度日常关联交易的公告》，K公司的独立董事曾某过去12个月内曾任G公司独立董事，G公司为K公司的关联方。K公司2019年度向G公司累计销售商品、提供劳务1905.84万元，采购商品14.5万元，占上市公司最近一期经审计净资产的1.1%。上述关联交易发生时，K公司未及时履行关联交易审议程序及信息披露义务。

按照《深圳证券交易所股票上市规则（2018年11月修订）》的规定，过去12个月内，曾经具有上市规则规定的上市公司关联方情形，视为上市公司的关联方。因此，K公司的行为违反了深交所《股票上市规则（2018年11月修订）》第1.4条、第2.1条、第10.2.4条的规定。

2020年4月1日，深交所向K公司出具监管函。

3. 上市公司拟聘高管关联交易未审议

[案例8－18]

2014年12月20日，周某与Y公司及香港U公司分别签署借款协议，Y公司向周某借款不超过人民币10000万元，借款利率按照境内同期银行一年期人民币贷款利率上浮百分之二十确定，U公司向周某借款不超过美金2000万元，借款年利率按照4.75%确定，借款有效期为2015年1月1日至2019年12月31日。2018年1月24日，Y公司和U公司成为上市公司K公司的全资子公司。2018年4月26日，K公司聘任周某为副总经理，上述交易构成关联交易。K公司未按规定及时对上述关联交易履行审议程序和信息披露义务，直到2018年8月28日才披露董事会对上述关联交易进行了补充确认。

K公司的上述行为违反了深交所《深圳证券交易所股票上市规则（2018年修订）》第2.1条、第2.7条和第10.2.3条的规定。

2018 年 8 月 29 日，深交所对 K 公司出具监管函。

（二）子公司股权转让后，上市公司未及时将其认定为关联方

［案例 8－19］

J 公司原为 Y 公司的全资子公司。经股权结构调整，J 公司自 2020 年 11 月 13 日起不再纳入 Y 公司合并报表范围，成为公司联营企业，系公司的关联方。因对 J 公司与银行之间的应收款融资业务提供担保，Y 公司和 J 公司之间发生了关联方非经营性资金往来。2020 年 12 月 29 日，银行从 Y 公司账户划出 3750 万元转入 J 公司账户，J 公司于 2021 年 1 月 4 日及 1 月 6 日分两笔归还。2021 年 3 月 4 日，银行从 Y 公司账户划出 3570 万元转入 J 公司账户，资金当天转回 Y 公司账户。上述关联方非经营性资金往来金额合计 7320 万元，占公司 2019 年经审计净资产的 2.47%。但公司未将 J 公司作为关联方，也未就上述关联交易及时履行董事会审议程序和信息披露义务。直至 2022 年 1 月 1 日才披露上述资金往来的补充说明公告。公司关联交易未按规定履行决策程序和信息披露义务，直至地方证监局查明后才对外披露。

以上行为违反了《上海证券交易所股票上市规则（2020 年 12 月修订）》第 2.1 条、第 2.3 条、第 10.2.4 条等有关规定。时任董事会秘书俞某（任期 2015 年 6 月 29 日至今）作为公司信息披露事务的具体负责人，未能勤勉尽责，对公司违规行为负有责任，违反了《上海证券交易所股票上市规则（2020 年 12 月修订）》第 2.2 条、第 3.1.4 条和第 3.2.2 条的规定及在“董事（监事、高级管理人员）声明及承诺书”中作出的承诺。

2022 年 3 月 11 日，根据《上海证券交易所股票上市规则（2020 年修订）》第 16.1 条和《上海证券交易所纪律处分和监管措施实施办法》等有关规定，上交所决定对 Y 公司和时任董事会秘书俞某予以监管警示。

（三）日常关联交易违规

1. 未披露重大合同履行的重大不确定性

[案例 8-20]

T 公司于 2018 年 1 月 6 日披露控股股东拟向其子公司购买采购容器锻件等产品的关联交易公告，上述交易由若干子合同组成，预计交易执行期至 2020 年底，金额不超过 36.5 亿元。2018 年 12 月 13 日，公司披露与控股股东签署重大合同补充协议公告，预计增加 22 亿元，即总金额增加至不超过 58.5 亿元。由于该合同涉及的某项目因未拿到政策批文而无法贷款，2019 年后控股股东未从其下游获得合同款。2020 年 10 月后，前述项目停顿，目前处于暂停、最小化运作的状态。在日常关联交易重大合同履行出现重大不确定性的情况下，T 公司未披露进展公告说明该事项并提示风险，直至对深交所 2020 年年报问询函的回复中才提示相关风险并披露。

2022 年 1 月 12 日，根据《深圳证券交易所股票上市规则（2020 年修订)》第 2.1 条和第 7.6 条的规定，深交所对 T 公司出具了监管函。

2. 未经审议即已发生关联交易且超标

[案例 8-21]

Z 公司在 2020 年 4 月 30 日召开 2019 年度股东大会，审议通过《关于 2020 年度日常关联交易预计的议案》(其中公司预计与 X 公司的关联交易金额为 180000 万元，与 W 公司的关联交易金额为 550000 万元)，在股东大会召开并审议上述事项前，公司已与 X 公司和 W 公司分别发生关联交易 30727.01 万元和 121098.31 万元，占公司最近一期经审计净资产的 2.3% 和 9.1%，合计占比为 11.4%，公司未就上述关联交易及时履行信息披露义务和审议程序。

Z 公司的上述行为违反了深交所《深圳证券交易所股票上市规则(2018 年 11 月修订)》第 10.2.4 条、第 10.2.5 条和第 10.2.11 条的规定。

2020 年 5 月 14 日，深交所对其发出监管函。

该公司也针对以上违规事项披露了相关整改措施：自 2020 年起，将下一年度预计发生的日常关联交易情况的相关决策程序及公告程序，由原来每年初随年度董事会一并审议、披露，调整为每年末履行下一年度预计发生的日常关联交易的相关审议程序及公告程序。具体而言，2020 年 11 月至 12 月，公司就 2021 年度日常关联交易预计相关议案履行了董事会决议、独立董事事先认可及发表独立意见、股东大会决议等程序，并披露了相关公告。

3. 未及时披露关联方财务资助

[案例 8 - 22]

K 公司和 Y 公司是 S 公司的关联方。2021 年 9 月至 2022 年 3 月，K 公司和 Y 公司累计向 S 公司提供财务资助 1.34 亿元，公司已归还 0.29 亿元，尚有 1.05 亿元未归还。公司迟至 2022 年 4 月 28 日才补充披露了该事项，未对上述关联交易及时履行信息披露义务。

S 公司的行为违反了《深圳证券交易所股票上市规则（2020 年修订)》第 1.4 条、第 2.1 条、第 10.2.4 条和《深圳证券交易所股票上市规则（2022 年修订)》第 1.4 条、第 2.1.1 条、第 6.3.6 条的规定。

2022 年 7 月 13 日，深交所对其发出监管函。

（四）超出预计额度未及时审议、披露

[案例 8 - 23]

Y 公司预计 2021 年度日常关联交易总金额为 2.79 亿元，并经 2020 年年度股东大会审议通过。其中，与 Z 公司、H 公司、S 公司 3 家关联人的日常关联交易预计金额为 27829 万元。2021 年 Y 公司与上述 3 家关联人日常关联交易实际发生金额为 32995 万元，超出预计金额 5166 万元，超出金额占 Y 公司最近一期经审计总资产的 1.20%。

对于上述事项，Y 公司未及时履行董事会、股东大会审议程序，且未及时披露，直至 2022 年 4 月 26 日、5 月 27 日才分别召开董事会会议、股东大会对上述事项进行补充审议，直至 2022 年 4 月 27 日才予以披露。

2022 年 12 月 14 日，证监局决定对 Y 公司采取出具警示函的行政监管措施。

（五）关联财务公司违规

1. 关联方通过财务公司隐性非经营性占用上市公司资金

[案例8－24]

证监局于2019年7月对Y公司进行现场检查，发现公司存在将日常经营资金归集至控股股东控制的财务公司，由财务公司进行集中收付的情形。公司作为财务公司的成员单位，为财务公司提供了绝大部分的流动性来源，其中2017年末归集资金16.95亿元，占财务公司归集资金的43.74%，从财务公司获取贷款3亿元。2018年年末归集资金30.43亿元，占财务公司归集资金的73.68%，获取贷款4.5亿元。资金贡献率与从财务公司获得的贷款比率严重失衡。在相应年份，公司向财务公司归集大量资金，而财务公司将大多数资金用于向集团内其他公司提供贷款，导致其剩余资金无法覆盖公司贷款需求，客观上促使公司从外部金融机构进行融资，增加了公司相关资金成本。上述行为形成了关联方隐性非经营性占用上市公司资金。

2020年8月12日，根据《上海证券交易所股票上市规则（2019年4月修订）》第17.2条和《上海证券交易所纪律处分和监管措施实施办法》等有关规定，上交所对Y公司控股股东予以通报批评。

2. 财务公司出现风险处置预案披露的风险情形

[案例8－25]

2020年7月25日，D公司披露，由于集团财务公司出现流动性困难，未能满足公司2019年11月18日提取中期票据本息兑付资金的需求，公司已于当日启动《关于在财务公司开展存款等金融业务的风险处置预案》。根据相关规定，上市公司与财务公司的关联交易存续期间，如财务公司出现风险处置预案披露的风险情形，上市公司应当及时予以披露。公司未及时履行信息披露义务，直至2020年7月25日才对外披露相关事项。

2021年11月1日，根据《深圳证券交易所股票上市规则（2018年11

月修订)》第 1.4 条、第 2.1 条的规定，深交所对 D 公司出具了监管函。

3. 违反有关财务公司存款余额上限的承诺

[案例 8-26]

2012 年 5 月，Z 公司披露关于对纳入收储范围的土地及相应房产、商标许可使用、避免同业竞争等事项作出安排的公告，对 2011 年第二次临时股东大会审议通过的非公开发行所涉事项安排进行披露。其中，公司承诺在财务公司的存款余额不高于财务公司向公司发放的贷款余额，即在财务公司的日均存款余额不高于财务公司向公司发放的日均贷款余额。但是，公司 2020 年年度报告显示，截至 2020 年 12 月 31 日，Z 公司在财务公司的存款余额为 40.70 亿元，而财务公司对 Z 公司无贷款。Z 公司 2020 年年末在财务公司存款金额高于财务公司向公司发放的贷款金额，违反前期承诺。同时，公司存在在财务公司存款超出审批额度，但未及时履行相应审议程序与信息披露义务的违规行为。

2021 年 11 月 5 日，根据《上海证券交易所股票上市规则（2020 年 12 月修订)》第 16.2 条、第 16.3 条、第 16.4 条和《上海证券交易所纪律处分和监管措施实施办法》的有关规定，上交所对 Z 公司及时任副董事长、时任总经理、时任财务总监、时任董事会秘书予以通报批评的纪律处分。

第九章　上市公司治理其他问题

第一节　上市公司投资者关系

强化投资者关系管理，是提高上市公司质量的重要举措，也是投资者保护的重要内容。为加强对上市公司开展投资者关系工作的指导，规范投资者关系工作行为，进一步落实对投资者合法权益的保护，中国证监会于2005年7月发布了《上市公司与投资者关系工作指引》，并于2022年4月发布了修订后的《上市公司投资者关系管理工作指引》。此外，国务院办公厅发布的《国务院办公厅关于进一步加强资本市场中小投资者合法权益保护工作的意见》以及最高人民法院和中国证监会联合发布的《关于全面推进证券期货纠纷多元化解机制建设的意见》等，都对上市公司投资者关系管理起到了规范和引导的作用。上市公司投资者关系的内涵是丰富的，其中最为核心的就是投资者关系管理与投资者权益保护两个方面。此外，如何优化与畅通投资者参与上市公司治理路径，也是上市公司及其管理层应予以充分关注和积极回应的环节。

一、上市公司投资者关系管理

（一）投资者关系管理概述

根据《上市公司投资者关系管理工作指引》，投资者关系管理是指上市公司通过便利股东权利行使、信息披露、互动交流和诉求处理等工作，加强与投资者及潜在投资者之间的沟通，增进投资者对上市公司的了解和认同，以提升上市公司治理水平和公司整体价值，实现尊重投资者、回报投资者、保护投资者目的的相关活动。

上市公司投资者关系管理应遵循四项原则，分别是合规性原则、平等性原则、主动性原则和诚实守信原则。合规性原则要求上市公司投资者关系管理应当在依法履行信息披露义务的基础上开展，符合法律、法规、规章及规范性文件、行业规范和自律规则、公司内部规章制度，以及行业普遍遵守的道德规范和行为准则。平等性原则要求上市公司开展投资者关系管理活动，应当平等对待所有投资者，尤其为中小投资者参与活动创造机会、提供便利。主动性原则要求上市公司应当主动开展投资者关系管理活动，听取投资者意见建议，及时回应投资者诉求。诚实守信原则要求上市公司在投资者关系管理活动中应当注重诚信、坚守底线、规范运作、担当责任，营造健康良好的市场生态。

（二）投资者关系管理的内容与方式

上市公司投资者关系管理的核心在于沟通。根据《上市公司投资者关系管理工作指引》，上市公司与投资者沟通的内容主要包括公司的发展战略、法定信息披露内容、公司的经营管理信息、公司的环境、社会和治理信息、公司的文化建设、股东权利行使的方式、途径和程序、投资者诉求处理信息、公司正在或者可能面临的风险和挑战以及公司的其他相关信息。

上市公司可通过多种方式和渠道开展投资者管理工作，前提是便于投资者的参与。上市公司可以通过公司官网、新媒体平台、电话、传真、电子邮箱、投资者教育基地等渠道，利用中国投资者网和证券交易所、证券登记结算机构等的网络基础设施平台，采取股东会、投资者说明会、路演、分析师会议、接待来访、座谈交流等方式，与投资者进行沟通交流。其中，投资者说明会主要是向投资者说明公司业绩情况、现金分红及重大事项等情况，在召开前应事先公告。一般情况下，上市公司董事长或者总经理应当出席投资者说明会，不能出席的应当公开说明原因。此外，在以下四种具体情形出现时，上市公司应当按照中国证监会、证券交易所的规定召开投资者说明会：

（1）公司当年现金分红水平未达相关规定，需要说明原因；

（2）公司在披露重组预案或重组报告书后终止重组；

（3）公司证券交易出现相关规则规定的异常波动，公司核查后发现存在未披露重大事件；

（4）公司相关重大事件受到市场高度关注或质疑。

（三）投资者关系管理的组织与实施

投资者关系管理制度是上市公司开展投资者关系管理的基础。上市公司应当结合本公司实际情况制定投资者关系管理制度，明确工作原则、职责分工、工作机制、主要内容、方式渠道和工作要求等。

上市公司应为投资者关系管理工作的开展配备相关人员。根据《上市公司投资者关系管理工作指引》的规定，董事会秘书负责组织和协调投资者关系管理工作。上市公司控股股东、实际控制人以及董事、监事和高级管理人员应当为董事会秘书履行投资者关系管理工作职责提供便利条件。此外，上市公司需要设立或者指定专职部门，配备专门工作人员，负责开展投资者关系管理工作。

鼓励上市公司建立投资者关系管理档案。为持续改善投资者关系，掌握投资者诉求，也便于统计分析公司投资者的数量、构成以及变动等情况，上市公司可以创建投资者关系管理数据库，以电子或纸质形式保存投资者关系管理档案。

二、上市公司投资者权益保护

上市公司投资者权益保护的根基在于股东主权理念。所谓股东主权，就是明确股东在公司治理中的主人翁地位，尊重股东依据法律和公司章程所享有的各项权力和利益，尤其是知情权、参与决策权、分红权等。以权利行使目的为准，股东权分为自益权和共益权。顾名思义，自益权是股东为维护自身利益而行使的权利，包括分红权、剩余财产分配请求权、新股认购优先权、退股权、股份转让权等；共益权是股东为维护包括自己利益在内的公司利益和全体股东利益而行使的权利，包括表决权、代表诉讼提起权、临时股东会会议召集请求权、提案权、质询权等。比较特殊的是，知情权兼具自益权和共益权的性质。在股东享有的诸多权利中，知情权是一切权利的基础，参与公司经营管理权是重要途径，而分红权关乎投资目的的实现。上述三种权利是股东权利的核心，而权利的救济则为权利的实现提供保障。

（一）投资者知情权的保护

股东知情权在整个股东权利体系中具有基础性的地位，是股东实现其他股东权利的重要基础。关于股东知情权，我国现行的法律保护体系主要由《公司法》和《证券法》构成，两部法律从不同角度出发对股东知情权予以保护。其中，《公司法》规定了股东享有查阅权、复制权等与知情权相关的具体权利，而保护股东知情权最为重要的方式是强化上市公司的信息披露，故而《证券法》规定了上市公司应承担强制信息披露义务。

从股东角度而言，《公司法》直接赋予股东知情权，股东可依该法律规定向公司提出知情权请求。与《公司法（2018 年修订）》相比，新《公司法》完善了股份有限公司股东知情权的规定，并对上市公司股东的知情权进行了特别规定。首先，股东复制权的范围被扩大，“股东有权查阅、复制公司章程、股东名册、股东会会议记录、董事会会议决议、监事会会议决议、财务会计报告，对公司的经营提出建议或者质询。”其次，连续一百八十日以上单独或者合计持有公司 3% 以上股份的股东有权查阅公司的会计账簿、会计凭证。再次，股东有权查阅、复制公司全资子公司相关材料。此外，股东还可以委托会计师事务所、律师事务所等中介机构查询公司会计账簿、会计凭证以及全资子公司相关材料。最后，明确上市公司股东查阅、复制相关资料还应遵守《证券法》等法规的规定。

《公司法》也为股东知情权的实现提供了司法救济途径。新《公司法》第一百一十条规定，连续一百八十日以上单独或者合计持有公司百分之三以上股份的股东要求查阅公司的会计账簿、会计凭证的，适用第五十七条第二款规定，“股东可以要求查阅公司会计账簿、会计凭证。股东要求查阅公司会计账簿、会计凭证的，应当向公司提出书面请求，说明目的。公司有合理根据认为股东查阅会计账簿、会计凭证有不正当目的，可能损害公司合法利益的，可以拒绝提供查阅，并应当自股东提出书面请求之日起十五日内书面答复股东并说明理由。公司拒绝提供查阅的，股东可以向人民法院提起诉讼”。

对上市公司而言，公司不履行信息披露义务将承担行政责任、民事责任乃至刑事责任。从规制体系来看，规范上市公司信息披露的规定主要有四个层次：第一层次是《证券法》第五章对包括上市公司在内的信息披露义务人所规定的信息披露义务；第二层次是国务院发布的有关证券市场的规范性文件，如《国务院关于股票发行注册制改革有关工作情况的报告》等；第三层次是证券监管部门制定的各类规章，如中国证监会制定的《上市公司信息披露管理办法》；第四层次是证券交易所制定的行业规定，如《上海证券交易所上市公司自律监管指引第 2 号——信息披露事务管理》《深圳证券交易所上市公司自律监管指引第 1 号——主板上市公司规范运作》《公开发行证券的公司信息披露内容与格式准则第 53 号——北京证券交易所上市公司年度报告》等。新《公司法》第二百零九条第二款规定，“股份有限公司的财务会计报告应当在召开股东会年会的二十日前置备于本公司，供股东查阅；公开发行股份的股份有限公司应当公告其财务会计报告。”基于此，上市公司应主动依照法律法规的规定向股东呈递或公开公司的财务信息，这种信息披露义务的履行是基于法律直接规定，无须股东事先请求。同时，公司在履行该义务时应遵循及时、准确、真实、完整、全面的原则，不得有遗漏与隐瞒。

（二）投资者参与公司经营管理权的保护

投资者参与上市公司经营管理的途径主要是通过参加股东会，并以在股东会中进行表决的方式来实现。因此，股东会的参与情况和表决权的行使情况都会对股东参与上市公司治理的效果产生影响。

上市公司应积极扩大股东及其代理人参加股东会的比例，降低股东参会成本。股东及其代理人参加股东会的比例高低反映了股东会的质量，也决定了上市公司的治理水平。上市公司股东会召开时间和地点的选择应有利于让尽可能多的股东及其代理人参会，建议上市公司尽可能运用现代网络技术推动股东大会的电子化，允许无法亲临现场的股东在网上参会、网上投票及行使其他相关权利。此外，投票结果应在投票结束后及时公示，并避免在投票进展过程中实时公示。

在表决权行使方面，建议上市公司积极采用股东累积投票制度，不断完善细节管理。有学者曾建议，将上市公司是否在召开股东会选举董事、监事时采用累积投票制作为衡量公司治理水平高低的重要标尺。我国在2005年《公司法》修改后开始实施累积投票制，即股东会选举董事或监事时，每一股份拥有与应选董事或者监事人数相同的表决权，股东拥有的表决权可以集中使用。立法者鼓励公司采用累积投票制，这一态度导向具有一定的积极意义。对于中小股东而言，一方面，累积投票制度可以促成中小股东将其代言人选入董事会和监事会，扩大中小股东的话语权，增强其表决权的含金量，平衡中小股东与大股东之间的利益关系；另一方面，累积投票制更利于构建和谐的公司治理局面，预防股东之间的利益冲突。累积投票制可以在一定程度上减少控股股东独裁专断的机会，预防控股股东的道德风险，同时也更利于让中小股东在公司决策中获得必要的知情权、决策权和监督权，激励中小股东参与公司治理。

累积投票制看似对大股东形成约束，但上市公司和大股东也应积极地接受并实施这一制度。一方面，累积投票制并不会从根本上动摇和颠覆股东会中的资本多数决原则。中小股东要想成功借助累积投票制夺取公司控制权仍须一定数量的资本实力为后盾，因此累积投票制只能动摇控股股东的绝对控制地位，但相对控制地位仍掌握在控股股东手中，董事会和监事会个别席位的“丢失”实质上是其他中小股东权利的正当回归。另一方面，累积投票制更利于上市公司的健康发展和长治久安，有利于提高董事会和监事会的工作效率和质量。以董事会为例，董事会的生命力在于发挥全体董事的集体智慧，鼓励全体董事畅所欲言、各抒己见。所谓兼听则明，偏听则暗。如若董事会终日一团和气或是一言堂，反而不利于上市公司的长远发展。即便中小股东或其信任的董事或监事的观点未能被多数董事或监事接受，但他们的观点或许可以提供新的视角，也有助于启发其余董事认真思考决策的替代方案或解决相关具体问题。

上市公司应保障股东尤其是中小股东的提案权。新《公司法》降低了股东会临时提案的门槛，第一百一十五条第二款规定“单独或者合计持有公司百分之一以上股份的股东，可以在股东会会议召开十日前提出临时提案并书面提交董事会。临时提案应当有明确议题和具体决议事项。董事会应当在收到提案后二日内通知其他股东，并将该临时提案提交股东会审议；但临时提案违反法律、行政法规或者公司章程的规定，或者不属于股东会职权范围的除外。公司不得提高提出临时提案股东的持股比例”。

此外，公开征集股东权利也是公司股东积极参与公司治理的一种重要方式。2021 年 6 月 17 日，投服中心针对中国宝安修改公司章程事项首次征集股东表决权，引起了社会的广泛关注。投服中心作为投资者保护机构公开征集股东权利，是通过行使私法上的权利实现公益目的，具有一定的特殊性。我国资本市场征集股东权利的案例已经有数千起，但由市场自发形成的股东权利征集活动较为匮乏，仍然未能在公司治理中发挥积极作用。投资者保护机构作为股东权利的征集者，可以发挥先导和示范作用，激发中小股东参与上市公司治理的积极性。对投资者保护机构进行股东权利征集的特殊性事项进行专门规定，具体包括投资者保护机构征集可适用的议决事项、征集股东提案权的具体运用以及征集过程中的信息披露等，有助于克服征集过程中可能存在的代理问题和利益偏差，促进上市公司完善公司治理、加强利益相关者保护以及实现绿色金融等社会责任目标。

（三）投资者分红权的保护

上市公司现金分红是实现投资者投资回报的重要形式，对于培育资本市场长期投资理念，增强资本市场的吸引力和活力都具有十分重要的意义。股东获得合理投资回报，既是上市公司履行股东受托责任的重要体现，也是证券市场稳定健康发展的内在要求。我国《公司法》明确规定了股东享有分取红利的权利，并明确赋予董事会和股东会分别行使制定和审议批准公司利润分配方案的职权。现金分红作为上市公司股利分配的重要方式，是投资者实现合理投资回报的有效渠道。

然而，由于我国上市公司治理机制尚不健全，一些上市公司分红主动性和约束性都有待提高，甚至有的上市公司常年不分红，回报股东的意识薄弱。为此，中国证监会将完善上市公司分红制度纳入市场基础性制度建设的范畴，引导并推动上市公司进行现金分红。中国证监会在2001年3月颁布的《上市公司新股发行管理办法》中规定，上市公司申请再融资，如其最近三年未有分红派息，且董事会对于不分配的理由未作出合理解释的，担任主承销商的证券公司应该对此重点关注并在尽职调查报告中予以说明。2006年，中国证监会颁布的《上市公司证券发行管理规定》中，进一步要求发行新股的上市公司需满足最近三年以现金或股票方式累计分配的利润不少于最近三年实现的年均可分配利润的百分之二十的条件。而后，中国证监会于2013年进一步发布了《上市公司监管指引第3号——上市公司现金分红》，并于2015年会同财政部、国资委和原中国银监会联合下发了《关于鼓励上市公司兼并重组、现金分红及回购股份的通知》。除中国证监会外，国务院也多次强调应优化投资回报机制。2013年发布的《国务院办公厅关于进一步加强资本市场中小投资者合法权益保护工作的意见》要求上市公司披露利润分配政策尤其是现金分红政策的具体安排和承诺，对不履行分红承诺的上市公司要记入诚信档案，未达到整改要求的不得进行再融资；倡导建立多元化投资回报体系，引导上市公司承诺在出现股价低于每股净资产等情形时回购股份，对现金分红持续稳定的上市公司在监管政策上给予扶持，制定差异化的分红引导政策，完善除权除息制度安排。国务院在2020年发布的《国务院关于进一步提高上市公司质量的意见》中重申，“鼓励上市公司通过现金分红、股份回购等方式回报投资者。”2021年中共中央、国务院发布的《关于支持浙江高质量发展建设共同富裕示范区的意见》也指出，丰富居民可投资金融产品，完善上市公司分红制度。

近年来，上市公司现金分红情况逐渐向好。在2020年，A股上市公司中有3017家披露了现金分红方案，占比超过七成，分红总金额高达1.5万亿元，较2019年度增长了11.76%[①]。但目前仍有一些上市公司消极对待分红，甚至有的上市公司多年不分红。对此，有必要从上市公司治理层面和监管立法层面共同推进上市公司现金分红制度。从上市公司角度而言，无论是控股股东、实际控制人还是管理层都应增强回报股东的意识，并从公司制度层面健全和完善现金分红制度。但分红权也不能仅靠控股股东和实际控制人等内部人的道德觉悟或是监管者的外部推动，还要依靠标本兼治的法治保障。目前，已有学者建议在《公司法》和《证券法》层面上落实上市公司强制分红制度。另外，为了鼓励上市公司持续稳定分红，可适当降低持续稳定分红上市公司的再融资门槛，提供贷款利率优惠和税收优惠等。

（四）投资者救济途径

司法救济是投资者维护其合法权益的重要途径。从投资者角度来看，证券争讼可分为投资者对证券公司提起的诉讼、投资者对上市公司提起的诉讼、投资者对控股股东和实际控制人提起的诉讼、投资者对经营者提起的诉讼等。其中，投资者提起的诉讼以请求权的来源为准，可以分为直接诉讼和派生诉讼。前者是投资者基于投资者地位而提起的诉讼，包括投资者为维护自身利益而提起的自益诉讼和为维护全体投资者利益而提起的共益诉讼；后者是投资者基于上市公司的请求权而提起的诉讼，主要是指股东代表诉讼。然而，在实践中，无论是直接诉讼还是股东代表诉讼的实施效果都还不够理想。究其根本原因，是中小股东无法摆脱自身的有限理性，无法摆脱现行机制下败诉的诉讼成本由起诉股东单独承担，胜诉收益完全归属于公司并间接惠及所有股东的困境。

面对普通股东难以避免的有限理性，部分国家和地区尝试在证券市场

---

① 李勇，“上市公司现金分红意愿提升，2020年度逾万亿元派现已落袋”，《证券日报》2021年7月6日版。

中构建一个相对摆脱经济理性的特殊股东——公益性机构，如美国的证券投资者保护公司（Securities Investor Protection Corporation）、澳大利亚的证券交易担保公司（Securities Exchanges Guarantee Corporation）、韩国的民主参与人民团结组织（People's Solidarity for Participatory Democracy）和我国台湾地区的证券投资人及期货交易人保护中心等。在借鉴其他国家和地区经验的基础上，我国于2014年成立了投服中心，由其行使建议权、质询权、表决权等普通股东的权利。2019年修订的《证券法》通过第九十四条第三款豁免了投服中心作为投资者保护机构发起股东代表诉讼的资质门槛，规定"发行人的董事、监事、高级管理人员执行公司职务时违反法律、行政法规或者公司章程的规定给公司造成损失，发行人的控股股东、实际控制人等侵犯公司合法权益给公司造成损失，投资者保护机构持有该公司股份的，可以为公司的利益以自己的名义向人民法院提起诉讼，持股比例和持股期限不受《公司法》规定的限制"。自此，以保护投资者权益为宗旨的投服中心在提起股东代表诉讼这一事项上将不再被持股比例和期限限制等条件捆绑。在新《证券法》正式施行后，投服中心将得以行使股东代表诉讼职能，在一定程度上发挥股东代表诉讼机制效用。下面以康美药业特别代表人诉讼案为例，对投服中心代表投资者维权的途径予以介绍。

所谓特别代表人诉讼制度是指，在证券纠纷中人数众多的投资者作为原告基于同一种类的诉讼标的共同提起诉讼，投资者保护机构在接受五十名以上的投资者的特别授权后，可以作为特别代表人参加诉讼，但若投资者明确表示不参加这一诉讼的除外的一种诉讼模式。

[案例9-1]

康美药业虚假陈述案是我国首例证券特别代表人诉讼案，经最高人民法院指定管辖，由广州市中级人民法院适用特别代表人诉讼程序审理。本案原告为五万余名投资者，代表人为投服中心，被告为康美药业及其他相关责任主体。广州市中级人民法院于2021年3月25日发布了《普通代表人诉讼权利登记公告》，随后，投服中心发布《投服中心接受康美药业虚假陈述民事赔偿案投资者委托的说明》，明确提出根据《证券法》第九十五条第三款规定，可以接受投资者委托，作为代表人参加诉讼。2021年11月12日，康美药业虚假陈述案获得广州市中级人民法院一审判决，投服中心代表的投资者获赔24.59亿元。这是我国首单证券纠纷特别代表人诉讼，是资本市场发展历史上的一个标志性事件，无论是对资本市场健康发展，还是对维护投资者合法权益，都具有重要意义，并将产生积极、深远的影响。

三、机构投资者参与上市公司治理

机构投资者在中国乃至全球主要证券市场中正扮演着越来越重要的角色，但其发展历史并不是很长。受到金融市场高速发展和西方主要发达国家社会福利制度建立的影响，以企业年金、养老金和共同基金为代表的机构投资者所控制的资产规模不断增加，其在证券市场中的持股规模也不断攀升。随着中国证券市场的高速发展，我国证券市场中的机构投资者的专业化程度和影响力也逐渐加大，成为证券市场中一支举足轻重的力量。机构投资者异军突起不但成为资本市场的稳定力量，而且能促使上市公司股权结构趋于合理化。积极倡导机构投资者参与上市公司治理，优化机构投资者参与上市公司治理的各项股东权利，是优化上市公司治理的重要途径，也将进一步推动我国资本市场的健康发展。

（一）我国关于机构投资者的法律规则

目前，我国尚无专门针对机构投资者参与上市公司治理的法律法规，但监管部门和行业自律组织已经建立了相关的制度雏形。在中国证监会层面，出于改善境内上市公司治理的目的，中国证监会于2002年首次颁布《上市公司治理准则》，在第十一条中指出，“机构投资者应在公司董事选任、经营者激励与监督、重大事项决策等方面发挥作用”。为应对证券市场的新变化和新问题，中国证监会在2018年修订的《上市公司治理准则》中专设第七章“机构投资者及其他相关机构”，基本明确了机构投资者的范围和其参与上市公司治理的方式，并表明了鼓励机构投资者积极参与上市公司治理的态度，为机构投资者参与上市公司治理给出了新的方向性指引。

此外，中国证券投资基金业协会也于 2012 年发布了《基金管理公司代表基金对外行使投票表决权工作指引》，以期促进基金管理公司忠实履行受托人义务，指导基金管理公司代表其管理的证券投资基金对外行使投票表决权行为，充分保障基金份额持有人合法利益。这一指引的颁布有效督促了公募基金行业积极参与上市公司治理，但局限性在于其仅对基金管理公司这一类机构投资者具有约束力。

（二）机构投资者的范围

广义的机构投资者，是指进行金融证券投资的金融机构，包括基金管理公司、商业银行、保险公司、证券公司、期货公司、信托公司、政府投资机构、主权基金、养老基金、慈善基金、捐赠基金等。相较于西方发达的证券市场，我国机构投资者的存在形式相对单一，主要包括证券投资基金、保险金、社保基金、企业年金和合格境外投资者等。

证券投资基金是我国机构投资者中的主要力量。自 1997 年颁布《证券投资基金管理暂行办法》以来，我国相继出台了《开放式证券投资基金试点办法》《证券投资基金管理公司管理办法》《证券投资基金法》等法律法规，为证券投资基金作为机构投资者参与证券市场提供了制度保障。

保险资金也是我国发展规模较大的机构投资者。1999 年，国务院放开了对保险资金入市的限制，允许保险公司在一级市场配售新发行的证券投资基金和在二级市场买卖已上市的证券投资基金。2004 年，原中国保监会和中国证监会联合颁布的《保险机构投资者股票投资管理暂行办法》在允许保险资金直接入市的同时，进一步加强了对保险机构投资者股票投资业务的管理，规范投资行为，防范投资风险，保障被保险人利益。

随着我国社会保障体系的逐渐完善，社保基金和企业年金也成为我国证券市场中重要的机构投资者。全国社保基金由中央财政拨入资金、国有股减持拨入的资金、股权资产和经国务院批准以其他方式筹集的资金及其投资收益构成。为了统筹和积累社保基金，我国政府于 2000 年成立全国社会保障基金，并设立全国社会保障基金理事会对社保基金进行管理。企业年金是我国多层次养老保障体系的重要组成部分，随着企业年金规模的扩大，越来越多的企业年金委托基金公司、保险公司和证券公司等外部投资管理人对其进行管理。

2002年颁布的《合格境外机构投资者境内证券投资管理暂行办法》为合格境外机构投资者在中国境内证券市场开展投资提供了制度保障。目前，《合格境外机构投资者和人民币合格境外机构投资者境内证券期货投资管理办法》是规范合格境外机构投资者和人民币合格境外机构投资者在境内证券期货市场投资行为的主要法律规范。合格境外机构投资者在促进我国股市估值体系完善、推动股市稳定发展、完善上市公司治理结构及经营管理方面都发挥了积极作用。

（三）机构投资者参与上市公司治理的方式

机构投资者可以通过多种方式参与上市公司治理，包括行使表决权、行使股东提案权、征集表决权、提名董事、召集临时股东会会议等《公司法》明文规定的法律途径，也可以通过与公司管理层磋商、公开发表意见、制定机构投资者目标公司治理准则等途径，来影响上市公司的公司治理。

实践中，机构投资者主要通过行使表决权和股东提案权的方式参与上市公司治理。与中小股东一样，行使股东表决权是股东最直接表达意见的方式。与中小股东相比，机构投资者的持股比例相对较高，较容易在股东会中形成一定影响力，同时也容易达到行使股东提案权所需满足的3%的持股比例要求。

征集表决权，是指董事会或符合条件的股东征集其他股东在股东会上的表决权并代为行使表决权的行为。为了避免股东会因不能及时召开或因某些原因导致股东无法行使表决权致使公司重要事项无法达成，各国法律一般都允许股东可以将其部分事项的表决权委托给董事或其他股东行使。于中小股东而言，若能将表决权委托给更加专业的机构投资者来行使，也是降低其行权成本、提高收益的一种选择。

提名董事是包括机构投资者在内的股东间接参与公司治理的一种途径，即在公司需要组成董事会或需要更换、增加新的董事进入董事会时，公司股东向股东会推荐拟进入董事会的人选，并提交股东会决议。目前，我国《公司法》虽规定了股东享有董事提名权，但董事提名程序等相关具体法律规定仍有待完善。机构投资者在行使董事提名权方面具有独特优势，不仅在专业性、对上市公司了解程度方面具有优势，而且由于机构投资者在上市公司的持股比例相对较高，其也较容易满足董事提名制度对提名股东持股比例的要求。

机构投资者还可以召集临时股东会会议。我国《公司法》规定，代表十分之一以上表决权的股东可以提议召开临时股东会会议。股东会是股东表达意愿的主要途径之一，机构投资者一般持股数额较大，也较能获得中小股东的信任，其较容易满足临时股东会会议召集权的行使条件，从而进一步畅通股东表达意愿的途径。

除了上述法律明文规定的股东参与上市公司治理的途径外，机构投资者也可利用其专业性和影响力，通过与上市公司管理层磋商、公开发表意见、制定机构投资者目标公司治理准则等途径参与上市公司治理。例如，在2003年某银行公告发行100亿元可转债后，华夏、长盛、鹏华、易方达、富国等基金公司的基金经理以及其他一些机构都纷纷表达不满。此外，在机构投资者力量更为强大的欧美国家，机构投资者会发布目标公司治理准则，如一些机构表示不会投资于采用表决权差异安排的上市公司。

从另一个角度来说，上市公司也应在重大决策作出前，重视与关键机构投资者的沟通，尤其是持股比例高、投资周期长的机构投资者，关注其诉求并重视其对公司良好治理的意见。上市公司应正确处理与机构投资者之间的关系，让机构投资者在上市公司治理和发展中发挥积极作用。

（四）机构投资者参与上市公司治理的实践情况

与欧美国家机构投资者常会借助多种手段、途径并发声积极参与上市公司治理的态度相比，我国机构投资者更多地采用了“用脚投票”的方式参与公司治理，即一旦对某一上市公司治理产生不满，便会通过二级市场抛售股票。例如，某地产公司在2013年因受房产税试点扩围影响而抛出定增方案，机构投资者未直接反对该提案，而是选择采用“用脚投票”方式争先出逃，导致该地产公司复牌当日市值缩水超过38亿元。

然而，近年来越来越多的机构投资者更加积极地参与上市公司治理，并不断丰富自身参与公司治理的手段。例如，易方达、汇添富和华商三家基金公司联合对上海家化董事进行提名；鹏华基金和耶鲁大学基金会联合推选格力电器董事候选人；机构投资者通过改组董事会参与德豪润公司治理；高瓴资本参与格力电器公司治理等。机构投资者参与公司治理的积极性较大程度上受到其持股比例和持股期限的影响，持股比例更高、投资周期更长的机构投资者更有意愿参与上市公司治理，在上市公司治理中也更能发挥积极作用。

1. 机构投资者参与D公司治理

[案例9-2]

D公司于2004年6月在深交所中小板上市，主营业务为小家电产品的生产及销售。2017年10月，D公司定向增发36832万股，定增认购对象为G基金、B投资、M证券、J基金以及R基金，五家机构认购股份占发行后总股本合计20.87%，超过上市公司实际控制人王某及其一致行动人的持股比例（18.52%）。除B投资以自有资金认购外，其他机构的认购资金均来自资管产品基金。

2019年4月29日，D公司发布2018年年度报告，立信会计师事务所对D公司2018年审计报告出具了保留意见。同日，D公司股票被实施退市风险警示处理。在2019年4月29日的董事会会议上，由G基金和R基金联合提议新增的非独立董事沈某对《2018年度董事会工作报告》《2018年度总经理工作报告》《关于对2018年度审计报告中保留意见涉及事项专项说明的议案》《关于2018年度计提资产减值准备的议案》等16项议案都投出了反对票，并对之后公司的《2019年第一季度报告》《关于转让全资子公司100%股权的议案》也都投出反对票。

机构投资者普遍认为公司经营状况持续恶化的主要原因系董事会未能勤勉尽责。基于此，M 证券于 2019 年 5 月 9 日提请董事会在 2018 年度股东大会上增加《关于提请对 2018 年年度报告进行重新审计的议案》，但上市公司以提案时间超过时限为由决定不将该提案提交股东大会。同月 24 日，G 基金、J 基金以及 R 基金（合计持股 12%）联合提请召开临时股东大会，要求罢免王某、郭某、杨某等人的董事职务，罢免郝某、苏某独立董事职务。上述罢免议案因仅沈某一位董事同意而未能通过。而后，大股东和机构投资者开始争夺独立董事席位。最终，代表机构投资者的王某（代表 G 基金）、张某（代表 B 投资）、沈某（代表 G 基金和 R 基金）、李某（代表 M 证券）进入董事会。郭某、苏某、王某、李某辞去董事职务，机构投资者与大股东之间、机构投资者之间基本实现了制衡。

在这一案例中，机构投资者主要通过三种途径实现了对上市公司治理的深度参与。首先，机构投资者通过行使股东表决权、股东提案权的方式表达各自意见并维护自身利益。其次，机构投资者通过提名董事、改选董事会的方式实现了机构投资者与大股东利益代表的均衡，最终使 D 公司董事会中大股东占 5 席、机构投资者占 4 席，各方利益基本实现平衡与制衡。最后，机构投资者之间通过联合行动和联合中小投资者的方式实现股东提案在强化制衡力量的同时，也引发了社会和监管层的关注，促使大股东妥协。

2. 机构投资者参与 L 公司治理

[案例 9－3]

2019 年 12 月，G 机构获得 L 公司 15% 的股份，成为 L 公司第一大股东，打破了由地方国有资本控制的公司治理格局，让 L 公司可以运用市场化改革的力量在新的公司治理体制下探索新的长期发展模式。

G 机构入主 L 公司后，主要从以下三个方面着手优化 L 公司的公司治理。

第一，通过增加管理层持股来加强管理层与上市公司的利益绑定。G

机构通过其旗下的M公司成为L公司第一大股东，持股15%。L公司管理层共计18位高管设立Z投资公司，通过Z投资公司持有Y公司41%股份的方式，成为M公司的第一大股东。针对M公司的公司治理架构，约定其实际控制方Y公司的董事会享有对重要事项的最终决策权，董事会决议需有2/3以上赞成票方可审议通过。在Y公司的董事会中，由G机构、M公司、Z投资公司三方各委派一名董事。在G机构的参与设计下，L公司的持股结构得以改善，股东利益得到更好保障。一方面，随着公司治理的市场化、管理的现代化，管理层做好业绩、释放业绩的动力更强；另一方面，管理层持股有助于促进上市公司利用账上充足的储备现金进行分红、回购，回报股东以实现股东利益最大化。

第二，通过回购股份来实现股权激励。为了兑现L公司在混合所有制改革时作出的承诺，公司于2020年4月和10月先后推出了两轮股票回购计划，两次回购股份接近总股本的4%，用于员工持股计划和股权激励。从回购节奏来看，公司两次回购都是在股价相对低点进行的。从底层资产看，公司认为当时股价已经具备足够的安全边际。另外，开启回购和加码回购时点的选择也印证了：在混合所有制改革完成后，改善了公司治理结构，股权激励提高了员工积极性，机构投资者助力公司多元化发展等多重正面因素作用下，公司重新进入经营复苏周期。

第三，积极推进公司渠道改革。L公司的高速发展离不开庞大的线下经销商队伍，并重视与渠道商的深度利益捆绑。线上购物的高速发展对L公司的渠道形成重大挑战，G机构利用其新零售变革产业资源及利用互联网思维帮助企业提升效率的成功经验，助力L公司进行渠道改革。通过线上线下促销联动、直播活动等方式，使L公司的零售额显著提升。

第二节　上市公司ESG治理

联合国世界环境与发展委员会在1987年发布的《布伦特兰报告》中

提出了“可持续发展”理念，而ESG就是“可持续发展”理念在企业界的具体投影。2004年，联合国发布的报告《在乎者即赢家》（Who Cares Wins）首次提出了环境、社会和治理（ESG）概念，探讨如何更好地将ESG相关因素纳入资产管理、证券经济服务和相关研究，并指出将ESG因素纳入其中将有利于提升公司价值、股东权益，乃至有利于推动社会的可持续发展。近年来，越来越多的国家和地区将环境、社会和治理因素纳入上市公司非财务绩效考核的目标，上市公司ESG信息披露已成为监管机构、投资者以及市场各方重点考察的指标。

一、ESG内涵界定与评价标准

（一）ESG的内涵界定

ESG是环境（Environmental）、社会（Social）和治理（Governance）三个英文单词的首字母缩写。ESG的内涵既包括公司追求可持续发展所应遵循的核心纲领，也包括公司践行可持续发展可借助的行动指南与工具，其范畴涵盖企业社会责任、企业环境责任、社会责任投资、绿色金融等。

在环境（E）维度，关注公司在环境方面的积极作为、符合现有的政策制度情况及对未来的影响等，具体涉及环境污染防治、清洁制造、绿色建筑、可再生能源、温室气体排放、能源效率、水资源与土地资源管理、生态多样性等。

在社会（S）维度，关注公司在领导力、员工、客户和社区关系等社会方面的表现，主要包括员工关系与福利、工作环境、供应链劳工标准、人力资本发展、社区关系、慈善活动、产品质量与产品安全、数据安全与隐私等。

在治理（G）维度，关注公司治理结构、透明度、独立性、董事会多样性、管理层薪酬、股东权利等方面内容，如治理结构、股东权益保护、薪酬制度、税务、贪污腐败、贿赂与欺诈、商业道德、垄断行为等。

ESG理念的兴起，有助于完善公司信息披露监管制度，因而受到国际社会的广泛欢迎。于上市公司而言，良好的ESG表现既满足公众和市场对企业履行社会责任、建设生态文明的预期，也能为上市公司树立良好的声誉，从而获得投资者青睐的核心竞争力。

（二）我国 ESG 发展情况

准确而完整的 ESG 理念引入我国的时间相对较晚，但自 20 世纪 70 年代起，我国政府就逐步重视与 ESG 理念相关的一系列发展问题。在最先被关注到的环境领域，我国于 1973 年通过了第一个全国性的环境保护文件《关于保护和改善环境的若干规定（试行）》，而后相继推出关于环境和自然资源保护、生态文明建设、污染治理等的环境政策。2021 年全国“两会”将“碳达峰、碳中和”首次写入《政府工作报告》，“十四五”规划纲要明确提出加快推动绿色低碳发展等四大行动方向，我国在环境方面的政策指引逐渐完善。在企业社会责任方面，深交所于 2006 年发布了《上市公司社会责任指引》，是较早提出让上市公司积极履行社会责任、定期评估社会责任履行情况并鼓励上市公司自愿披露企业社会责任报告的政策文件。上交所于 2008 年也发布了《上海证券交易所上市公司环境信息披露指引》和《关于加强上市公司社会责任承担工作的通知》，鼓励上市公司积极践行社会责任。此后，发布社会责任报告的上市公司数量逐年增加，给投资者和市场都带来了积极的影响。在公司治理方面，中国证监会对非上市公众公司和上市公司的公司治理和信息披露分别提出要求，原银保监会也颁布了一系列文件以提升银行和保险机构的公司治理。中国证监会发布的《上市公司治理准则》和国务院发布的《关于进一步提高上市公司质量的意见》是关涉上市公司治理问题最重要的两个政策文件。

ESG 概念最早于 2019 年出现在我国官方文件中。中国人民银行发布的《中国绿色金融发展报告（2018）》提到，在国际投资中大力推广责任投资理念，积极贯彻落实 ESG 原则。2019 年《中国责任投资年度报告》将责任投资界定为在传统投资的基础上加入对投资对象的环境、社会和治理情况的考虑，即 ESG 情况是践行责任投资时的重要参考指标。2022 年 5 月 15 日起施行的《上市公司投资者关系管理工作指引》要求进一步增加和丰富投资者关系管理的内容及方式，在与投资者沟通的内容中落实新发展理念的要求，增加上市公司的环境、社会和治理（ESG）信息，首次将上市公司 ESG 要求落实到规范性文件之中。同年 7 月，深交所及其全资子公司深圳证券信息有限公司正式推出国证 ESG 评价方法，发布基于该评价方法编制的深市核心指数（深证成指、创业板指、深证 100）ESG 基准指数和 ESG 领先指数。这是深交所全面贯彻新发展理念，积极满足市场多元化 ESG 投资需求，更好服务绿色低碳和高质量发展的务实举措。新《公司法》通过单独条款明确公司应承担社会责任的具体方面，指出公司在从事经营活动时应充分考虑公司职工、消费者等利益相关者的利益以及生态环境保护等社会公共利益。第二十条第二款指出，“国家鼓励公司参与社会公益活动，公布社会责任报告”。

在我国香港地区，证券交易所在 ESG 发展中扮演了重要的角色。2012 年，香港联合交易所发布《环境、社会及管治报告指引》，建议在香港交易所上市的公司自愿披露关键指标。而后，该指引经历了多次修订，越来越多的指标披露被要求遵循“不遵守就解释”原则，进而将 ESG 信息披露上升为半强制披露。

（三）ESG 评价指标

ESG 评价指标是衡量公司在环境、社会、治理三个方面表现的参数，决定了 ESG 评价中所应考虑的因素，是描述公司 ESG 治理情况的载体。为了对一家公司的 ESG 表现作出更加准确、客观的评价，诸多国际组织、学术机构、咨询公司、评级机构等设计了一系列 ESG 评价体系，但目前尚未形成统一的 ESG 指标体系。下面对主要国际机构和组织的 ESG 评价体系和相关指标进行介绍。

1. 全球报告倡议组织（GRI）评价指标

GRI 标准以 GRI 第四版《可持续发展报告指南》为基础，关注了经济、环境和社会三个方面。其中，涉及 ESG 相关指标的是环境和社会两个方面。在环境方面，GRI 评价指标包括物料、能源、水资源与污水、生物多样性、排放、污水和废弃物、环境合规、供应商环境评估；在社会方面，GRI 评价指标包括雇佣、劳资关系、职业健康与安全、培训与教育、多元化与机会平等、反歧视、结社自由与集体谈判、童工、强迫或强制劳动、安保实践、原住民权利、人权评估、当地社区、供应商社会评估、公共政策、客户健康与安全、营销与标识、客户隐私、社会经济合规等。

2. 可持续性会计准则委员会（SASB）评价指标

SASB 将企业分成 77 个行业，每个行业在 SASB 标准中都有一套自己独特的可持续性会计标准。SASB 标准包括环境、社会资本、人力资本、商业模式与创新、领导与治理五个可持续主题。在环境方面，涉及温室气体排放、空气质量、能源管理、燃油管理、水和废水管理、废物和有害物质管理以及生物多样性影响；在社会资本方面，涉及人权与社区关系、访问和负担能力、客户福利、数据安全和客户隐私、公平披露和标签、公平营销和广告；在人力资本方面，涉及劳动关系、公平劳动惯例、多元化的包容性、员工的健康、安全和福祉、薪酬与福利以及招聘、发展和保留；在商业模式与创新方面，涉及产品和服务的生命周期影响、对资产运营的环境和社会影响、产品包装、产品质量安全；在领导与治理方面，涉及系统风险管理、事故与安全、商业道德和付款透明度、竞争行为、监管捕获和政治影响、材料采购以及供应链管理。

3. KLD 研究与分析公司（KLD）评价指标

KLD 评价体系是历史最悠久的 ESG 评价体系之一，其指标体系由环境、社会、治理和争议行业四个维度构成。在与 ESG 相关的环境、社会、治理三个方面，KLD 指标分别采用了正面指标和负面指标。其中，正面指标反映公司应对 ESG 风险和捕捉 ESG 机会的能力，负面指标反映公司在 ESG 方面违法违规等的不良表现。在环境维度上，包括环境机遇、垃圾管理、气候变化、环境管理系统、自然资源利用和其他资源管理优势六个正面指标，以及法律合规、有毒排放物和垃圾、能源和气候变化、产品和服务的影响、生物多样性和土地利用、供应链管理、水管理压力、操作性损耗、环境其他注意事项九个负面指标；在社会维度上，包括产品、社区、多样性、人权、雇佣关系等二十三个正面指标，以及社区、人权、产品、雇佣关系、多样性等十八个负面指标；在治理维度上，包括腐败和政治不确定性、金融体系不稳定性两个正面指标，以及治理结构、有争议的投资、贿赂与欺诈以及其他治理问题四个负面指标。

二、上市公司 ESG 信息披露

（一）ESG 信息披露制度概述

上市公司的 ESG 报告既可体现上市公司履行社会责任的担当，也可展现上市公司的可持续发展能力，同时还可影响投资者等利益相关方对上市公司非财务方面绩效的判断。ESG 信息披露是在以往以股东利益为核心的财务信息披露基础上，向以多方利益相关者利益为核心的非财务信息披露的转变。目前，ESG 信息披露存在强制披露和自愿披露两种模式。为提高公司 ESG 信息的准确性和透明度，已有少数国家和地区的法律法规要求企业披露特定 ESG 信息。例如，欧盟于 2019 年针对金融业出台的《可持续金融披露规范》（Sustainable Finance Disclosure Regulation）强制要求欧盟金融市场参与者披露 ESG 信息；英国于 2013 年颁布的《温室气体排放（董事会报告）规则草案》要求在伦敦证券交易所上市的公司必须披露其年度温室气体排放水平；美国联邦和州两个层面都有诸多法规强制企业披露污染物排放、生产安全和歧视等方面的信息，但尚未有针对全面 ESG 信息披露的专门立法。在全世界范围内，大部分国家和地区都采用了自愿披露的模式，即企业自主决定是否披露 ESG 相关信息、披露哪些信息以及以何种形式披露上述信息。

（二）我国 ESG 信息披露规则体系

我国境内尚处于 ESG 信息披露体系构建的初步阶段，相关规则主要聚焦于环境方面，制度体系有待健全。在现行 ESG 披露框架和“绿色金融”政策引导下，上交所和深交所已要求部分上市公司进行 ESG 披露，一些特定行业或性质的企业也负有 ESG 信息披露义务。北交所鼓励上市公司在年度报告和中期报告中披露社会责任履行情况，但尚缺少更为具体的规则要求。整体来看，我国境内上市公司 ESG 报告处于自愿披露阶段，但针对上市公司ESG报告披露的监管要求在不断提高。中国证监会、上交所、深交所和北交所目前已出台的上市公司监管文件尚未对上市公司单独披露ESG报告提出强制性要求，仅强制要求深交所纳入“深证100指数”的上市公司、“深证100”样本公司，以及上交所“上证公司治理板块”样本公司、境内外同时上市的公司及金融类公司、科创50指数成分公司等特定上市公司每年披露社会责任报告，而对于其他上市公司，则是鼓励披露社会责任报告。但从监管趋势看，针对上市公司ESG报告披露的监管要求在不断提高。例如，2022年1月7日上交所发布并于2023年8月修订的《上海证券交易所上市公司自律监管指引第9号——信息披露工作评价》将上市公司“是否主动披露环境、社会责任和公司治理情况或者报告，相关情况或者报告内容是否充实、完整”作为对上市公司考核的加分项。此外，中国证监会在2022年5月15日发布的《上市公司投资者关系管理工作指引》也将上市公司的ESG信息纳入上市公司与投资者沟通的内容。

与之相比，我国香港地区的ESG信息披露体系已基本建立。香港联交所于2012年首次发布《环境、社会与管治报告指引》，2019年12月修订的上市规则附录《环境、社会与管治报告指引》已于2020年7月1日生效，要求发行人每年发布环境、社会及管治报告，引入半强制披露要求，并将ESG全部事项提升为“不遵守就解释”之列。《环境、社会与管治报告指引》的主要范畴涉及环境和社会两个方面，管治则列载于《企业管治守则》之中。

1. 我国环境（E）信息披露规则

环境方面是我国境内ESG治理最早关注的领域，环境信息披露制度在我国的发展也相对较为完善。目前，全国人大常委会、国务院、国家环境保护总局、中国人民银行、中国证监会、交易所等颁布了一系列关于环境披露的相关规定，包括《中华人民共和国环境保护法（2014年修订）》《国家环境保护总局关于企业环境信息公开的公告》《上市公司环境信息披露指南（征求意见稿）》等。表9－1总结了我国境内地区在环境信息披露方面的相关规则文件的基本情况。

表9-1　　我国境内地区环境（E）方面的规则文件

规则文件名称	发布主体	主要内容
《中华人民共和国环境保护法(2014年修订)》	全国人大常委会	要求重点排污单位应当如实向社会公开其主要污染物的名称、排放方式、排放浓度和总量、超标排放情况，以及防治污染设施的建设和运行情况，接受社会监督
《关于构建现代环境治理体系的指导意见》	中共中央办公厅、国务院办公厅	明确要健全环境治理信用体系，建立完善上市公司和发债企业强制性环境治理信息披露制度
《国家环境保护总局关于企业环境信息公开的公告》	国家环境保护总局	明确了环境信息公开（包括必须公开和自愿公开）的范围、方式及要求
《上市公司环境信息披露指南(征求意见稿)》	原环保部	要求上交所和深交所A股市场的上市公司披露年度环境报告和临时环境报告，首次将具有突发性的环境事件作为上市公司应该披露的环境信息
《关于构建绿色金融体系的指导意见》	中国人民银行等七部委	明确我国要分步骤建立上市公司强制性环境信息披露制度
《关于共同开展上市公司环境信息披露工作的合作协议》	原环保部、中国证监会	明确了环境报告信息披露定期通报机制、信息共享和失信惩戒等方面的内容，旨在共同推动建立和完善上市公司强制性环境信息披露制度，督促上市公司履行环境保护社会责任
《上市公司治理准则》	中国证监会	要求上市公司应当积极践行绿色发展理念，将生态环保要求融入发展战略和公司治理过程，主动参与生态文明建设，在污染防治、资源节约、生态保护等方面发挥示范引领作用
《公开发行证券的公司信息披露内容与格式准则第2号——年度报告的内容与格式》《公开发行证券的公司信息披露内容与格式准则第3号——半年度报告的内容与格式》	中国证监会	单设“环境和社会责任”一节，要求属于环境保护部门公布的重点排污单位的公司或其主要子公司按规定披露主要环境信息；要求重点排污单位之外的公司若不披露其他环境信息，应当充分说明原因；鼓励公司自愿披露有利于保护生态、防治污染、履行环境责任的相关信息；鼓励公司自愿披露在报告期内为减少其碳排放所采取的措施及效果

续表

规则文件名称	发布主体	主要内容
《深圳证券交易所上市公司自律监管指引第1号——主板上市公司规范运作》	深交所	明确上市公司应当积极履行社会责任，定期评估公司社会责任的履行情况。“深证100”样本公司应当在年度报告披露的同时披露公司履行社会责任的报告，并鼓励深交所其他有条件的上市公司，在年度报告披露的同时披露社会责任报告，其中，社会责任报告的内容至少应当包括关于职工保护、环境污染、商品质量、社区关系等方面的社会责任制度的建设和执行情况等
《上海证券交易所上市公司自律监管指引第1号——规范运作》	上交所	要求“上证公司治理板块”样本公司、境内外同时上市的公司及金融类公司，应当在年度报告披露的同时披露公司履行社会责任的报告，鼓励其他有条件的上市公司，在年度报告披露的同时披露社会责任报告。社会责任报告的内容至少应当包括关于职工保护、环境污染、商品质量、社区关系等方面的社会责任制度的建设和执行情况等
《上海证券交易所科创板股票上市规则》	上交所	要求科创板上市公司披露保护环境、保障产品安全、维护员工与其他利益相关者合法权益等履行社会责任的情况，视情况编制和披露社会责任报告、可持续发展报告、环境责任报告等文件，履行环境保护责任
《公开发行证券的公司信息披露内容与格式准则第53号——北京证券交易所上市公司年度报告》	北交所	对属于环境保护部门公布的重点排污单位的公司或其重要子公司，应当根据法律、法规及部门规章的规定披露主要环境信息，包括排污信息、防治污染设施的建设和运行情况、建设项目环境影响评价及其他环境保护行政许可情况、突发环境事件应急预案、环境自行监测方案及其他应当公开的环境信息。鼓励公司自愿披露报告期内为减少其碳排放所采取的措施及效果

香港联交所《环境、社会与管治报告指引》对环境方面的信息披露要求包括四个层面，分别是排放物、资源使用、环境及天然资源、气候变化。对不同层面的一般披露及关键绩效指标要求详见表9－2。

表 9－2　香港联交所《环境、社会与管治报告指引》环境范畴要求

层面 A1：排放物	一般披露 有关废气及温室气体排放、向水及土地的排污、有害及无害废弃物的产生等的政策和遵守对发行人有重大影响的相关法律及规例的资料	
	关键绩效指标 A1.1	排放物种类及相关排放数据
	关键绩效指标 A1.2	直接（范围 1）及能源间接（范围 2）温室气体排放量（以吨计算）及（如适用）密度（如以每产量单位、每项设施计算）
	关键绩效指标 A1.3	所产生有害废弃物总量（以吨计算）及（如适用）密度（如以每产量单位、每项设施计算）
	关键绩效指标 A1.4	所产生无害废弃物总量（以吨计算）及（如适用）密度（如以每产量单位、每项设施计算）
	关键绩效指标 A1.5	描述所订立的排放量目标及为达到这些目标所采取的步骤
	关键绩效指标 A1.6	描述处理有害及无害废弃物的方法，及描述所订立的减废目标及为达到这些目标所采取的步骤
层面 A2：资源使用	一般披露 有效使用资源（包括能源、水及其他原材料）的政策	
	关键绩效指标 A2.1	按类型划分的直接及/或间接能源（如电、气或油）总耗量（以千个千瓦时计算）及密度（如以每产量单位、每项设施计算）
	关键绩效指标 A2.2	总耗水量及密度（如以每产量单位、每项设施计算）
	关键绩效指标 A2.3	描述所订立的能源使用效益目标及为达到这些目标所采取的步骤
	关键绩效指标 A2.4	描述求取适用水源上可有任何问题，以及所订立的用水效益目标及为达到这些目标所采取的步骤
	关键绩效指标 A2.5	制成品所用包装材料的总量（以吨计算）及（如适用）每生产单位占量
层面 A3：环境及天然资源	一般披露 降低发行人对环境及天然资源造成重大影响的政策	
	关键绩效指标 A3.1	描述业务活动对环境及天然资源的重大影响及已采取管理有关影响的行动
层面 A4：气候变化	一般披露 识别及应对已经及可能会对发行人产生影响的重大气候相关事宜的政策	
	关键绩效指标 A4.1	描述已经及可能会对发行人产生影响的重大气候相关事宜，以及应对行动

2. 我国社会（S）信息披露规则

我国境内地区并未对社会信息披露方面提出强制性的要求，但全国人大常委会、国务院、人力资源和社会保障部等颁布的一系列法律法规对包括职工保护、产品质量、社区关系等公司行为进行了规范要求，也为中国证监会和交易所制定社会（S）方面的信息披露标准提供了依据和指引。表9－3总结了我国境内地区在社会信息披露方面的相关规则文件的基本情况。

表9－3　　　　我国社会（S）方面的规则文件

规则文件名称	发布主体	主要内容
《中华人民共和国劳动法（2018年修订）》	全国人大常委会	保护劳动者的合法权益，调整劳动关系，建立和维护适应社会主义市场经济的劳动制度
《中华人民共和国产品质量法（2018年修订）》	全国人大常委会	加强对产品质量的监督管理，明确生产者和销售者的产品质量责任和义务，保护消费者的合法权益，维护社会经济秩序
《中华人民共和国慈善法》	全国人大常委会	鼓励和支持自然人、法人和其他组织依法开展慈善活动，慈善事业依法享受税收优惠。要求慈善组织、慈善信托的受托人应当依法履行信息公开义务
《禁止使用童工规定》	国务院	明确了童工范畴，严格禁止使用童工，并规定了相应的惩戒措施
《女职工劳动保护特别规定》	国务院	明确了女职工的劳动范围、工作卫生安全条件及合法权益保护
《国务院关于加强产品质量和食品安全工作的通知》（国发〔2007〕23号）	国务院	明确了生产者和消费者应承担的产品质量责任和义务，加强产品质量监管
《重大劳动保障违法行为社会公布办法》	人力资源和社会保障部	规范了重大劳动保障违法行为，包括违反工作时间和休息休假规定、违反女职工和未成年工特殊劳动保护规定、违反禁止使用童工规定等
《上市公司治理准则》	中国证监会	要求上市公司应当尊重银行及其他债权人、员工、客户、供应商、社区等利益相关者的合法权利，与利益相关者进行有效的交流与合作，共同推动公司持续健康发展；要求上市公司应当为维护利益相关者的权益提供必要的条件，当其合法权益受到侵害时，利益相关者应当有机会和途径依法获得救济；要求上市公司应当加强员工权益保护，支持职工代表大会、工会组织依法行使职权。董事会、监事会和管理层应当建立与员工多元化的沟通交流渠道，听取员工对公司经营、财务状况以及涉及员工利益的重大事项的意见；要求上市公司在保持公司持续发展、提升经营业绩、保障股东利益的同时，应当在社区福利、救灾助困、公益事业等方面积极履行社会责任

续表

规则文件名称	发布主体	主要内容
《上海证券交易所科创板股票上市规则》	上交所	要求科创板上市公司履行生产及产品安全保障责任，履行员工权益保障责任，视情况编制和披露社会责任报告
《上海证券交易所上市公司自律监管指引第1号——规范运作》	上交所	要求“上证公司治理板块”样本公司、境内外同时上市的公司及金融类公司，应当在年度报告披露的同时披露公司履行社会责任的报告，鼓励其他有条件的上市公司，在年度报告披露的同时披露社会责任报告。社会责任报告的内容至少应当包括关于职工保护、环境污染、商品质量、社区关系等方面的社会责任制度的建设和执行情况等
《深圳证券交易所上市公司自律监管指引第1号——主板上市公司规范运作》	深交所	明确上市公司应当积极履行社会责任，定期评估公司社会责任的履行情况。“深证100”样本公司应当在年度报告披露的同时披露公司履行社会责任的报告，并鼓励深交所其他有条件的上市公司，在年度报告披露的同时披露社会责任报告。其中，社会责任报告的内容至少应当包括关于职工保护、环境污染、商品质量、社区关系等方面的社会责任制度的建设和执行情况等
《公开发行证券的公司信息披露内容与格式准则第53号——北京证券交易所上市公司年度报告》	北交所	公司应披露承担社会责任的工作情况，包括公司在保护债权人、职工、消费者、供应商、社区等利益相关者合法权益方面所承担的社会责任；鼓励公司积极披露报告期内巩固拓展脱贫攻坚成果、乡村振兴等工作的具体情况

香港联交所《环境、社会与管治报告指引》对社会方面的信息披露涉及雇佣及劳工常规、营运惯例和社区三个范畴，具体包括雇佣、健康与安全、发展与培训、劳工准则、供应链管理、产品责任、反贪污、社区投资八个层面。对不同层面的一般披露及关键绩效指标要求详见表9-4。

表9-4 香港联交所《环境、社会与管治报告指引》社会范畴要求（雇佣及劳工常规）

<table>
<tr><th>层面</th><th colspan="2">内容</th></tr>
<tr><td rowspan="3">层面B1：雇佣</td><td colspan="2">一般披露
有关薪酬及解雇、招聘及晋升、工作时数、假期、平等机会、多元化、反歧视以及其他待遇及福利的政策和遵守对发行人有重大影响的相关法律及规例的资料</td></tr>
<tr><td>关键绩效指标 B1.1</td><td>按性别、雇佣类型（如全职或兼职）、年龄组别及地区划分的雇员总数</td></tr>
<tr><td>关键绩效指标 B1.2</td><td>按性别、年龄组别及地区划分的雇员流失比率</td></tr>
</table>

续表 1

层面	内容	
层面 B2：健康与安全	一般披露 有关提供安全工作环境及保障雇员避免职业性危害的政策和遵守对发行人有重大影响的相关法律及规例的资料	
	关键绩效指标 B2.1	过去三年（包括汇报年度）每年因工亡故的人数及比率
	关键绩效指标 B2.2	因工伤损失工作日数
	关键绩效指标 B2.3	描述所采纳的职业健康与安全措施，以及相关执行及监察方法
层面 B3：发展与培训	一般披露 有关提升雇员履行工作职责的知识及技能的政策。描述培训活动	
	关键绩效指标 B3.1	按性别及雇员类别（如高级管理层、中级管理层）划分的受训雇员百分比
	关键绩效指标 B3.2	按性别及雇员类别划分，每名雇员完成受训的平均实时数
层面 B4：劳工准则	一般披露 有关防止童工或强制劳动的政策和遵守对发行人有重大影响的相关法律及规例的资料	
	关键绩效指标 B4.1	描述检讨招聘管理的措施以避免童工及强制劳工
	关键绩效指标 B4.2	描述在发现违规情况时消除有关情况所采取的步骤
层面 B5：供应链管理	一般披露 管理供应链的环境及社会风险政策	
	关键绩效指标 B5.1	按地区划分的供应商数目
	关键绩效指标 B5.2	描述有关聘用供应商的惯例，向其执行有关惯例的供应商数目，以及相关执行及监察方法
	关键绩效指标 B5.3	描述有关识别供应链每个环节的环境及社会风险的惯例，以及相关执行及监察方法
	关键绩效指标 B5.4	描述在挑选供应商时促使多用环保产品及服务的惯例，以及相关执行及监察方法
层面 B6：产品责任	一般披露 有关所提供产品和服务的健康与安全、广告、标签及隐私事宜以及补偿方法的政策和遵守对发行人有重大影响的相关法律及规例的资料	
	关键绩效指标 B6.1	已售或已运送产品总数中因安全与健康理由而须回收的百分比
	关键绩效指标 B6.2	接获关于产品及服务的投诉数目以及应对方法
	关键绩效指标 B6.3	描述与维护及保障知识产权有关的惯例
	关键绩效指标 B6.4	描述质量检定过程及产品回收程序
	关键绩效指标 B6.5	描述消费者资料保障及隐私政策，以及相关执行及监察方法

续表2

层面	内容	
层面 B7：反贪污	一般披露 有关防止贿赂、勒索、欺诈及洗黑钱的政策和遵守对发行人有重大影响的相关法律及规例的资料	
	关键绩效指标 B7.1	于汇报期内对发行人或其雇员提出并已审结的贪污诉讼案件的数目及诉讼结果
	关键绩效指标 B7.2	描述防范措施及举报程序，以及相关执行及监察方法
	关键绩效指标 B7.3	描述董事及员工提供的反贪污培训
层面 B8：社区投资	一般披露 有关以社区参与来了解营运所在社区需要和确保其业务活动会考虑社区利益的政策	
	关键绩效指标 B8.1	专注贡献范畴（如教育、环境事宜、劳工需求、健康、文化、体育）
	关键绩效指标 B8.2	在专注范畴所动用资源（如金钱或时间）

3. 我国治理（G）信息披露规则

公司治理的披露要求根源于《公司法》和《证券法》对于上市公司治理的基本规定，2002 年颁布的《上市公司治理准则》具体阐明了我国上市公司治理的基本原则，明确了上市公司良好公司治理结构的衡量标准，并首次明确规定了上市公司需要披露的公司治理信息。表 9－5 总结了我国境内地区在治理信息披露方面的相关规则文件的基本情况。

表 9－5　　　　我国治理（G）方面的规则文件

规则文件名称	发布主体	主要内容
《中共中央、国务院关于深化国有企业改革的指导意见》	中共中央委员会、国务院	要求健全公司法人治理结构，实现规范的公司治理。要求完善国有资产和国有企业信息公开制度，设立统一的信息公开网络平台，依法依规、及时准确披露国有资本整体运营和监管、国有企业公司治理以及管理架构、经营情况、财务状况、关联交易、企业负责人薪酬等信息，建设阳光国企
《国务院办公厅关于加强和改进企业国有资产监督防止国有资产流失的意见》	国务院	建立健全企业国有资产监管重大信息公开制度，要求国有企业在依法保护国家秘密和企业商业秘密的前提下，主动公开公司治理以及管理架构、经营情况、财务状况、关联交易、企业负责人薪酬等信息

续表

规则文件名称	发布主体	主要内容
《国务院关于进一步提高上市公司质量的意见》	国务院	要求提高上市公司治理水平，规范公司治理和内部控制，增强信息披露的针对性和有效性，提升信息披露质量
《上市公司治理准则（2018年修订）》	证监会	明确规定了控股股东行为、董事与董事会义务与责任、监事与监事会义务及议事规则、信息披露与透明度等内容，强化了董事会审计委员会的作用，完善了内部控制及风险管理制度
《银行保险机构公司治理准则》	原银保监会	要求银行保险机构持续提升公司治理水平，逐步达到良好公司治理标准，并明确了良好公司治理的具体内容。要求银行保险机构依法依规披露公司治理信息
《上海证券交易所科创板股票上市规则》	上交所	要求科创板上市公司披露能够充分反映公司治理方面的重大信息，对公司治理等相关事项进行针对性信息披露
《公开发行证券的公司信息披露内容与格式准则第53号——北京证券交易所上市公司年度报告》	北交所	要求披露公司治理的基本状况，列示公司报告期内建立的各项公司治理制度，董事会应当对公司治理机制是否给所有股东提供合适的保护和平等权利等情况进行评估；要求披露对公司治理的改进情况，包括来自控股股东及实际控制人以外的股东或其代表参与公司经营管理的情况，以及公司管理层是否引入职业经理人等情况

香港联交所于2021年12月10日公布了有关加强上市公司企业管治常规及汇报的咨询总结。2022年1月1日，《企业管治守则》及相关《上市规则》修订案生效。《企业管治守则》对发行人的企业管治报告设有强制披露规定，并载有达到良好企业管治所需持守的重要原则、不遵守就解释（即部分项目未披露需给出合理解释）的守则条文以及若干建议最佳常规。《企业管治守则》要求发行人在年报及财务摘要报告中列载由董事会编备的《企业管治报告》，内容必须包括企业管治常规、董事会、主席及行政总裁、非执行董事、董事会辖下的委员会、公司秘书、董事的证券交易、风险管理及内部监控、核数师薪酬及核数师相关事宜、多元化、股东权利、投资者关系等内容。修订后的《企业管治守则》及联交所《上市规则》重点关注了企业文化、董事会独立性及更新、董事会成员多元化、与

股东的沟通以及环境、社会及管治五个方面。

董事会独立性及更新方面：一是要求发行人制定机制确保董事会可取得独立观点，并每年检讨其成效；二是对在任已过九年的独立非执行董事（连任多年的独董）提出新的要求；三是强制要求设立提名委员会，由董事会主席或独立非执行董事担任主席，大部分成员须为独立非执行董事。在董事会成员多元化方面：一是要求成员全属单一性别的董事会不会被视为多元化的董事会；二是要求发行人必须就董事会层面达到性别多元化订立目标数字及时间表，并每年检讨董事会成员多元化政策；三是要求发行人必须披露雇员（包括高级管理层）的性别比例、发行人就达到性别多元化订立的计划或可计量目标。

此外，香港联交所刊发了《董事会及董事企业管治指引》，以协助发行人遵守新的企业管治规定。

（三）ESG 信息披露实践

ESG 信息披露的主要形式包括上市公司披露的企业社会责任报告、ESG 报告（环境、社会及治理报告）以及众多企业披露的可持续发展报告等。整体来看，沪深交易所的上市公司披露 ESG 报告的公司比例相对较低，且多为同时在香港上市的公司。北交所由于成立时间较晚，目前仅有龙竹科技等个别上市公司披露了 ESG 报告。下面介绍几家具有代表性的上市公司 ESG 信息披露情况。

1. Z 公司的信息披露

Z 公司分别于 2016 年和 2018 年在香港联交所和上交所上市。Z 公司采用社会责任报告与 ESG 报告合二为一的披露形式，于每年定期发布。近两年发布的 ESG 报告的基本架构包括“董事会 ESG 管治声明”“责任亮点”以及结合每年 ESG 实践情况的具体信息披露。其中，董事会 ESG 管治声明，基本是遵照了香港联交所最新的披露要求，声明了董事会 ESG 治理角色、ESG 管理方针及策略、ESG 目标、指标与检讨进度等内容。在责任亮点部分，概括了公司在经济、社会、环境方面的评价指标及表现。在具体 ESG 表现情况方面，基本从环境、社会和治理三个维度展开。以 Z 公司2021年ESG报告为例，公司分别为环境、社会和治理三个维度设置了战略与愿景。其中，环境维度为助力绿色低碳转型，具体包括构建可持续金融体系、创新碳金融产品服务、支持绿色产业发展、减少运营环境足迹以及传播环保公益理念；社会维度为共建繁荣美好家园，具体包括支持国家战略实施、服务实体经济发展、增进社会民生福祉、携手人才共同成长、优化客户服务体系以及奉献社会公益事业；治理维度为提高公司治理水平，具体包括推动诚信合规经营、科技赋能数字转型、提升风险管理效能以及完善公司文化建设。此外，在报告中阐释了在环境、社会和治理三个环节所关注的重点议题、所采取的具体行动，并量化了相应成果。最后，报告展示了公司在诚信合规、风险管理、客户服务、人才发展、信息安全、绿色运营、社会公益和伙伴关系等方面的可持续商业实践情况。

2. S公司的信息披露

S公司分别在香港联交所和上交所上市。S公司也将社会责任部分的信息披露整合到了每年发布的《环境、社会和治理报告》中。在框架结构上，S公司自2018年发布《环境、社会和治理报告》起即采用了统一的报告结构，2021年的报告根据香港联交所的最新要求增加了董事会声明部分。S公司的《环境、社会和治理报告》由四部分组成，包括公司治理、能源与环境、员工权益与发展以及社会贡献。其中，公司治理部分一般包括可持续发展管理、治理结构、管理体系、供应链管理、利益相关者沟通参与、数字化与智能化等内容；能源与环境部分包括能源转型、应对气候变化、发展清洁能源、生态保护与资源利用等内容；员工权益与发展部分包括员工权益、健康与安全、员工成长、本土化与多元化等内容；社会贡献部分包括社区影响管理、乡村振兴、合作共赢、海外社区建设、服务客户等内容。

此外，S公司会结合每年在ESG方面开展的具体行动，增设专题以披露相关内容。例如，在2020年发布的《环境、社会和治理报告》中增设了“数字化与智能化赋能转型发展”“消除贫困，推进普惠公平发展”“协同抗疫，共度时艰”等专题，在2021年发布的《环境、社会和治理报告》中结合北京冬奥会、脱贫攻坚等主题增设了“赋能绿色冬奥，一起向未来”“保护生物多样性，共建地球生命共同体”“巩固脱贫攻坚成果，全力支持乡村振兴”等专题。

3. N 公司的信息披露

N 公司于 2018 年在深交所创业板上市。N 公司从 2019 年开始每年发布《社会责任报告》，并自 2022 年起改为《环境、社会与公司治理（ESG）报告》。N 公司的 ESG 报告主要由六部分组成，包括 ESG 管理概况、产品与服务、经营与管理、环境保护、绿色低碳发展和员工发展。

在 ESG 管理方面，N 公司制定了《可持续发展承诺》，致力于构建可持续发展管理体系。在管理架构方面设置了 ESG 决策层和 ESG 执行层两个层级：ESG 决策层由董事会和董事会下设的可持续发展委员会组成。可持续发展委员会由五名体系联席总裁担任委员，委员会对公司 ESG 事宜履行监察与决策权；ESG 执行层由质量管理体系、环境管理体系、执业健康安全管理体系、人权劳工保障体系、能源管理体系、信息安全管理体系、商业道德管理、供应商保障管理以及公共关系管理九个部分组成，对可持续发展委员会负责。为进一步推动与激励可持续发展治理，公司将 ESG 绩效指标与 ESG 执行层相关部门的绩效相挂钩，并为此设置了合理的考核权重。

N 公司在 ESG 报告中还披露了 ESG 报告编制的思路，非常值得借鉴。在 2021 年的 ESG 报告中，公司指出其“根据深交所《上市公司社会责任指引》《上市公司自律监管指引第 2 号——创业板上市公司规范运作》等政策，参考全球报告倡议组织（GRI）《可持续发展报告标准》等国际标准，结合同业对标，分析公司实际运营情况，识别实质性议题”。此外，根据与利益相关方沟通，结合专家意见，形成利益相关方关注的实质性议题，并将识别出的高实质性议题作为公司开展 ESG 管理与信息披露的重点。基于上述逻辑，N 公司筛选出 2021 年 ESG 报告的重点关注议题，包括投资者关注的合规经营、公司治理、经济绩效、反腐败与商业道德、研发与创新等方面；员工关注的职业健康与安全、人力资本发展、多元化与平等机会、信息安全与隐私保护等方面；客户关注的研发与创新、产品质量与安全、清洁技术、绿色低碳产品等方面；政府及监管部门关注的反腐败与商业道德、环境管理、应对气候变化等方面；公众与社区关注的社会公益、清洁技术、废弃物管理等方面。

三、上市公司 ESG 治理展望

上市公司 ESG 体系的构建应关注 ESG 治理、ESG 管理和 ESG 披露三个层面，而每一个层面又根据不同任务和要求划分为不同阶段。ESG 治理的目标是建立公司整体 ESG 治理架构、引入董事会参与机制、制定 ESG 管理目标、厘清 ESG 风险，以及形成董事会参与 ESG 管治的流程化、规范化、常态化。ESG 管理和披露均是对治理层面的细化、落实和体现。

（一）ESG 管治架构建设

良好的 ESG 管治架构涉及 ESG 治理和 ESG 管理两个环节，是确保公司营运目标清楚反映可持续发展理念的前提保证。ESG 管治架构的设计对 ESG 信息披露质量具有重要影响，例如，香港联交所新增有关董事会参与 ESG 管治情况的强制披露规定。发行人须在 ESG 报告中披露一份董事会声明，阐述董事会对 ESG 事务的管理状况。包括董事会对 ESG 事宜的监管；董事的 ESG 管理方针及策略、评估、优次排列及管理重要的 ESG 相关事宜的过程；董事会如何按 ESG 相关目标检讨进度，并解释它们如何与发行人业务有关联。这不仅体现了 ESG 管治问题的重要性，也表明董事会应在 ESG 管治中扮演重要角色并承担相应责任。

董事会应积极参与 ESG 管治。建议上市公司将 ESG 事务纳入董事会议程，纳入董事会战略委员会涉及战略制定和决策的重要工作中，让董事会参与 ESG 风险识别、评估和管理，检测和回应企业在 ESG 方面的风险和机遇，建立相应管理架构，配置足够资源，明晰汇报体系，保留相关过程记录，以此规范董事会对 ESG 的管理，确保董事会在 ESG 方面承担领导角色并拥有问责权力，确保公司进行有效的合规性披露。

除董事会层面外，建议上市公司在执行层面配置相应人力并制定工作制度。上市公司可成立向董事会汇报的常设 ESG 工作部门，由董事会划定其职责范畴，并为其提供相应资源。ESG 工作部门可由公司的总经理直接领导或设专门主管领导，成员应主要包括所有与 ESG 工作相关的各职能部门负责人。ESG 工作部门负责在执行层面对 ESG 工作的全面领导和协调，具体工作内容可包括：执行董事会有关 ESG 工作的决策和指示；牵头编制公司有关 ESG 的战略和规划；编制公司 ESG 年度工作计划和公司 ESG 报告；负责公司 ESG 的日常工作；收集和统计公司 ESG 的信息和数据；随时掌握公司各部门、各单位 ESG 方面的情况，并及时向公司 ESG 工作领导小组汇报；牵头草拟集团内部公司 ESG 考核指标；负责进行公司 ESG 方面的宣传和公共关系工作；牵头处置公司 ESG 风险事件等。

（二）上市公司 ESG 信息披露完善方式

于上市公司而言，为了切实做好 ESG 信息披露工作，也为了获得更好的 ESG 信息披露评级，公司应当制定符合公司自身特点及评级机构要求的 ESG 工作目标、ESG 报告框架及模板。上述 ESG 目标和 ESG 框架的制定应以我国 ESG 相关法规及标准为基础，参考主要 ESG 评级体系要求和评级较高的 ESG 报告范本。具体而言，应主要关注的法规及标准包括但不限于证监会于 2018 年修订的《上市公司治理准则》、中国证监会颁布的《公开发行证券的公司信息披露内容与格式准则第 2 号——年度报告的内容与格式》和《公开发行证券的公司信息披露内容与格式准则第 3 号——半年度报告的内容与格式》、上交所颁布的《上海证券交易所上市公司自律监管指引第 1 号——规范运作》和《上海证券交易所科创板股票上市规则》、深交所颁布的《深圳证券交易所上市公司自律监管指引第 1 号——主板上市公司规范运作》和《深圳证券交易所上市公司自律监管指引第 2 号——创业板上市公司规范运作》、香港联交所颁布的《环境、社会及管治报告指引》、国家标准化管理委员会批准发布的《社会责任指南》（GB/T 36000—2015）、全球报告倡议组织颁布的 GRI 标准等。此外，在制定 ESG 报告框架时，也可参考 KLD 研究与分析有限公司、摩根士丹利资本国际公司（MSCI）、富时罗素（FTSE Russel）、汤森路透公司等知名 ESG 评级机构的ESG评价体系。国内外ESG评级较高的上市公司的ESG报告也是编制ESG报告框架时的重要参考依据，尤其是同行业或同类公司的ESG报告往往更具有参考意义。

具体到上市公司ESG报告编制中的关键议题选择，建议上市公司通过梳理相关政策和法律规定，参考上交所、深交所、北交所自律文件以及中证ESG评价方法、国证ESG评价方法、《企业ESG披露指南》（T/CERDS 2—2022，团体标准）、香港联交所发布的《环境、社会及管治报告指引（2019修订）》、《中国企业社会责任报告指南》（CASS-ESG 5.0）以及全球报告倡议组织发布的GRI标准等国内外标准中各个相关维度的披露或评价内容，并结合自身具体情况来选择确定。以环境维度为例，目前较受关注的议题包括资源能源管理、碳达峰、碳中和、生态环境保护、全产业链绿色发展、资源回收利用、突发环境事件和其他环保事件应对处理、环境管理等。在社会维度方面，ESG报告编制过程中较受关注的议题包括员工权益保护（包括平等就业与反歧视、职业健康与安全生产、员工薪酬与福利）、利益相关者权益（包括供应链管理、消费者权益保护等）、产品质量与安全、公益慈善事业以及信息与数据安全。在治理维度，上市公司ESG报告编制中较受关注的议题包括公司治理（包括股东治理、公司组织架构、董事、监事及高级管理人员的治理、党建工作等）、风险管理与内部控制、反贿赂与反腐败以及信息披露。

ESG在中国仍处于起步阶段，但可以预见，未来，监管部门、证券交易所、行业协会、研究机构等将进一步推动ESG披露规则的出台，并强调结合中国实际、制定本土化的规则。因此，上市公司在开展ESG信息披露、确定披露的关键议题、通过ESG相关工作推动企业高质量发展的过程中，应关注并参考中国已有的ESG相关的政策、法律、标准及实践案例，并结合企业所处行业、地域、企业性质、商业模式、利益相关方的需求等多项因素量身定制。